मैंने सपना देखा

[समाज, साहित्य और सियासत]

मैंने सपना देखा

[समाज, साहित्य और सियासत]

नासिरा शर्मा

लोकभारती प्रकाशन

लोकभारती प्रकाशन
पहली मंजिल, दरबारी बिल्डिंग, महात्मा गांधी मार्ग
प्रयागराज-211 001

वेबसाइट : www.lokbhartiprakashan.com
ईमेल : info@lokbhartiprakashan.com

शाखाएँ : 1-बी, नेताजी सुभाष मार्ग, दरियागंज
नई दिल्ली-110 002
अशोक राजपथ, साइंस कॉलेज के सामने
पटना-800 006
1, अनमोल सोराबजी संतुक लेन, धोबी तलाव
मरीन लाइंस, मुम्बई-400 002

पहला संस्करण : 2023

मूल्य : ₹495

विकास कंप्यूटर एंड प्रिंटर्स
ट्रॉनिका सिटी-201 102

MAINE SAPNA DEKHA
Samaj, Sahitya Aur Siyasat
by Nasera Sharma

ISBN : 978-81-19133-36-9

उन सपनों के नाम
जो मैं सिर्फ़ अपने लिए नहीं
बल्कि दुनिया भर की औरतों के लिए देखती हूँ।

क्रम

दुनिया में औरत एक सच है

ख़लील खूरी प्रसिद्ध इराक़ी कवि और फ्रेंच भाषा साहित्य के पंडित, जो इराक़ सूचना मंत्रालय में एक सलाहकार की हैसियत से थे। उनसे अक्सर 'कॉफ़ी टाइम' के पन्द्रह मिनट के इंटरवल में मुलाक़ात हो जाती थी। मंत्रालय में काम करने वाली महिलाओं की कविताएँ और लेख वह भाषा की दृष्टि से देखते थे। एक दिन उन्होंने अरबी में एक महिला से मेरे लिए पूछ लिया कि "यह हिन्दुस्तानी महिला इतनी सुन्दर है और फिर भी उदास?" सुरय्या ने उनका प्रश्न अंग्रेज़ी में मुझ तक पहुँचा दिया जिसको सुनकर मैं सिर्फ़ मुस्कुरा दी।

छुट्टी का माहौल, हँसी-मज़ाक़, सिगरेट के धुओं और ख़बरों व गानों की आवाज़ कर्तव्य की पुकार में दब गई और सारी औरतें अपनी-अपनी मेज़ पर सिर झुकाकर काम में व्यस्त हो गईं।

आज से चालीस वर्ष पहले तेहरान विश्वविद्यालय की भाषा साहित्य की प्रो. शीरीन भारत-भ्रमण पर आई थीं। उनका हुस्न और नफ़ासत से पहना यूरोपियन लिबास जामा मस्जिद के आसपास के लिए एक आकर्षण का केन्द्र बन गया। जामा मस्जिद से जब वह बाहर निकलने लगीं तो सीढ़ियों पर बेशुमार नंगे-भूखे-फटेहाल छोटी उम्र के लड़के-लड़कियाँ उन्हें देखने जमा थे। उन्हीं के बीच एक आठ वर्ष की लड़की भी थी। उसे देखकर उनकी आँखें भर आईं और देखते-देखते हाथ में पकड़ा रूमाल आँसुओं से तर हो गया। बहुत पूछने पर उन्होंने सिसकियों के बीच कहा कि "यह हसीन लड़की, उसे ख़ुद पता नहीं है कि वह किस दौलत की मालिक है। इस हुस्न को पाने के लिए औरतें क्या-क्या नहीं करती हैं, और यह शाहकार

सिर्फ़ चिथड़ों में लिपटी है! मैं ख़ुदा की क़ुदरत के इस शाहकार की बेकसी के लिए आँसू बहा रही हूँ।"

ख़लील खूरी का सवाल बहुत मामूली मगर जिज्ञासापूर्ण था मगर मेरा जवाब उन्हें पूरी तरह समझ में नहीं आ सकता था कि औरत का हुस्न ही सबकुछ नहीं होता है। फिर मेघालय में महिला-शासित समाज व महिला सत्ता है। फिर भी समाज में टूटते घर और बच्चा खिलाते मर्द और दुकानों पर बैठी कमाऊ औरतें मन में आश्चर्य का, और बड़े बाज़ार में घूमते हुए एक विचित्र भाव उत्पन्न करते हैं मगर औरत की सुख-सम्पन्नता भी मन को प्रभावित नहीं कर पाते हैं और लगता है, औरत सिर्फ़ बल या सत्ता पाकर ख़ुश नहीं रह सकती है।

परीचहर ईरानी पत्रकार, जो बहाइ है, उसके साथ पेरिस में दरिया-ए-सेन के पुल पर खड़ी थी। परी ईरान से भागने में कामयाब हो गई थी। पेरिस में मुझे दो हफ़्ते गुज़र चुके थे, बहुत कुछ देख और समझ रही थी, एकाएक मैं परी से बोली, "सुनो परी, मुझे यहाँ आकर 'गुलिस्ताने सादी' की हिकायत का वह वाक्य याद आ रहा है कि 'वह सबसे बड़ा झूठा है जिसने दुनिया सबसे अधिक देखी है'।"

तब इसके अर्थ की गूढ़ता को इतनी सूक्ष्मता से समझ नहीं पाई थी। भारतवर्ष में औरत की स्थिति क्या थी और आज क्या है—इस सन्दर्भ को सामने रखकर फ़रोग़ फ़र्रुख़ज़ाद (ईरानी कवयित्री जिसका सम्पूर्ण साहित्य इस्लामी सरकार ने यह कहकर जलवा दिया कि कोखशास्त्र है) पर एक बहुत ज़ोरदार लेख लिखकर आई हूँ जिसमें उस घुटन की बात उठाई है जिससे भारतीय या यूँ कहूँ, एशिया की औरतें घुट रही हैं मगर...फ़रोग़ ने जिस समझदार आज़ादी की माँग की थी, उसका इतना कुरूप कामरूप मैंने देखा है कि लगता है, कौन-सी औरत सही है—पचीस वर्ष बाद ही ज़िन्दगी के सारे लुत्फ़ उठा लेने वाली तन्हा, बेहद अकेली अपनी जैसी औरतों के बीच अपने को शराब व सिगरेट का सहारा लेकर बाँटने वाली या सेक्स शॉप के बनावटी इनसानी अंगों का सहारा लेकर मर्द को सिरे से नकारने वाली या बाल-विधवा और सारी ज़िन्दगी अपंग अय्याश, बदमाश मर्द के साथ रोते-रोते मान-मर्यादा के नाम पर ज़िन्दगी को क़ुर्बान कर देने वाली? वास्तव में औरत कहाँ

पर एक सच है? ईरान में कोड़ों की मार, बलात्कार, और जिस्म दिख जाने पर दर्दनाक सज़ाएँ?

परी मेरी बातों पर सिर्फ़ हँस पड़ती है। ईरान में रोज़ बीस-पचीस बहाइ फाँसी पर चढ़ाए जाते हैं, उनमें आधी लड़कियाँ होती हैं। अट्ठाइस वर्ष की परी ईरान से निकल आई मगर अभी पेरिस में उसे रिफ़्यूजी बन जाने की कार्यवाही पूरी करानी है।

1968 में एडिनबर्ग के सिमसन मेमोरियल अस्पताल में रोज़ फूलों और तोहफ़ों से लद जाती थी मगर यह ख़ुशी फ़ौरन ही ग़म में बदल जाती थी, जब मुलाक़ात का समय समाप्त होते ही मेरे पास के बेड पर पड़ी सोलह वर्ष की कुँआरी माँ फूट-फूटकर रोती थी। पूछने पर उसने बताया, "बच्चे की ज़िम्मेदारी बाप नहीं लेगा, पहले से यह बात साफ़ थी। मेरी माँ चाहती हैं कि मैं बेटे को साथ न रखकर किसी अनाथालय में दे दूँ, मगर मुझसे यह नहीं हो पाएगा।"

उसके जवाब से मैं कहीं दूर भटक जाती हूँ—इनसानी ज़िन्दगी का आरम्भ, एक बड़े कुटुम्ब की शक्ल में कौन किसका बच्चा, कौन किसका मर्द? समय बदला, क़ानून बने, सीमाएँ निर्धारित हुईं और आज के दौर के मुक्त जीवन गुज़ारने वाले को समाज दोषी ठहराता है।

यहाँ पर पहुँचकर लगता है कि औरत का सुख सिर्फ़ आज़ादी में भी नहीं है। औरत रचना का नाम है, ख़ुदा के बाद सृजनात्मक शक्ति उसी के पास है, तोड़-फोड़ करके भी वह सन्तुष्ट नहीं रह पाती है।

मैं ख़लील खूरी साहब को बता नहीं सकती थी कि मेरा दिल इस बग़दाद में इतना ख़ुश और उदास क्यों रहता है। इस कैफ़ियत को वही समझ सकता है जिसके सामने मज़ेदार खाने की थाल सजी हो और वह भूख से दीवाना हो रहा हो मगर कौर हलक़ में कुछ अटकने लगे कि उसके बाक़ी परिवार वाले बरसों से भरपेट खाने के लिए तड़प रहे हैं।

उस रात बहुत लम्बे दिमाग़ी सफ़र से लौटी तो उर्दू उस्ताद अशफ़ाक़ साहब को ख़त लिखने बैठी, जो कवि नहीं थे मगर दूसरों का कलाम बहुत ख़ूबसूरत आवाज़ में गाते थे। हमेशा अपने ख़ानदान में बैठी बड़ी-बड़ी जवान लड़कियों की मौत और घुटन पर झुँझलाते और धर्म की बेजा रूढ़िवादिता पर सिर पीटते थे। सो मैंने क़लम उठाया,

"अशफ़ाक साहब, इराक़ चाहे जैसा भी मुल्क हो मगर यहाँ औरत के पैर के नीचे ज़मीन है। उस पर खड़े होकर जब वह अपने सामने खड़े मर्द से हमकलाम होती है तो उसकी तनी गर्दन और खुली आँखों में मर्द से टकराकर उससे बदला लेने की बेतुकी कैफ़ियत नज़र नहीं आती है, न बेजा शर्म व हया, बल्कि मर्द का बायाँ हाथ बनने की एक ललक नज़र आती है। मन बहुत ख़ुश है, यह अलग बात है कि यहाँ पर बहुत कुछ याद आता है जो मन को बेतहाशा उदास कर जाता है। मगर यह अहसास फिर एक बल का संचार करता है कि मुसलमान औरत या सिर्फ़ औरत कहीं तो शोषण-मुक्त और सुकून से है! नौकरी है, घर है, वाहन है, भविष्य की सुरक्षा और मर्यादा की रक्षा करने वाला परिवार! एक औरत इससे अधिक का सपना भी नहीं देखती है!"

मेरा यह ख़त 1986 में लिखा गया था, जिसका ज़िक्र मैंने ऊपर किया है। तब से आज तक मैंने बहुत कुछ देखा, बहुत कुछ सुना, बहुत कुछ लिखा, औरतों की समस्याएँ हैं कि ख़त्म होने का नाम ही नहीं ले रही हैं बल्कि हर दिन नये-नये रूप धरकर हमारे धैर्य को आज़माने बैठ जाती हैं। जिस तरह समस्याएँ नहीं ख़त्म हो पा रही हैं, उसी तरह उनसे जूझने वाले भी अपने हथियार फेंकने को क़तई तैयार नहीं हैं। बतौर मिसाल, जिस इराक़ी औरत को देख मैं ख़ुश हुई थी, आज इराक़ से वह ग़ायब है। कहाँ है, कुछ पता नहीं। बात यहाँ सिर्फ़ इराक़ की नहीं बल्कि इस तरह के हादसे से गुज़रने वाले हर राष्ट्र और समाज की औरत की है जो घर बसाती, बच्चों को जन्म देती, इस दुनिया को सजाती-सँवारती है।

इस लेख को मैंने यहाँ इसलिए रखा कि पाठक उन सिलसिलों को भी पकड़ सकें जो मेरे सरोकार हैं और समय के लम्बे अन्तराल में लिखे गए बाक़ी लेख औरत के जीवन और स्थिति के उतार-चढ़ाव को भी बयान कर सकें।

इस संग्रह में मेरे कुछ ऐसे लेख हैं जो समाज, साहित्य और सियासत में औरत की उपस्थिति और स्थिति को तलाश करने की कोशिश में लिखे गए हैं। ये सारे लेख मेरे अवलोकन, अनुभव और विचार का एक सिलसिला हैं। दुनिया में औरत एक सच है। उस सच

को बहुतों ने स्वीकार कर उसकी महिमा में बहुत कुछ लिखा और कहा है। इसी के साथ यह भी एक सच है कि वह औरत, जो इनसान को जन्म देती है, उसके साथ कितना दुर्व्यवहार किया जाता है। उस शोषण, ज़ुल्म और असमानता का बयान ये चन्द लेख हैं।

मैं इस यथार्थ से अपनी आँखें मूँद नहीं सकती हूँ कि आज की इस नई शताब्दी में औरत सकारात्मक रूप से यदि आगे बढ़कर अपनी विकास-यात्रा में अनेक कार्यक्षेत्रों में मर्दों से आगे निकल गई है, तो वहीं पर उसमें प्रतिशोध एवं प्रतिक्रिया की भावना भी घर कर गई है—जो न दबने और बदला लेने की प्रवृत्ति में बदल चुकी है, जो न समाज के लिए लाभकारी है, न परिवार के लिए। आज सभी औरतें ऐसा उग्र व्यवहार नहीं करतीं, न ही जल्दबाज़ी में फ़ैसला लेती हैं मगर वे मर्दों के दाँत खट्टे करने का तो प्रण ले ही चुकी हैं।

इसके बावजूद बड़ी तादाद में आज औरतें कई तरह के संकटों से गुज़र रही हैं। कभी-कभी तो उनके साथ हुए अमानवीय व्यवहार को देख-सुन और पढ़कर यक़ीन भी नहीं आता है कि आज जब हम हर तरह के विकास और आविष्कार से दूसरों को चकित कर उनका जीवन आरामदेह बना रहे हैं, वहीं पर अपने ही घर में रहने वाली स्त्रियों के साथ नई से नई हिंसा और शोषण के तरीक़े अपनाते हैं। क़ानून का डर भी अक्सर इन बिगड़ैल लोगों की नाक में नकेल नहीं डाल पाता है। ऐसे लोग घर में पाले बेज़बान पशुओं पर जिस तरह अपना अधिकार समझ मार-पीट और ज़रूरत से ज़्यादा मेहनत करवाने में शातिर होते हैं, बिलकुल वैसा ही व्यवहार ज़बान रखने वाले इनसान के साथ भी करते हैं, बल्कि उससे कहीं ज़्यादा उस औरत का शोषण करते हैं जो उन्हें वारिस देती है और हर तरह की सुख-सुविधा का ख़याल रखती है।

समय बदल रहा है—इन अर्थों में कि आज केवल औरत औरत की दुश्मन नहीं बल्कि एक दोस्त बन उसकी वकालत करने आगे बढ़ती नज़र आती है। इस यथार्थ को मैं अपनी पुस्तक 'औरत के लिए औरत' में लिख चुकी हूँ। शायद इन बातों को दोहराने की ज़रूरत अभी कुछ वर्षों तक और जारी रहेगी क्योंकि कुछ औरतों के स्वावलम्बी होने तक पारिवारिक जीवन पाने, आर्थिक स्वतंत्रता हासिल करने से यह

साबित नहीं होता कि आधी आबादी हर दुख-दर्द से मुक्त हो चुकी है जबकि अस्सी प्रतिशत औरतें कई स्तर पर परेशान हैं। केवल उनका दुख शराबी पति नहीं बल्कि पति का सामाजिक और सियासत के स्तर पर शोषण भी है। जाने कितनी लाख औरतों के पति विचारधारा के चलते जेल में हैं या मार डाले गए हैं या बेकारी झेल रहे हैं या फिर उनके खेत-खलिहान छीनकर उनके साथ पूरे परिवार को बँधुआ मज़दूर बना लिया जाता है।

1988 से लेकर 2021 तक के इन लेखों द्वारा बहुत-से दुख-सुख और शोषण एवं अत्याचार पाठकों को पढ़ने को मिलेंगे। वे जान पाएँगे कि बुराई सिर्फ़ मर्द नहीं हैं, बल्कि मर्द तो ख़ुद कई जगह शोषित हैं, इसलिए उनसे भिड़ने की तन्हा कोशिश की जगह हमख़याल मर्दों को साथ लेकर समाज की बोसीदा बन्दिशों और तंग नज़र वालों के साथ लड़ना कहीं बेहतर है। यह बेहतरी आने वाली पीढ़ी के लिए होगी, जो ज़रूरी है। यह हमारा सपना भी है, कर्तव्य भी है और ख़्वाहिश भी।

—नासिरा शर्मा

मैंने सपना देखा

शोषण के ख़िलाफ़ महिलाओं का समर

आसमान पर गर्द भरा शामियाना और नीचे जलते तन्दूर की तरह तप रही लाहौर की सड़क। इसी तपती ज़मीन पर एक कारवाँ जोशोख़रोश में नारे लगाता हुआ आगे बढ़ रहा है। यह कारवाँ पाकिस्तान के विभिन्न महिला संगठनों और सियासी पार्टियों की सदस्यों का है। इसकी अगुआई कर रही हैं दो एडवोकेट बहनें—हुमा जिलानी और असमा जिलानी।

'शरीयत लॉ, हाय-हाय', 'दूर हटो जनरलो, पाकिस्तान हमारा है' जैसे नारे लगाता औरतों का यह जुलूस मस्जिद-ए-शोहादा की तरफ़ बढ़ रहा है। इरादा असेम्बली हॉल तक जाने का था। औरतों के ये नारे कुछ पाकिस्तानियों के उन जुमलों की याद दिलाते हैं जिन्होंने जुलूस निकलने से पहले इस आन्दोलन के बारे में कहा था कि यह तो बस चन्द खाते-पीते घराने की फ़ैशनेबल औरतों का ढकोसला है—कैसा आन्दोलन, कैसी आज़ादी? ये औरतें तो हर तरह से आज़ाद हैं। वरना जो औरत चूल्हे-चक्की में पिस रही है, उसे इन बातों की ख़बर भी नहीं है।

बहरहाल, नारों की गूँज और हाय-हाय के साथ औरतें आगे बढ़ रही थीं कि एकाएक पुलिस ने जुलूस को आगे बढ़ने से रोका। औरतें आगे बढ़ने की उतावली में थीं और पुलिस उन्हें पीछे ढकेलने पर कमर कसे हुए थी। इस रस्साकशी में पुलिस को ग़ुस्सा आना था। औरतों को यह दमन सहन नहीं था क्योंकि वे अंकुश के विरोध में जान हथेली पर रखकर घर से निकली थीं। सो वे तूफ़ानी नदी की तरह तड़प उठीं और पुलिस के घेरे को तोड़ने लगीं। महिला पुलिस और औरतों में हाथापाई हुई और फिर मर्द पुलिस के डंडे औरतों के बदन पर तड़ातड़ टूटने लगे।

जोशीले नारे दर्द से तड़पने, रोने और चीख़ने की आवाज़ों में बदल गए। पिटने वाली ज़्यादातर औरतें और लड़कियाँ जवान थीं। इस बीच पुलिस ने चार औरतों को पकड़कर जीप में डाला। फिर भी मर्दों की भीड़ जोश में नहीं आई।

किसी मर्दानी आवाज़ की जगह एक औरत की आवाज़ में ज़ोरदार ललकार सुनाई पड़ी, "पहन लो चूड़ियाँ और खड़े रहो हाथ बाँधे।" इस शोर और नारे के साथ पुलिस दो मर्दों को भी ले गई जो बहुत पिटे थे।

आहत थकी औरतें हाईकोर्ट की तरफ़ लौटने लगीं। असमा जहाँगीर के सिर पर लाठी पड़ी थी इसलिए उसका साँवला चेहरा जहाँ धूप से तपकर लाल हो रहा था, वहीं दिमाग़ी चोट से आँखें सुर्ख हो रही थीं। गर्मी और प्यास से सबका बुरा हाल था। कोकाकोला की दुकानें सामने थीं मगर न कोई शरबत पीने पर तैयार हुआ और न कार में बैठने पर। उसी आहत हालत में औरतें जमा होकर लौटने लगीं।

पुलिस इस जमाव को दोबारा देखकर चौकन्ना हो गई। एक अफ़सर ने फ़ैज़ की पत्नी एलिस से पूछा कि "आपका जुलूस चलना अभी ख़त्म नहीं हुआ क्या?"

"हम चलते जाएँगे जब तक बूढ़े नहीं हो जाते," ग़म और ग़ुस्से से भरी आवाज़ में एलिस ने पुलिस अफ़सर को जवाब दिया।

हाईकोर्ट के चैम्बर में पंखे के नीचे निढाल औरतें कुर्सी, सोफ़ा, ज़मीन जहाँ जगह मिली बैठ गईं।

फ़ैसला कोतवाली जाकर साथियों को छुड़ाने का हुआ। सारी औरतें कोतवाली गईं। उनके नारों से थककर आख़िर दरवाज़ा खोला गया। औरतें अन्दर घुसीं और वहाँ पर उन्होंने पुलिस के विरोध में नारे लगाए। मगर जल्द ही उन्हें बताया गया कि औरतों को तो छोड़ दिया गया है मगर मर्दों को नहीं। कोतवाली के बाहर नारों का शोर जारी था।

चारों औरतें स्वतंत्र होकर निकलीं। बाक़ी औरतों ने उनका ज़ोरदार स्वागत किया। उनसे बातचीत करने पर लगा कि उनका उद्देश्य मानव अधिकार की बहाली है। वे जहाँ औरतों को उनका अधिकार दिलवाना चाहती हैं, वहीं पर हिन्दू जैसे अल्पसंख्यकों की भी स्वतंत्रता और बुनियादी अधिकारों की बहाली चाहती हैं। उनका कहना था, "हमारा क़दम आगे बढ़ा है, पीछे नहीं हटेगा।"

और सचमुच पाकिस्तान की औरतों ने जो क़दम बढ़ाए हैं, उनके निशान अब उजागर होने लगे हैं। एक तरफ़ पाकिस्तान में शरीयत क़ानून को लागू करने का रूढ़िवादी तरीक़ा है, दूसरी तरफ़ बिना सिर व सीना ढके तेज़ी से कार चलाती, सिगरेट के धुएँ उड़ाती, विदेशों में ख़रीदारी के लिए यात्राएँ करने वाली और स्वतंत्र-उन्मुक्त जीवन जीने वाली औरतें हैं। आख़िर ये हैं कौन? जानने पर पता चलेगा कि

ये औरतें उन्हीं फ़ौजी जनरलों की बहू-बेटियाँ और पत्नियाँ हैं जिन्हें पाकिस्तान की इस्लामी व्यवस्था ने हर तरह की सुविधा दे रखी है। फिर यह ख़बर कहाँ से उड़ी कि टीवी पर सिर ढके बिना औरत आ ही नहीं सकती है?

पाकिस्तानी टीवी देखें तो उसमें ख़बर पढ़ने वाली महिलाएँ सिर पर बड़ी ख़ूबसूरती और नज़ाकत से दुपट्टा डालती हैं। मगर बुरका पहने औरत पूरे पाकिस्तान में मुश्किल से नज़र आएगी। हाँ, पेशावर में चादरें ओढ़ने का रिवाज ज़रूर है। फिर वे कामगार मज़दूर औरतें, जो अपने मर्दों के साथ खेतों में काम करती हैं, कौन हैं? वे परदा करती हैं? ऐसे प्रश्न स्वयं में विरोधाभासी हैं—विशेषकर उस समाज में, जहाँ धर्म की मान्यता तानाशाही के स्तर पर बताई जाती हो।

अध्ययन करने और विभिन्न समुदायों की औरतों से बात करने पर लगता है कि संचार माध्यम से इस्लाम का ऊपरी दिखावा इसलिए है क्योंकि उसी को दिखाकर विदेशी रसद मिलती है।

असमा जहाँगीर का कोई केस लगा था। मुझे यह देखकर मज़ा भी आया और ताज्जुब भी कि वह जैसे ही कोर्ट में दाख़िल हुईं, एक अन्य महिला काला कोट लिये खड़ी थी। उसने असमा के कन्धे पर डाला। केस लगा हुआ था। जज ने कुछ प्रश्न पूछे और हम बाहर निकले।

असमा अब कुछ संयत थीं। सहज तो वह पहले भी दिख रही थीं मगर अब मुतमईन थीं। कार चलाते हुए बोलीं, "कैसा पान लोगी?" कार पान की दुकान पर रुकी। सबने बीड़े मुँह में दबाए और एकआध कश खींचा और राहत की साँस ली।

हमारा अगला पड़ाव ऑफ़िस था जहाँ जुलूस से लौटी औरतों का जमघट्टा था। उनसे बातचीत में एक शिकायत उभरी कि मैं जुलूस में नारे नहीं लगा रही थी, आख़िर क्यों? मेरा जवाब था कि मैं औरत के साथ ज़रूर हूँ मगर विदेशी धरती पर फ़िलहाल हूँ।

पंजाब के झंग की समाज-सेविका आबिदा हुसैन स्वतंत्र रूप से चुनाव में जीतकर राजनीति में आने वाली पहली महिला हैं। उन्होंने दस्तकार औरतों के उत्थान के लिए सहकारिता चलाकर उन्हें दस वर्षों में स्वावलम्बी बनाया है। वे स्वयं उच्चवर्ग से हैं। उनका घर जितने सुरुचिपूर्ण ढंग से सजा था, उससे ज़्यादा उनका अपना व्यक्तित्व सामाजिक चेतना से सजा हुआ था। अपने मुल्क की औरत के बारे में वे कहती हैं, "जन्म के बाद से ही वह एक क़ैदी होती है। ग़रीब घराने में तो जीने का बुनियादी हक़ घर के मालिक के हाथों होता है। इसलिए वह उसी समर्पण में

अपनी सारी ज़िन्दगी गुज़ार देती है। अपनी कमाई ख़ामोशी से लाकर बाप, भाई, शौहर, बेटे के हाथ में रख देती है।"

मध्यवर्ग की औरतों के बारे में आबिदा ने कहा, "वह देहात में है तो अपने को बेबस व बेकस समझती है। मगर उसी वर्ग की औरत शहर में पढ़ती, नौकरी करती है। मगर उसको अपने फ़ैसलों यानी उसका पति और घर कैसा हो, उसके कितने बच्चे हों, इस पर उसका कोई अधिकार नहीं होता है। मगर जो उच्चवर्ग की औरत है, वह ज़्यादा पढ़ी-लिखी और स्वतंत्र है। हमारी सरकार ने इस्लाम का ज़ोर बाँध रखा है और क़ानून की व्याख्या भी रूढ़िवादी दृष्टिकोण लिये हुए होती है तो भी हमारी औरतों की स्थिति में काफ़ी सुधार आ रहा है—विशेषकर शहरों में।"

ऐसे में प्रश्न यह उठता है कि वे औरतें किस वर्ग से हैं जो 'औरत' नाम की संस्था चला रही हैं, 'वैफ' संस्था का आरम्भ किया या 'असर' नाम से वीडियो फ़िल्में व औरतों का साहित्य छाप रही हैं? वास्तव में ये औरतें किसी विशेष वर्ग से नहीं बल्कि विभिन्न वर्गों का संगम हैं जिन्हें हम जागरूक सामाजिक चेतना से परिपूर्ण औरतों का वर्ग कह सकते हैं। ये अपने देश और समाज के उत्थान के लिए संघर्षशील हैं।

लाहौर के 'औरत' फ़ाउंडेशन की बिलकीस ताहिरा ने अपनी संस्था के बारे में संक्षेप में बताया कि यह ग़ैर-सरकारी और ग़ैर-मुनाफ़े वाली संस्था है जो औरतों को ख़बरें और सलाह देने के लिए बनाई गई है। यह औरत को औरत की ख़बर देती दूसरी महिला संस्थाओं से जुड़ी हुई है। यह शिक्षा, स्वास्थ्य, सुरक्षा, उपभोग, आर्थिक, नौकरी, संस्था इत्यादि के बारे में जानकारियाँ देती है।

पिछड़े मोहल्लों और छोटे-मोटे कारख़ानों में जानकारियाँ, आँकड़े इकट्ठे करने के दिलचस्प व्यक्तिगत अनुभव ताहिरा और उनकी साथी दूसरी लड़की ने सुनाए। जैसे, एक कारख़ाने के मालिक से जब वे मिलीं तो बातों के बीच में एकाएक मालिक ने पूछा कि अच्छा, यह बताएँ, आप लोग समाज-सेविका जैसी नौकरी कर रही हैं, कल यदि आपका विवाह हो जाए तो क्या आप नौकरी छोड़ देंगी? मालिक को जवाब देने के लिए उन्होंने लापरवाही से कहा कि बिलकुल, हम नौकरी छोड़ देंगी। इस पर कारख़ाने का मालिक ख़ुशी से उछल पड़ा। "आप कितनी अच्छी लड़कियाँ हैं। एक ये हैं हमारे कारख़ाने में काम करने वाली लड़कियाँ जो कहती हैं कि हम शौहर को छोड़ सकते हैं मगर नौकरी नहीं।"

आँकड़े देखकर लगता है कि पाकिस्तान में बेकार औरतों की संख्या बेकार मर्दों से अधिक है। इसलिए शायद यह कह सकते हैं कि औरतें बन्दूक की गोली खाने में प्रथम स्थान पर रखी जाती हैं मगर नौकरी देने में उनका स्थान सबसे आख़िरी होता है। इसी को ध्यान में रखकर पाकिस्तान में 'महिला वर्ष, 1975' में औरतों की सुरक्षा, अधिकारों को लेकर एक 'शिरकतगाह' की बुनियाद डाली गई जिसमें राष्ट्रीय उत्थान में औरत के सहयोग पर ज़ोर डाला गया। 'शिरकत' तीन स्तरों पर काम करती है—पहला, औरतों को आर्थिक व सामाजिक कार्यक्रमों के द्वारा स्वावलम्बी बनाना; दूसरा, शोधकार्यों को छपवाना और तीसरा, सनदों को पुस्तकालय के रूप में संचित करना। इन सबके बाद वह महिला समस्याओं पर आवाज़ उठाती है।

'शिरकतगाह' का गठन करने वाली ख़ावर मुमताज और फ़रीदा की 'पाकिस्तानी वीमेन' पाकिस्तानी महिलाओं पर पहली पुस्तक है। उन्होंने बताया कि यहाँ पर औरतों की कोई यूनियन नहीं है और जो इस तरह की लेबर यूनियन हैं भी, उनमें औरतों को सदस्यता नहीं दी जाती है। मगर कुछ महिला मज़दूर नेताओं की आवाज़ मर्द मज़दूर भी ध्यान से सुनते हैं।

'असर' (अपलाइड सोशियो-इकोनॉमिक रिसर्च) की कर्ताधर्ता बनी ने बताया कि इस संस्था के साथ एक दूसरी संस्था 'सीमुर्ग' भी है। हमारा काम औरत को औरत तक सीमित नहीं करना है बल्कि समाज व शिक्षा जैसे क्षेत्र में भी उन्हें लाकर खड़ा करना है। वे बताती हैं, "चूँकि मैं साम्यवादी विचारधारा की थी इसलिए क़ायदेआज़म विश्वविद्यालय से निकाल दी गई और तब मैंने स्वयं अपना काम शुरू करने की सोची। अब मैं भारत की कमला भसीन व ऋतु मेनन के साथ मिलकर 'औरत, धर्म व प्रगति' पर पुस्तक लिख रही हूँ। दूसरी पुस्तक 'बँटवारे' पर सूचना मंत्रालय के पब्लिकेशन विभाग में, एक साथ कई पत्रिकाओं का सम्पादन करने वाली, पाकिस्तान की महत्त्वपूर्ण कवयित्री किश्वर नाहीद का, जिनकी दो पुस्तकें औरतों पर छप चुकी हैं, कहना है कि "पाकिस्तानी औरत हमेशा रिश्तों की मार खाती है। उसकी संवेदना को ज़बरदस्ती भुनाया जाता है। इसके विरोध में औरत को आवाज़ उठानी चाहिए ताकि उसका शोषण कम-से-कम अहसास के स्तर पर तो नहीं ही हो।"

उन्होंने एक बहुत महत्त्वपूर्ण बात यह बताई कि बँटवारे के बाद चालीस हज़ार औरतें इधर अपहृत हुई थीं और चालीस हज़ार उधर अपहृत हुई थीं। ये अस्सी हज़ार

औरतें गईं कहाँ? उन्होंने कहा, "जो उधर से आया, उसने सोचा, हमें कौन जानता है यहाँ? वह फ़ौरन सैयदज़ादा बन बैठा। इस तरह से हम देखते हैं कि 1947 के बाद जहाँ सामाजिक बदलाव आया है, वहाँ दिमाग़ी बदलाव ठस होकर रह गया है। ज़रूरत है उसी बदलाव की।"

पाकिस्तान के इस्लामीकरण के प्रबल हिमायती ज़िया-उल-हक़ की मृत्यु के बाद बदलाव की आशा की जा रही है मगर जिस समाज में सामन्ती व्यवस्था क़ायम हो, पिछड़े अशिक्षित क्षेत्र फैले हुए हों, जिस समाज में मर्द को ही वह स्थान न मिला हो जिसका वह अधिकारी है, तो फिर उस समाज में शोषित नारी को उसका अधिकार कैसे और किन आधारों पर हासिल होगा? ये सवाल अहम् तो ज़रूर हैं मगर पाकिस्तान में औरतों ने आज़ादी और संघर्ष का जो परचम लहराया है, वह कभी-न-कभी क़ामयाब ज़रूर होगा।

['इंडिया टुडे' : कराची, 1988]

नई सहस्राब्दी की शुरुआत : ढाक के वही तीन पात

नया वर्ष बहुतों के लिए नई उमंग का सन्देश लेकर आया होगा मगर औरत ज़ात के लिए वही पुरानी विपदाओं से भरा साल का पहला दिन शुरू हुआ। 'जनमोर्चा' समाचार-पत्र, फ़ैज़ाबाद के पहली जनवरी के दैनिक पत्र में एक साथ दो ख़बरें पढ़ने को मिलीं जिनमें एक औरत ने आत्महत्या की थी दूसरी का गला ससुराल वालों ने दबाकर उसकी हत्या कर दी। संक्षेप में कहा जाए तो मौत को अपनाने के तरीक़े भिन्न होने के बावजूद कारण एक था। अपमान, घुटन, असुरक्षा यदि परिवार में लगातार आपका पीछा करे और सामाजिक बन्धन का कारागार आपको प्रताड़ित करने पर तुला हो तो ऐसी स्थिति में सबसे बेहतर रास्ता 'मौत' का लगता है—चाहे वह उचित हो या नहीं, मगर वक़्ती दबाव से तंग आकर अक्सर ऐसा होता है।

तारुन थाने के कुरी पुरुषोत्तमपुर गाँव में जयनारायण की बेटी निवासी करिया चितांवा दूबे का विवाह 1996 में प्रदीप कुमार पांडेय से हुआ। उनकी पत्नी नीलम देवी, उम्र बाईस वर्ष, का गला घोंटकर हत्या कर दी गई। शव को अन्त्य परीक्षण हेतु भेजा गया और अपराध संख्या 300/2000, धारा 498, 304 बी भादवि के अन्तर्गत पति, ससुर और सास के विरुद्ध मामला दर्ज हुआ। मौक़ा-ए-वारदात पर सीओ अशोक कुमार यादव भी मौजूद थे।

दूसरी ख़बर थी कि फ़ैज़ाबाद कोतवाली क्षेत्र के ग्राम वासुदेवपुर में एक पचीस वर्षीय विवाहिता महिला ने घर के अन्दर रस्सी का फन्दा लगाकर आत्महत्या कर ली। उसने दो बच्चों को जन्म दिया था जो जीवित नहीं रहे।

इन मौतों के पीछे कारण जो भी हो मगर एक बात तो तय है कि मरने वाली मानसिक तनाव का शिकार थीं। उनके लिए भागने का कोई रास्ता नहीं बचा था। संवाद की स्थिति शून्य थी। गुत्थी को सुलझाने की जगह पास-पड़ोस के ताने और स्वयं की इच्छाएँ कुंठित होकर कभी-कभी व्यक्ति को निर्बल बना

देती हैं। उस समय वह अपना अन्त या तो अत्याचार सहने में या फिर मर जाने में देखती हैं।

यह स्थिति बड़े शहरों में रहने वालों के लिए स्वीकार नहीं होगी मगर वास्तविकता भारत के छोटे शहरों, क़स्बों और गाँवों की यही है कि वहाँ ज़बर्दस्त घुटन है जिसमें मर्द बाहर की दुनिया में रोज़गार और बेहतर ज़िन्दगी के लिए छटपटाता है और घर में बैठी औरत ख़र्चा-पानी, बीमारी, जड़ परम्पराओं और पारिवारिक सत्ता में दबी तड़पती रहती है।

भौतिकवाद जिस तेज़ी से आम इनसान को अपनी चपेट में ले रहा है, उसकी सबसे बड़ी अभिव्यक्ति बाज़ार है, जहाँ की चमक-दमक टीवी पर देखकर मन का बिचलना एक मामूली बात है। अपनी हैसियत से ज़्यादा आगे बढ़कर उपभोग की वस्तुओं को ख़रीदना ग़लत बातों को बढ़ावा देना है। आसानी से कम समय में पैसा कमाना हर कोई चाहता है मगर जीवन-मूल्यों को सँजोना, धैर्य, सहनशीलता और सादा जीवन उच्च विचार का आकर्षण ग़रीबी, बीमारी, बेचारगी को लाता है। यह सोच जिन लोगों की होती जा रही है, उनमें इनसानों के प्रति सम्मान कम होता जा रहा है। दूसरा विवाह, नया दहेज़, मुफ़्त का धन, नई-नवेली दुलहन का आना, ये सारी बातें पहले सम्बन्ध के प्रति उदार भाव न रखकर एक ऐसी अपराधी मनोवृत्ति परिवार की बना देती हैं, जिसके अभिशाप को बाहर से आई लड़की झेलती है जो इस घर की बहू होती है और उसकी ग़लती यही मानी जाती है कि वह गृहलक्ष्मी कहलाती है जबकि लक्ष्मी की खनक से कोसों दूर होती है। अपने साथ मायके से सारी सुख-सुविधाएँ लाना भूल गई जिनसे यह घर वास्तव में स्वर्ग बन सकता था। सेवा, निष्ठा इतने पुराने पड़ चुके हैं, जो जीवन में अवसाद भरते हैं, उत्तेजना नहीं, जो आज की सबसे बड़ी ज़रूरत है।

ऐसी घटनाएँ कुछ दिनों तक चर्चा का विषय रहती हैं। समाचार-पत्र, वकील, पुलिस के बीच केस सुलझाने की कोशिश होती है। कभी न्याय मिलता है, कभी नहीं, मगर इन सारी बातों के खुल जाने और सज़ा दिलवाने के बाद क्या स्थिति बदली है? समाज ने अपनी जकड़न ढीली की है? परिवार में बहू का रुतबा है? लड़कियों को बोझ समझना क्या कम हुआ है? ऐसा कोई भी बदलाव नहीं आया है। कमिश्नर पुलिस अजयराज शर्मा ने अपनी सालाना मीटिंग में इस तथ्य को स्वीकार किया है कि स्त्रियों के प्रति अपराध की दरें कम नहीं हुई हैं, जिसमें बलात्कार की संख्या अफ़सोसजनक तरीक़े से बढ़ी है। इनकी शिकार न केवल गाँव, क़स्बे की

कमज़ोर वर्ग की औरतें होती हैं बल्कि पढ़ी-लिखी, स्वावलम्बी औरतें जो अधिकार और क़ानून को जानने-समझने वाली जागरूक नागरिक होती हैं, वे भी इस हिंसक दुर्घटना से बच नहीं पाती हैं। उनकी हत्याओं का सिलसिला भी बढ़ता जाता है। चाहे इसके पीछे चोरी, लूटमार हो या फिर अपराधी मानसिकता जो समाज के इस भद्र वर्ग को भी अछूता नहीं छोड़ रही है। औरतों द्वारा की गई आत्महत्याओं के पीछे का एक कारण यह भी है कि जहाँ परिवार के सदस्यों द्वारा औरतें हवस का शिकार बनती हैं और आवाज़ उठाने पर उनका गला दबा दिया जाता है ताकि घर की व्यवस्था न चरमराए और न ही घर की बदनामी हो—ऐसी स्थिति में स्त्रियाँ लगातार मानसिक तनाव और अपमान के बेजा दबाव के चलते दिमाग़ी रोगी हो जाती हैं। जो अधिक संवेदनशील होती हैं, वह पागल हो जाती हैं या फिर पागल करार दे दी जाती हैं ताकि उनके कहे पर कोई विश्वास न कर सके।

देश-काल की राजनीति पर आए-दिन टिप्पणियाँ समाचार-पत्रों में प्रकाशित होती रहती हैं मगर घरेलू सियासत पर पत्रकारिता के स्थान पर साहित्य यह काम अंजाम देता है और समाज के चेहरे से पर्दा हटाता है। इसके लिए प्रेमचन्द का साहित्य काफ़ी महत्त्वपूर्ण भूमिका अदा करता है, जहाँ मानवीय गिरावट कठघरे में खड़ी नज़र आती है। ऐसे किरदार जो भले या बुरे हैं, देखने वालों और पढ़ने वालों की मानसिकता को प्रभावित करते हैं और उनमें इनसानी चेतना का उदय होता है।

मगर वे लोग जो अपराधी प्रवृत्ति के स्वामी होते हैं, वे इस तरह के समाचारों से अपराध के नये तरीक़े भी सीखते हैं।

['राष्ट्रीय सहारा' : 2001]

युद्धग्रस्त देश में स्त्री विमर्श

अफ़ग़ानिस्तान पिछले दो दहाई से विश्व स्तर पर चर्चा का विषय बना हुआ है। पहले लाल फ़ौजें, फिर अमेरिकन बमबारी। एक ग़रीब मुल्क पर अपना क़ब्ज़ा दिखाने के लिए व्याकुल महान शक्तियाँ। कारण जो भी हो परन्तु अपने में एक गहरा सवाल लिये है कि आख़िर वहाँ ऐसा क्या है जो हर कोई अपना पंजा गाड़ना चाहता है? उसमें ब्रितानिया और पाकिस्तान का नाम भी मौजूद है। अफ़ग़ानिस्तान की पूरी बदहाली से कुछ लोग चिन्तित हैं जिनमें एक ऐसा वर्ग है जो वहाँ की औरतों की बदहाली के प्रति बहुत फ़िक्रमन्द है और उसका विश्वास है कि इस रूढ़िवादी स्त्री-स्थिति का ज़िम्मेदार तालिबान समुदाय था, जिसने पाँच वर्षों के अपने सत्ता-काल में अफ़ग़ान औरतों को मध्ययुगीन काल में धकेल दिया है।

यदि हम इतिहास के पन्ने पलटें तो हमको पता चलेगा कि अफ़ग़ानिस्तान के किस औरत वर्ग की जागरूकता, विकास और उत्थान की बात हम कर रहे हैं—उन क़बीलों की औरतों की, जो पहाड़ों पर कठिन जीवन व्यतीत कर रही हैं और रोज़ की ज़रूरत को पूरा करने में अपनी पूरी क्षमता ख़र्च कर देती है या फिर वह महिला वर्ग, जो बड़े शहरों में रहता है? जहाँ हर तरह की सहूलियतें मौजूद हैं? पहाड़ों पर स्कूल नाम के शब्द को कोई जानता ही नहीं और जब साक्षरता के चलते पी.डी.पी. साम्यवादी सरकार ने 1982 में अभियान चलाया तो इन क़बीलों के मर्द-औरतों ने न केवल इसका कड़ा विरोध किया बल्कि अपनी जीवन-शैली, अपने विश्वास और धर्म में गहरा हस्तक्षेप माना। इससे पहले जब हम जाहिरशाह का समय देखते हैं तो उस समय भी क़बीलों ने इस तरह के परिवर्तन को स्वीकार करने से साफ़ इनकार कर दिया था। यदि हम कुछ दहाई और पीछे जाएँ तो पता चलेगा कि अमानउल्लाह ख़ान को सत्ता से हटाने और बच्चा-सक्का जैसे जाहिल और रूढ़िवादी शासक को लाने के पीछे यही तर्क था कि जनता का

बहुत बड़ा प्रतिशत अमानउल्लाह ख़ान की खुली नीतियों और नारी उत्थान के कार्यक्रमों को उचित नहीं मानता था। इस तरह से यह बात साफ़ हो जाती है कि तालिबानी अकेले इसके दोषी नहीं थे बल्कि दोष उन भौगोलिक परिस्थितियों का है जिनमें क़बीले एक बड़ी आबादी के रूप में नहीं रहते हैं बल्कि पहाड़ी, पहाड़ी दर्रे में छोटे-छोटे ख़ानाबदोशों की-सी शैली में रहते हैं। इनका उन्मुक्त स्वभाव, दूसरों की सत्ता को स्वीकार न करनेवाला स्वाभिमानी तेवर, अपने रीति-रिवाजों को अपनी पहचान और शान समझने वाले ये लोग वास्तव में क़ुदरत के सच्चे बेटे हैं। इनकी औरतें अत्याचार, शोषण, वर्गों की असमानता, शिक्षा जैसे शब्दों को न जानती हैं, न यह उनका विषय क्षेत्र है। उनके अनुभव कुछ दूसरे हैं जो उनके गुण गिने जाते हैं। एक विधवा या तलाक़शुदा औरत की क़ीमत अफ़ग़ान क़बीलाई समाज में कुँआरी लड़की से ज़्यादा है। क्योंकि वह घर का कामकाज, जानवरों की देखभाल और ख़ाली समय में नमदें या छोटी कालीनें बुनकर घर की आमदनी बढ़ा सकती हैं। इसलिए अफ़ग़ान मर्द जानवरों या औरत से कितना लाभ उठा सकता है, इसको नज़र में रखकर दाम अदा करता है। यह बात एक सभ्य समाज में बुरी मानी जा सकती है मगर उनकी यह जीवन-शैली है। इसलिए उनकी मान-मर्यादा, नैतिकता, रस्म-रिवाज, सम्मान, मरना-जीना इसी शैली में उनको रास आता है।

शहरों में रहने वाली दो प्रतिशत औरतें ऐसी हैं जो पढ़ी-लिखी थीं। उनकी संख्या में वृद्धि पी.डी.पी. के समय में हुई थी क्योंकि साम्यवादी सरकार ने स्कूल, कॉलेजों को न केवल खोला बल्कि लड़कियों को शिक्षा प्राप्त करने के लिए प्रोत्साहित भी किया। सोवियत लैंड ने उस समय दक्षिण अफ़ग़ानिस्तान में काफ़ी विकास योजनाएँ लागू की थीं। मगर मुजाहिदीनों एवं आम जनता ने उसको स्वीकार नहीं किया और उसको बड़े पैमाने पर बर्बाद किया। मगर उत्तरी अफ़ग़ानिस्तान में उसका स्वागत हुआ। वहाँ पर खनिज, वनस्पति भी दक्षिणी भाग से ज़्यादा थी। आसपास के सोवियत लैंड के प्रान्त जो अब स्वतंत्र राष्ट्र हैं, जैसे तुर्कमानिस्तान उज़्बेकिस्तान, ताजिकिस्तान, उनकी स्थानीय एवं भाषाई समानता उत्तरी भाग से थी। आज भी उस एकता को नॉर्दर्न एलायन्स के रूप में देखा जा सकता है। क़िस्सा मुख़्तसर यह कि अफ़ग़ानिस्तान में एक तरफ़ क़बीलाई क़ानून का पालन, दूसरी ओर विदेशी सत्ता के विरोध में हथियारबन्द युद्ध—ऐसी स्थिति में फँसे पुरुष के घर-परिवार की दशा क्या होगी, इसका अन्दाज़ा लगाया जा सकता है। वहाँ नारी-मुक्ति का नारा नहीं

गूँज सकता है बल्कि सियासी समाधान की माँग होती है कि कब तक दूसरी ताक़तें अफ़ग़ानिस्तान के बारे में फ़ैसला लेती रहेंगी?

अब हमारे सामने मूल व प्रमुख प्रश्न है कि प्राय: अस्सी प्रतिशत औरतों की स्थिति हमारी चिन्ता का विषय है या वह बीस प्रतिशत औरतें महत्त्वपूर्ण हैं जो बड़े शहरों में रहती हैं और उनमें दो प्रतिशत औरतें कामकाजी हैं? यक़ीनन जवाब होगा कि वह अस्सी प्रतिशत औरतें जो न अपने प्रति, न अपने समय के प्रति सचेत हैं, उनको जगाना समय की सबसे बड़ी चुनौती है। यह बात यहाँ समझने की है कि जब-जब अफ़ग़ानिस्तान का असली चेहरा सामने आया, चाहे वह मुजाहिदीनों के रूप में या तालिबानों की शक्ल में, तो दुनिया वालों ने उस सच्चाई को स्वीकार नहीं किया और उस बनावटी अफ़ग़ानिस्तान को असली समझा जो उनसे मिलता-जुलता है। यह अजीब-सी विडम्बना है कि अफ़ग़ानिस्तान की बुनियादी परेशानियों को कोई नहीं समझना चाहता है। यह बहुत बड़ा सच है कि जिस समाज के पुरुष स्वतंत्र और खुले दिमाग़ के नहीं होंगे तो वहाँ की औरतें कैसी होंगी? फिर उनकी स्वतंत्रता की कल्पना हर तरह से यूरोप की औरत से अलग होगी।

इधर अफ़ग़ानिस्तान में टोपी वाले बुर्कों को पहने औरतें बार-बार टीवी पर दिखाई जाती हैं। यह बहुत बड़ा सच है कि यह टोपीवाला बुर्का अफ़ग़ानिस्तान में हर काल में पहना गया है। उसको पहनने वाली औरतों का अपना एक वर्ग है। मेरे कहने का तात्पर्य इन बातों को बताकर केवल इतना है कि अफ़ग़ानिस्तान की औरत की दशा और दिशा केवल एक सरकार की देन नहीं है बल्कि वह बरसों से अभिशप्त जीवन जीने के लिए बाध्य है। उसके आर्थिक, सामाजिक, धार्मिक और सबसे बड़ा सियासी कारण है। हर सरकार अपने बनाए क़ानूनों को सबसे पहले औरतों पर कार्यान्वित करती है। उस समय जब तालिबानों की सरकार थी, तब उनके बनाए क़ानून के अनुसार औरतों को रहना पड़ता था। वह लड़कियाँ जो पी.डी.पी. सरकार के दौर में उन्मुक्त रूप से शिक्षा प्राप्त कर रही थीं, गृहयुद्ध के कारण घर बैठ गईं। उसी दौर में कुछ प्रतिशत लड़कियाँ लाल फ़ौज के डर से घरों में क़ैद रखी गई थीं क्योंकि उनके माता-पिता नहीं पसन्द करते थे कि वे विदेशियों के सामने आएँ। इस घुटन से घबराकर कुछ जवान लड़कियों ने आत्महत्या कर ली। उनका मानसिक सन्तुलन बिगड़ गया। माँ-बाप ने घबराकर कम उम्र में ब्याह कर दिया जिससे अनेक तरह के रोगों को पाल लिया और उसका वे उचित उपचार नहीं कर पाईं।

अफ़ग़ानिस्तान एक ग़रीब मुल्क है मगर वहाँ दौलतमन्द लोग मौजूद हैं। बड़े-बड़े क़बीलों के सरदार, मंत्री, सत्ताधारी, ज़मींदार अपवाद के रूप में अपार धन के स्वामी हैं। इनकी पत्नियाँ विदेश-यात्रा पर जाती हैं। विदेशी भाषाएँ बोलती हैं। उनका रहन-सहन बिलकुल यूरोप वालों की तरह है और वही औरतें बाक़ी दुनिया को ग़लत सूचना देती हैं कि जैसे अफ़ग़ानिस्तान बहुत ज़्यादा विकसित है : बस, रूढ़िवादी ताक़तें उसको पिछड़ा बनाने पर तुली हुई हैं। काश, युद्ध के अलावा भी लोग अफ़ग़ानिस्तान की अन्य चीज़ों में रुचि लें तो उनको पता चलेगा कि वह ऐसा पिछड़ा देश है जहाँ एक भी रेल की पटरी नहीं है! यातायात का साधन पैदल और खच्चर हैं! आम इनसान की बात यदि करनी है तो फिर युद्धग्रस्त देश में स्त्री विमर्श पर बात करने से पहले वहाँ सुरक्षा-शान्ति की स्थापना की कोशिश होनी चाहिए वरना विधवा, यतीम, लावारिस औरतों की संख्या बढ़ती ही जाएगी!

['सृजन' : जनवरी-मार्च, 2002]

पाकिस्तान : अतीत की ओर वापसी

वर्षों पहले जब सऊदी अरब की शहज़ादी को संगसार की सज़ा मिली थी, उस वक़्त दादा ने तो उसे माफ़ कर दिया था, मगर शौहर ने नहीं। उसको शौहर के अलावा ग़ैर मर्द से सम्बन्ध रखने की सज़ा दी गई। अगर शौहर माफ़ कर देता तो वह इस सज़ा से बरी हो जाती मगर ऐसा नहीं हुआ। उसका मित्र भी मारा गया।

दुबई में आज से कई दहाई पहले एक शख़्स ने अपनी बहन को सिर्फ़ इसलिए मार डाला कि वह किसी को देख मुस्कुराई थी। शेख भी उस महफ़िल में थे जहाँ उन्होंने यह बात सुनी और लौटकर अपने आदमी को गोली से उड़ा दिया जिसके कारण लड़की मारी गई थी।

पाकिस्तान में एक से एक ख़तरनाक सज़ाओं की तफ़सील हम पढ़ते हैं और हैरत में पड़ जाते हैं कि सारी क़ानूनी कार्यवाही धर्म के अनुसार बताई जाती है, चाहे सच जो भी हो। इन सारे क़िस्सों के ख़िलाफ़ जाहिदा हिना की कहानियाँ हों या फिर फैमीदा रियाज़ की नज़्में हों, नाहीद किश्वर का एहतेजाज या इन सबके पीछे सभी क़लमकार ख़ातूनों का एतराज़ दर्ज हो, मगर हालात टस से मस नहीं होते हैं। हैरत की बात यह है कि ये सारी औरतें जो 'गुनाह' के नाम पर मुजरिम मानी जाती हैं, वे सब पिछड़े, ग़रीब तबके या फिर किसी-न-किसी क़बीले से ताल्लुक़ रखती हैं। किसी बड़े ख़ानदान, मशहूर नाम और हर तरह से आधुनिक जीवन जीने वाली किसी भी पाकिस्तानी औरत का नाम इस सिलसिले में नहीं लिया जाता है जिस तरह से सऊदी शहज़ादी का ख़बरों में आया। दुनिया के वे देश, जहाँ इस्लाम पहुँचा और वहाँ की भौगोलिक परिस्थितियों और रस्म व रिवाज के साथ घुल-मिल गया। इबादत अरबी में बिना भाषा जाने होती और जब ज़िन्दगी के मसले सुलझाने हों तो मज़हबी किताब को सीधा पढ़ने के बदले वे मौलवी के पास पहुँचते। जहालत के मारे लोग मौलवी साहब के रहम व करम

पर होते। इस्लाम और स्थानीय सामाजिक रिवायतें धीरे-धीरे कर घुलने-मिलने लगीं। कहीं बेहतरी के लिए, कहीं बदतरी के लिए।

अफ़ग़ानिस्तान, पाकिस्तान, ईरान, हिन्दुस्तान और कई अन्य देशों में कुछ इसी तरह की दूरियाँ मज़हब की किताबों और लोगों के व्यवहार के बीच आ गईं।

मध्यपूर्वी देशों में ऐसा नहीं है। उसका कारण धर्म और अवाम की ज़बान एक है। मज़हबी किताब में जो क़ानून दिया गया है, वही अदालत मानेगी और शरीयत कोर्ट की बात टाली नहीं जाएगी चाहे वह बादशाह हो या फिर रंक। सभी को अपने धर्म के क़ानून पता होते हैं। बीच में मौलवी की वैसी आवश्यकता उन्हें नहीं पड़ती जो अन्य राष्ट्रों को भाषा या इलाक़ाई विभिन्नता के कारण महसूस होती है। इसलिए वहाँ शरीयत कोर्ट अवाम पर क़हर नहीं ढाता बल्कि वहाँ की अन्तरराष्ट्रीय राजनीति क़हर बरपा करती है, जो दो फाँक हो अवाम पर पक्ष-विपक्ष के नाम पर ज़ुल्म तोड़ती है। देश के हाकिम का झुकाव विश्व सत्ता की ओर कैसा है, अपने देश को वह अपने नज़रिये से कैसे व्यवस्थित करना चाहता है? उसको दूसरे मानते हैं या नहीं? उनकी अन्दरूनी लड़ाई इस्लाम को नहीं, विचारधारा और राजनीति को लेकर होती है। उनकी एकता भी इस्लामी लिबास में होती है क्योंकि वे मुस्लिम हैं मगर उसके पीछे इलाक़ाई ज़रूरतें, विकास, परम्परा, आधुनिकता—अनेक तरह के मसले होते हैं जो खुलकर बाक़ी दुनिया के सामने नहीं आते हैं। यहाँ तक कि उनका साहित्य, संस्कृति भी आतंकवाद और धार्मिक जड़ता के नाम पर कहीं पीछे छूट जाती है जिसको यूरोप के देश अपनी सरकार के प्रोपेगेंडा के बाद इसलिए जान लेते हैं कि देश से भागे लोग यहाँ शरणार्थी बनते हैं और मजबूरन अंग्रेज़ी में लिखने लगते हैं। मगर एशिया के अन्य देश शायद अपनी मुसीबत में यह सब भूले रहते हैं जबकि यूरोप के बुद्धिजीवी दुनिया के किसी भी मुल्क पर काम करने को तैयार रहते हैं। यहाँ पर मैं कहना यह चाहती हूँ कि जो कुछ ईरान, हिन्द-पाक और अफ़ग़ानिस्तान में घट रहा है, जिसको इस्लाम धर्म का नाम दिया जा रहा है, वह दरअसल वहाँ की सरकार का नज़रिया है जो धर्म की आड़ लेकर उन बातों को प्रभावी बनाता है क्योंकि आम आदमी के दिल में धर्म का भय तो रहता ही है।

पाकिस्तान में जितनी औरतें प्रताड़ित की गई हैं, वे सब मर्दों की कुंठाएँ और उनके क़बीलाई सोच का नतीजा थीं। इन दुखी औरतों के समर्थन में पूरी दुनिया की औरतें एकजुट हुईं और अन्दर की सच्ची कहानी निकालकर सामने लाईं, जैसे मुख़्तार माई। उनकी ज़िन्दगी के बारे में मारी-थेरीज़ कयूनी ने पुस्तक लिखकर

मुख़्तार माई की हिम्मत को सराहा और मुख़्तार माई को इस निडर क़दम के लिए फ्रांस के सम्मानित पुरस्कार से नवाज़ा भी गया।

हिन्दुस्तान की अनेक मराठी, बंगाली, राजस्थानी और उत्तर प्रदेश की औरतों की जीवनगाथा छपी हैं जो सिर से पैर तक आपको हिला देती हैं, जिसमें ठस परम्पराओं, दुष्ट रिश्तेदारों, निठल्ले ज़ालिम पति, जड़ मान्यताओं और पिछड़े समाज का बड़ा हाथ रहा है। मैं मानती हूँ कि धर्म इतना बड़ा इनसान का दुश्मन नहीं है जितनी बड़ी सामाजिक जकड़न। यह जकड़न और अन्धविश्वास जब धर्म की आड़ ले लेता है तो इनसानी जीवन ज़्यादा दुखदायी और घृणित हो उठता है। तहमीना दुर्रानी ने जिस तरह अपनी दोनों किताबों में पाकिस्तानी समाज को सामने रखा है, वह दर्दनाक है। मज़हब और रूहानी लिबास में किस तरह हैवान जलवा अफ़रोज़ हैं! और उन्हें सत्ता का प्रोत्साहन मिला है, यह बहुत ही शोचनीय स्थिति है! जब पाकिस्तान की ईसाई मज़दूर ख़ातून सिर्फ़ पानी पीने के प्याले से, जो सभी के लिए था, पानी पी लेती है और उस पर बाक़ी औरतों का एतराज़ इस हद तक बढ़ा कि उसको कुफ्र बोलने और काफ़िर होकर इस्लाम का अनादर करने के जुर्म में मौत की सज़ा सुना दी जाती है। सारे जहाँ के इंटरनेट अपनी आवाज़ दर्ज कर रहे हैं मगर पाकिस्तानी सरकार कान में तेल डाले बैठी है। कुफ्र और काफ़िर साबित करना आज बच्चों का खेल हो गया है। धर्म अब मुक्ति का नहीं, बन्धन का नाम हो गया है।

औरतों को लेकर मध्यपूर्वी देश नई ज़रूरतों के मुताबिक़ पुराने क़ानून को बदल रहे हैं। इस लचक से उनको बेहतर ज़िन्दगी मिल रही है और जो देश इन बन्धनों से आज़ाद थे, उन्हें नई परिभाषा के नाम पर कठमुल्लापन की लानत झेलनी पड़ रही है। ये यातनाएँ, प्रताड़नाएँ, तिरस्कार और सज़ाएँ केवल औरत ही नहीं झेल रही है बल्कि औरत के बहाने मर्द और मर्द के बहाने औरत भुगत रही है। पूरी दुनिया इसकी चपेट में आ रही है। धर्म का इस्तेमाल हर सत्ता और प्रत्येक व्यक्ति अपने लाभ को सामने रखते हुए कर रहा है। जबकि हर धर्म अपने समय की बुराइयों के विरुद्ध अच्छाइयों को लेकर आया था जो यक़ीनन अब कुछ मामलों में पुराना पड़ रहा है और उसको नज़रअन्दाज़ करने की जगह अवसरवादी उस पाठ को अतीत के अँधेरे की तरफ़ घसीट वर्तमान का विकल्प तलाश कर रहे हैं—वह भी अपनी हेकड़ी औरतों पर और अविकसित देशों पर जमाकर।

आख़िर यह कहाँ का न्याय है?

इसी अन्याय के ख़िलाफ़ औरतें स्वयं शरीयत लॉ को समझ रही हैं। उसको पढ़ने की हिदायत वह बाक़ी बहनों से करती हैं ताकि वह सही स्थिति को समझें और उस क़ानून को अपनी भाषा में पढ़ें और समझें। सबसे बड़ी मुश्किल यह है कि इतनी किताबें उर्दू में धर्म को लेकर आ रही हैं जिनकी व्याख्या करने वाले और रोज़मर्रा की मुश्किलों का हल बताने वाले बहुत पढ़े-लिखे नहीं होते हैं। उन्हें अपनी दुकान चलानी होती है और रोज़ी-रोटी कमानी है। ऐसी पुस्तकों को बाज़ार से हटाना भी बड़ा जोखिम का काम है। मुख़्तसर और बेहतर रास्ता है कि आप क़ुरान अर्थ के साथ ख़ुद पढ़ें और सुन्ना का सही अनुवाद समझें वरना आने वाली नस्लें आज के आदम से ज़्यादा तकलीफ़देह हालात से जूझेंगी।

उर्दू भाषा के चलते विदेशों में बसे पाकिस्तानियों का अदब से रिश्ता गहरा बनता जा रहा है। आलमी मुशायरा, कहानी सेमिनार और विदेशों से डिग्रियाँ और नौकरी के चलते, डॉलर, पाउंड, यूरो में भुगतान। ऐसी स्थिति में पाकिस्तानी सरकार अपमे देश में औरतों को लेकर जो घटनाएँ घटती देख रही है, उससे अन्तरराष्ट्रीय स्तर पर साबित क्या करना चाह रही है या फिर वह अपने ही जाल में उलझकर रह गई और अतीत से निकासी द्वार ढूँढ़ रही है?

समय ने इतना तो समझा ही दिया है कि जो धर्म सियासी फ़ायदे के लिए कभी दुहा गया था, वह सामाजिक स्तर पर उन्हें किस स्थिति में पहुँचा रहा है? जो न इस्लाम का सही अनुसरण है और न ही सियासत का सही व्याकरण।

बरसों से अभिशप्त अफ़ग़ान औरत

अफ़ग़ानिस्तान में तालिबान सत्ता के कारण अफ़ग़ानी औरत की दशा पर पहली बार विश्व स्तर पर सोचा गया जबकि उसकी स्थिति ऐसी हमेशा से रही है कि उस पर न केवल बातचीत करने की आवश्यकता थी बल्कि उसको बदलने की सख़्त ज़रूरत रही है। आज उसकी बदहाली का बदतरीन समय है। आर्थिक, सामाजिक, राजनीतिक, धार्मिक स्तर पर वह बुरी तरह आहत है। पिछले बीस वर्ष इस बात के गवाह हैं कि अफ़ग़ानी औरत लावारिस होकर यतीम बनी है या विधवा। उसके सिर से मर्द का साया लगातार छिनता गया है—चाहे उसका पिता, भाई, शौहर, बेटा सत्ता के पक्ष में हो या विपक्ष में, दोनों ही परिस्थितियों में गृहयुद्ध में शहीद होना उसका कर्तव्य हो गया। बमबारी से तबाह होते घर-परिवार, खेत-खलिहान, बाग़ान, चौपाए, संक्षेप में ख़ुशहाली के सारे साधन छिनते चले गए और औरत अपने ही देश में ख़ानाबदोश हो गई।

अफ़ग़ानिस्तान विभिन्न क़बीलों, मतों, नस्लों, भाषाओं में बँटा एक ऐसा देश है जहाँ भौगोलिक परिस्थितियों के अनुसार मानव झुंड-जीवन व्यतीत करता है। रेलें हैं नहीं, बसें पक्की शहरी सड़कों तक सीमित हैं, इसलिए अफ़ग़ानी पैदल ही अपना रास्ता तय करता है और बोझ उठाने के लिए उसके पास खच्चर रहता है। ऐसी स्थिति में औरतों का आना-जाना ग़ैरज़रूरी ही माना जाता है क्योंकि घर के अलावा उनका कोई अन्य कार्यक्षेत्र नहीं होता है। घर का काम निबटाकर वह क़ालीन बुनने में व्यस्त हो जाती हैं जिसके पूरा होने पर उनके पति बाज़ार में ले जाकर बेचते हैं और प्राप्त धन जेब में रखते हैं। मर्दों का काम हुक़्क़ा पीना या चाय के साथ गप मारना है। इसके कई कारण हैं। ऐसे इलाक़ों में अपनी खेती-बाड़ी के अलावा दूसरा कोई काम नहीं होता क्योंकि कारख़ाने, ऑफ़िस या तिजारत जैसा माहौल या सुविधा वहाँ न कभी थी, न है। इसलिए इस वर्ग की औरतों की स्थिति

में बरसों से कोई बदलाव नहीं आया क्योंकि यहाँ के मर्द शताब्दियों से एक-सा जीवन व्यतीत करने के लिए मजबूर हैं।

अफ़ग़ान महिलाएँ जो पहाड़ों पर नहीं, नगरों में रहती हैं—जैसे क़ाबुल, कन्धार, जलालाबाद, पकतिया, मज़ारशरीफ़ आदि। वहाँ उनको शिक्षा व काम करने की सुविधा रही है, लेकिन बड़े पैमाने पर नहीं क्योंकि जनसुविधाएँ बहुत ज़्यादा कभी नहीं रहीं। लाल फ़ौज के जाने के बाद एक खुलापन आया था, लड़ाई के बावजूद स्कूल-कॉलेज खुले थे। औरतों की सुख-सुविधा की योजनाएँ उत्तरी अफ़ग़ानिस्तान में ज़्यादा सुचारु रूप से चली थीं। लाल फ़ौजों के संग दरी, पारसी बोलने वाले ताजिक, उज़्बेक, ईरानी मूल के पठानों की पटरी ठीक-ठाक बैठ गई थी परन्तु हज़ारा और पख़्तून पठान, जो मध्य और दक्षिणी अफ़ग़ानिस्तान में बसे थे, उनका नकारात्मक व्यवहार रूसी विकास को लगातार नकार रहा था। अन्त में लाल फ़ौजें चली गईं।

लाल फ़ौजों का विरोध औरतें भी बड़े दमखम से करती थीं। मुजाहिदीनों का दौर भी सख़्त रहा। उन्होंने उस खुलेपन की निन्दा की जो विदेशी अफ़ग़ानिस्तान को दे गए थे, फिर तालिबान का आना हुआ जिन्होंने औरतों पर पाबन्दी लगानी शुरू की थी। इस पाबन्दी से वही छोटा-सा वर्ग रुष्ट था जो हमेशा से लाभान्वित रहा है। बाक़ी महिलाओं के जीवन में न परिवर्तन आया था, न उन्हें पाबन्दी अखरी।

अफ़ग़ानिस्तान की महिलाओं की स्थिति को यदि समझना है तो हमको वहाँ की सामाजिक संरचना और सियासी व्यवस्था को समझना पड़ेगा। पहली बात याद रखने की यह है कि संसार के ग़रीब राष्ट्रों में इसका शुमार होता है। खनिज स्रोत एवं फलों की बहुतायत के बावजूद यहाँ वर्गों की असमानता अपने चरम पर है। सियासी स्तर पर अफ़ग़ान जनता का शोषण देशी और विदेशी, दोनों ताक़तों ने हमेशा से किया है जिसका विरोध सदा पख़्तून पठानों ने किया है। उत्तरी भाग जो हरा-भरा और दक्षिण के देखते ख़ुशहाल है, उसने हमेशा समझौते की रणनीति अपनाई, जो आज भी अमेरिका का समर्थन आतंकवाद के नाम पर तालिबान के विरोध में कर रहा है। हालाँकि ये अल्पसंख्यक हैं ज़रूर, परन्तु अपने को पख़्तून पठानों से बेहतर मानते हैं। यहाँ भी पहाड़ों, दर्रों में रहने वाले क़बीलों में औरत की स्थिति बहुत बेहतर नहीं है।

अफ़ग़ानिस्तान की नियति रही है कि एक शासक राष्ट्र एवं नारी का उत्थान चाहता था—जैसे अमानउल्लाह ख़ाँ, तो दूसरा ज़ुल्म और पिछड़ेपन को बढ़ावा देता था—जैसे बच्चा-सक्का। परन्तु ज़ाहिरशाह के शासनकाल जो चालीस वर्ष

लम्बा रहा है, उसमें औरत की हालत बुरी नहीं थी मगर राष्ट्रीय योजनाएँ बड़ी मन्द गति से चलती थीं। एक वर्ग ही सुखी था। पढ़ा-लिखा था। बाक़ी अफ़ग़ानिस्तान का हाल बुरा था। आज भी अमेरिकन फ़ौज का आना और जाना उनको किस बिखराव में लाकर खड़ा करता है, यह तो वही जानते हैं जिनकी बेबसी भरा क्रोध उन्हीं की औरतों पर हथियार बन टूटता है या फिर उन्हें बदनाम करने की एक यह भी सियासी साजिश हो!

अफ़ग़ानिस्तान में पढ़ा-लिखा दौलतमन्द वर्ग क्रान्ति के समय विदेश चला गया था। यह पलायन कई कारणों से बढ़ता ही चला गया—कभी रूसी फ़ौज द्वारा गाँव-खेत की बर्बादी, कभी बमबारी से उपजा भय; कभी मुजाहिदीनों की आपसी गुटों की मुठभेड़ों से तबाही, और अब अमेरिका का हमला जिससे बदहवास परिवार पाकिस्तान, ईरान, भारत—जहाँ भी जैसा मौक़ा मिला, निकलकर आ गए। आज इस स्थिति में, जहाँ इनसान को पल-पल मौत का डर हो, वहाँ पर स्त्री विमर्श की बात किस कोण, किस नीति, किस पैमाने और किस सलीके से उठाई जाए? आज यह सवाल बहुत अहम् हो जाता है कि युद्धग्रस्त इलाक़ों में जहाँ औरतों की इज़्ज़त दाँव पर लग जाती है, वहाँ पर हम किस समानता, किस अधिकार, किस क़ानून की बात करें? यदि करें भी तो उसको लागू होता किस पर देखें? पहले परिवार तो सहज जीवन व्यतीत करने की स्थिति में आए तब हम नारी चेतना एवं नारी अस्मिता का अवलोकन कर किसी नतीजे पर पहुँचें। चार दहाई से वह मुल्क हर तरह के अत्याचारों को सह रहा है जिसका सारा बोझ औरत उठा रही है—वह औरत, जो कर्मठ है, सुन्दर है, सचेतन है मगर हालात द्वारा शोषित है।

वे परिवार, जो अपने देश से उजड़कर पाकिस्तान गए हैं, उनके कैम्पों में मैंने जाकर देखा है। वहाँ बचपन में शादी कर देते हैं, इस डर से कि विदेशी धरती है, बेसहारा हैं। इन शादियों से अनेक तरह की बीमारियाँ जन्म लेती हैं—न माँ की, न बच्चे की देखरेख ठीक से हो पाती है। जो अफ़ग़ानिस्तान में हैं, उन औरतों की जान इस तरह भी साँसत में रहती है कि फ़ौजी और विरोधी दल वाले उन्हें परेशान करते हैं।

अपनी औरतों की हिफ़ाज़त का आसान तरीक़ा इस युद्धग्रस्त स्थिति में तालिबानों को यही लगता है कि उनको पर्दे में रखा जाए और घर से निकलने न दिया जाए। यह भय आम अफ़ग़ानों में कुंठा के रूप में घर कर गया है कि वे बरसों से अपनी औरतों की जान-माल की हिफ़ाज़त नहीं कर पा रहे हैं। अफ़ग़ान औरत मर्द के कन्धे से कन्धा मिलाकर नहीं बल्कि उससे दो क़दम आगे बढ़कर दोगुना काम

करती है। परिवार को सँभालना उसी का दायित्व है। ऐसी हालत में औरत को हर हाल में बचाना अफ़ग़ान मर्दों का पहला कर्तव्य बन चुका है मगर उनका अपना एक तरीक़ा है सोचने का, रहने का। वह उसी में अपने को अभिव्यक्त भी करते हैं। वहाँ की औरत की स्थिति को पेरिस, लन्दन, भारत की औरत के नज़रिये से नहीं देखा जा सकता है क्योंकि दोनों की स्थिति में ज़मीन-आसमान का अन्तर है। अफ़ग़ानिस्तान में जब तक शान्ति-सुरक्षा नहीं आएगी, समाज स्थिरता क़ायम नहीं कर पाएगा, तब तक औरतों की दुर्गति होती रहेगी; कुछ उनकी क़बीलाई सोच के कारण, कुछ नई बदलती सियासी परिस्थितियों के कारण—जो लगातार उनको असुरक्षा की भावना के कारण अपने अन्दर सिमटने के लिए मजबूर कर रही हैं।

स्वतंत्र भारत में मुस्लिम स्त्री की दशा और दिशा

मुस्लिम समाज का विश्लेषण करना इतना आसान नहीं है कि हम उसे वर्गों में बाँटकर उसकी दशा और दिशा की चटपट व्याख्या कर डालें। यदि हम इस समाज की विवेचना आर्थिक, सामाजिक, राजनीतिक स्तर पर करते हैं, तो भी हम समाज का पूरा सच सामने नहीं ला पाएँगे, क्योंकि वहाँ भी हर वर्ग और हर स्तर पर औरत की स्थिति में ख़ासी विभिन्नता पाई जाएगी। कोई ज़रूरी नहीं है कि जो ग़रीब और अशिक्षित वर्ग हैं, वे सोच से भी पिछड़े हों। देखने में यहाँ तक आया है कि नव दौलतिए मुसलमान हर तरह के भौतिक सुख-साधनों के बावजूद अपनी जीवन-शैली में जड़ मानसिकता के हैं, ऊपर से भले ही वे फ़ैशन में बेहद आधुनिक लगें। अब सवाल उठता है कि फिर किस पैमाने पर रखकर हम स्वतंत्र भारत में मुस्लिम स्त्री की दशा और दिशा का निर्धारण करें?

यहाँ पर हम उसको परिवार, समाज और धर्म की दृष्टि से देख उसकी स्थिति का आकलन करेंगे ताकि बात सीधे व्यक्ति के दुख, सपने और जिजीविषा को दर्शाए। भारतीय परिप्रेक्ष्य में रहने वाली औरतें लगभग अपनी सोच, संवेदना और व्यवहार में एक जैसी हैं, चाहे उनके परिवेश और भौगोलिक स्थिति में जितना भी अन्तर हो। धर्म की विभिन्नता के कारण उनके कर्मकांड और रीति-रिवाज भले ही अलग-अलग हों, मगर जब हम उन सारे रिवाजों का तुलनात्मक अध्ययन करते हैं, तो पता चलता है कि त्योहारों और मनौतियों में ग़ज़ब की समानता है। उनका सर्वव्यापी वात्सल्य, परिवार से जुड़ाव, असीम धैर्य, दुख को सहना, दूसरों के लिए क़ुर्बान हो जाना—लगभग सभी में यह गुण कूट-कूटकर भरे होते हैं। इसलिए जब हम मुसलमान औरत की बात करते हैं, तो उसकी आत्मा की नहीं बल्कि उसके ऊपरी आवरण की बात करते हैं जिससे वह ढकी-छुपी रहती है और हम उसी सजावट को उसकी पहचान मान उसे देश की अन्य औरतों से

अलग कर खड़ा कर देते हैं और उसके दुख-सुख का बयान इस तरह करते हैं, जैसे वह कोई अजूबा हो!

यहाँ पहले हम धर्म को लेते हैं। धर्म ने मुस्लिम औरतों को शरीयत लॉ में काफ़ी अधिकार दे रखे हैं, जैसे बिना लड़की की मर्ज़ी जाने 'निकाह' क़बूल नहीं माना जाएगा। निकाह सबके सामने होगा जिसमें गवाह का होना ज़रूरी है।

मगर देखने में आता है कि अधिकतर लड़कियाँ अपने माँ-बाप की मजबूरी, कभी ज़बर्दस्ती, तो कभी लालच के कारण बूढ़े, बीमार, जाहिल मर्दों से ब्याह दी जाती हैं और निकाह के समय उनकी 'हाँ' की जगह कोई और रिश्तेदार औरत धीरे से 'हूँ' कर देती हैं। मौलाना जानते हुए भी अनजान बन जाते हैं और इसको बेटी की शर्म समझकर सभी एक-दूसरे को मुबारक़बाद देते हैं।

दूसरे, मेहर की रक़म केवल एक नज़राना मानी गई है, जो इतनी बँधे कि फ़ौरन अदा हो सके अथवा रक़म भी औरत को अच्छी तरह रखने की गारंटी जैसी होती है।

तीसरे, तलाक़ के बाद मर्द उस औरत को इतना मताह दे कि वह बाक़ी ज़िन्दगी आराम से गुज़ार सके।

औरत अगर मर्द से निबाह नहीं करना चाहती, तो वह खुलाह (तलाक़) ले सकती है या फिर वह इस बीच किसी मर्द की तरफ़ आकर्षित हुई है, तो गुनाह से बचने के लिए उसमें इतनी नैतिक हिम्मत होनी चाहिए कि वह पति को सच बताकर दूसरा निकाह उस मर्द से कर ले, न कि आशिक़ की याद में तड़पते हुए शौहर के साथ बेईमानी से जीते जाना और उसे धोखे में रखना।

विधवा औरत यदि अपनी शारीरिक ज़रूरत को पूरा करना चाहती हो, तो मुताह यानी कि अनुबन्ध विवाह की इजाज़त है, जो दो घंटे से लेकर पूरी ज़िन्दगी का भी हो सकता है। इस सम्बन्ध से उत्पन्न औलाद को तलाक़ के बाद भी पिता का नाम और लालन-पालन का ख़र्चा मिलेगा। इस्लाम धर्म ने इनसानी कमज़ोरियों और औरत की समाज में स्थिति को देखकर ही अपने समय को देखते आधुनिक क़ानून बनाए थे।

शाहबानो का गुज़ारा-भत्ते का केस किन गलियारों से गुज़रा, यह सबको मालूम है और उन्हीं प्रगतिशील विचारों के समर्थन में खड़े भूतपूर्व मंत्री आरिफ़ मोहम्मद ख़ान को इस्तीफ़ा देना पड़ा था। सरकार भी कट्टरपंथी मुसलमानों की तरफ़ चाहते न चाहते झुकी थी। आज तीन तलाक़ का बेहूदा और तर्कहीन क़ानून पूरे समाज के लिए मज़ाक़ का कारण बन चुका है। पता नहीं, किस स्थिति में तीन बार कही

तलाक़ को मान्यता दी गई है! जैसे 'मुताह' की इजाज़त विशेष स्थिति में उभरकर आई थी। जब जंग के मैदान में महीनों मर्द घर से बाहर रहते थे, उनकी शारीरिक ज़रूरत बलात्कार और जनाकारी में नहीं बदले। उस स्थिति का हल यह निकाला गया कि आप अनुबन्ध विवाह कर सकते हैं, मगर केवल विधवा से। परन्तु अफ़सोस होता है जब जवान मर्द कुँआरी लड़कियों को धोखा दे मुताह करते हैं, जो क़ानूनन ग़लत है। इस्लाम एक दर्शन है। क़ानून में जो भाषा प्रयोग की गई है, उसके अर्थ और लक्ष्य पर ध्यान न देकर उसको अधूरे वाक्यों में मर्दों ने अपना लिया है, जैसे मर्द चार विवाह कर सकते हैं—यदि उनकी पहली पत्नी ख़ुशी से इजाज़त दे, वह बीमार हो अथवा मौत हो गई हो अथवा बच्चा पैदा करने में असमर्थ हो, मगर कौन इन नियमों की परवाह करता है? अन्त में लिखा है कि चारों पत्नियों को एक नज़र से देखें, उनकी ज़रूरतों का बराबर से ख़याल रखें। इतनी कड़ी शर्त लगाने का मतलब साफ़ था कि बिना ज़रूरत के तफ़रीह के लिए दूसरा, तीसरा निकाह नहीं करें, मगर पालन कौन करता है? आज तक ऐसा कोई मर्द है जिसकी दो या तीन पत्नियाँ हों और वह तीनों से बराबर की नापतौल से प्रेम करता हो?

शरीयत लॉ पर लिखी मेरी कहानियों का संग्रह 'ख़ुदा की वापसी' है जिसकी भूमिका में मैंने लिखा था कि जो अधिकार धर्म ने औरत को दे रखे हैं, पहले उनको तो औरत हासिल करे, फिर जड़ मान्यताओं को छोड़ने और नये क़ानून को लाने की लड़ाई लड़े वरना तो संघर्ष अधूरा माना जाएगा। जीवन हर क़ानून से आगे निकल जानेवाला सच है तो फिर बहस क्यों? जो पुराना और बोसीदा है, वह तो स्वयं जीवन से टूटकर अलग हो जाता है, मगर ताज्जुब है कि एक वर्ग उस पुरातनपंथी से चिपके उसी लकीर के फ़क़ीर बने रहते हैं। इसलिए कई पुराने क़ानून मध्यपूर्वी देशों में मान्य नहीं रह गए हैं, मगर भारतीय मुसलमान उनसे चिपके हुए हैं जिसके कारण कई तरह की सामाजिक और सियासी कठिनाइयाँ सामने आ खड़ी होती हैं।

आज़ादी के बाद भारतीय मुस्लिम समाज का पढ़ा-लिखा वर्ग पाकिस्तान चला गया। बड़े पैमाने पर दस्तकार, करखनदार और किसान तबक़ा भारत में रह गया। गिने-चुने परिवार बच गए थे, जो शिक्षित थे। ऐसी स्थिति में समाज का नेतृत्व मुल्ला के हाथों में चला गया; क्योंकि उनका सीधा संवाद इन वर्गों से पहले से स्थापित था। मस्जिद में नमाज़, मौत, पैदाइश में ज़रूरी रस्में; ईद, बकरीद, मोहर्रम में मौलवियों की उपस्थिति से कोई नहीं बच सकता था। जो तबक़ा पढ़ा-लिखा था, वह अधिकतर देशभक्त था तो वह सरकार के निर्माण में लग गया।

ऊँची पदवी पर आसीन हुआ। बँटवारे के लगे ज़ख़्म को खाकर अक्सर लोगों की सोच बिगड़ गई कि जो सरकार के क़रीब हैं, वे मुसलमान नहीं। बात घटिया ही सही, तर्कहीन सही, मगर कम पढ़े-लिखे के ज़हन में बैठ गई—विशेषकर तब, जब उनकी माली स्थिति ठीक न थी। ऊपर से फ़साद और दंगों का न समाप्त होनेवाला सिलसिला, जिसका निचोड़ यह निकला कि हिन्दू दुश्मन बन बैठा और मौलवी पनाहगाह। मौलवियों की इसी संवेदनशील स्थिति को भाँपकर कुछ चतुर राजनेताओं ने उनको सम्मान देना शुरू कर दिया और धीरे-धीरे मौलवी मुसलमान क़ौम के 'स्पोकमैन' बन बैठे।

इस तरह की सियासी स्थिति में, जो धार्मिक अधिक थी, संकीर्णता और जड़ता ने अपने पैर जमाना शुरू कर दिये। पढ़ा-लिखा वर्ग जो कहता, मौलाना क़ुरान और हदीस को सामने लाकर उसकी काट कर देते। उन्हें किसी का ख़ौफ़ नहीं था। सरकार का हाथ सिर पर था। पब्लिक का समर्थन साथ था। ऐसी स्थिति में मुस्लिम औरतें भी दो हिस्सों में बँट गईं—एक, बेहद पढ़ी-लिखी प्रगतिशील विचारों वाली तथा दूसरी, पर्दे में बन्द ग़रीबी और जहालत को सीने से लगाए। बहुत आश्चर्य होगा यदि स्वतंत्रता के पहले मुस्लिम औरतों के तेवर उनकी लेखनी में पढ़ें और सोचें कि यह विचार कितने क्रान्तिकारी थे। मेरे दो लेख इसी सिलसिले को लेकर मेरी पुस्तक 'राष्ट्र और मुसलमान' के साहित्य खंड में छपे हैं जिनमें औरतों के योगदान का खुलासा किया गया है। वर्तमान समय में क़ुर्रतुल ऐन हैदर, इस्मत चुग़ताई, वाजदा तबस्सुम के टक्कर के लेखन उनके शुरुआती दौर में भी अन्य भारतीय भाषाओं में मिलना कठिन है। सामाजिक और राजनीतिक कार्यकर्ता के रूप में सैकड़ों मुसलमान औरतों के नाम आपको मिलेंगे। बेशुमार महिला सम्पादकों की सूची है जिसकी अवहेलना आप नहीं कर पाएँगे। यह दुर्भाग्य है कि हिन्दी में उन महिलाओं का नाम बार-बार दोहराया नहीं जाता क्योंकि हिन्दी वालों को बहुत कम मुस्लिम समाज, उर्दू अदब, मुस्लिम बुद्धिजीवी औरतों के बारे में पता है। वैसे उर्दू तक में उन्हें अतीत समझकर भुला दिया गया है क्योंकि सुनहरे अतीत से अधिक दुखदायी वर्तमान है जहाँ अनेक तरह की गुत्थियाँ और जटिलताएँ हैं, जिन्हें सुलझाने में ही अधिकतर लोग व्यस्त हैं।

इसी धर्म ने परिवार और समाज पर अपनी जकड़न बना रखी है। जब धर्म ही अपने दिये अधिकारों को व्यवहार में नहीं ला रहा है, तो फिर परिवार कैसे उन सारे अधिकारों को अपनी स्त्रियों को देगा? वहाँ यदि मुल्ला ठेकेदार हैं, तो यहाँ

पितृसत्ता है। भले ही क़यामत के दिन मुर्दे माँ के नाम से पुकारे जाएँ या माँ के पैर के नीचे जन्नत है और माँ के मरने पर पहले औलाद अपना दूध माँ से बख़्शवाना नहीं भूले। यह सब दर्शन है, मगर जो व्यवहार में है, वह इस्लामी नज़रिये से अनैतिक है, मगर रिवाज चल पड़ा है सो वही सच है। यहाँ पर मुस्लिम परिवारों को दो हिस्सों में बाँटना चाहूँगी : पहले वह, जो पढ़े-लिखे, धर्म, संविधान के बारे में जाग्रत हैं, वहाँ पर औरतों के संग क़ानूनी अत्याचार नहीं हो पाते हैं क्योंकि औरत स्वयं शरीयत और हदीस से आगाह होती है। मानवीय स्तर पर औरत का शोषण नहीं हो पाता है। यह अलग बात है कि शत्रुता और कमीनगी पर यदि कोई उतर आता है, तो अपनी सीमा का निर्धारण तो वही कर सकता है। दूसरा वह, जो इस्लाम को केवल नमाज़, रोज़ा तक जानते हैं और बाक़ी बातें मौलवी के इल्म पर छोड़ देते हैं। इनकी अन्धी निष्ठा उन्हीं पर होती है। चूँकि स्वयं दर्शन को जानते नहीं, हदीस-शरीयत पढ़े नहीं, सो तर्क करते नहीं। इनमें औरतों की स्थिति वास्तव में बदतर है। जैसा बाप, भाई, पति चाहेगा, वैसा ही औरत को करना पड़ेगा। मर्दों की इस दबंगई में स्वयं बुज़ुर्ग औरतें भी, 'ख़ानदान के नाम पर बट्टा नहीं लगे', की राजनीति में खूँखार अन्दाज़ से शामिल हो जाती हैं।

स्वतंत्रता के बाद मुस्लिम परिवारों के इन दोनों पहलुओं में कोई विशेष परिवर्तन नहीं आया है। जो औरतें पढ़ी-लिखी हैं, वे बड़े-से-बड़े पद पर आसीन हैं। राजनीति, शिक्षा, तकनीक, कला, साहित्य, फ़िल्म, नाटक—ऐसा कोई जीवन का क्षेत्र नहीं बचा है, जहाँ पर उन्होंने अपने नाम के झंडे नहीं गाड़े हों। उनके नाम गिनवाना ज़रूरी नहीं है। उनको हम रोज़ किसी-न-किसी कारण से टीवी पर देख लेते हैं। अब जो मुस्लिम परिवार की दुखती नब्ज़ है, वह है उसका दूसरे पहलू, जो आज का सबसे जलता सवाल बन हमारे सामने आ खड़ा होता है और वही चर्चा का विषय भी है कि आख़िर लगभग सात दहाई गुज़रने के बाद भी ये कुरीतियाँ और जड़ता क्यों नहीं समाप्त हुईं? इसके क्या कारण हैं, जो बिना तर्क के तीन बार तलाक़ कह मर्द औरत से मुक्त और दूसरा विवाह कर प्रसन्न हो जाता है? लड़कियाँ आज भी क्यों पर्दे में बिठाई जाती हैं? और यदि वे पढ़ी-लिखी हैं, तो उन्हें काम करने की इजाज़त नहीं है। उनका फ़र्स्ट क्लास में पास होना कोई सपना नहीं; परन्तु उनके नाकारा भाई को अफ़सर देखने का सपना माँ-बाप की आँखों में है, जिसे साकार करने के लिए वे आज नई सदी में भी बेटियों को लाड़-दुलार करने के बावजूद उनसे उनका अधिकार छीनने में ज़रा भी नहीं हिचकिचाते हैं। उनके द्वारा अन्याय

की जो सम्पूर्ण वारदातें घर की चहारदीवारी लाँघ बाहर आती हैं, उसी को सम्पूर्ण मुस्लिम परिवारों का सत्य मान लिया जाता है, मगर यह अर्द्धसत्य है।

मुस्लिम परिवार का यह दूसरा चेहरा बदलने के लिए बहुत कम भाई ऐसे हैं जो बहनों को आगे बढ़ाने की कोशिश करते हैं। उनकी चिन्ता केवल इस मुद्दे पर केन्द्रित होती है कि कैसे बहनों को ब्याह दिया जाए। उनकी इच्छा के विपरीत जब वे बहन के पति के रूप में किसी को देखते हैं, तो विरोध नहीं कर पाते हैं और केवल अफ़सोस कर रह जाते हैं। ऐसा नहीं है कि विरोध की उनमें क्षमता नहीं है, मगर उन बन्धनों को तोड़ने की उनमें ताक़त नहीं है, जो परिवार को रिश्ते के नाम पर जकड़े रहते हैं, जहाँ भाई से बढ़कर हक़ दादी, चाचा और फूफी का होता है।

केवल माँ-बाप ही इस साज़िश में अकेले शरीक़ नहीं होते हैं। लड़कियाँ अपने सारे गुणों को सीने में दबा झाड़ू-पोंछा और बच्चा पैदा करने में भूल बैठती हैं। यह सच शायद सभी भारतीय परिवारों का है, अकेला मुसलमानों का नहीं, तो भी मुसलमान लड़की स्वतंत्रतापूर्वक मुँह उघाड़े सड़क और बाज़ारों में नहीं घूम सकती है। इसी तरह के परिवारों में थोड़ा-बहुत धन आने से भी पर्दा करना अच्छा समझा जाने लगता है क्योंकि वह कभी सामन्ती समाज की पहचान हुआ करता था, जहाँ पर इनके बाप-दादा ने हुक्का और फरशी भरने, पंखे झलने में उम्र गुज़ार दी थी।

ऐसे धार्मिक विषयों पर लिखने वाले भी हैं जो हदीस से मुद्दे उठा उसकी व्याख्या करते हुए अपना संकीर्ण नज़रिया उसमें डालना नहीं भूलते हैं। कहते हैं कि हज़रत आयशा मोहम्मद साहब के देहान्त के बाद पचास वर्षों तक जीवित रहीं और मोहम्मद साहब को लेकर वह लगातार क़िस्से सुनाती रहीं। उसमें उनकी कल्पना का भी दाख़िला हो गया था और वे सारी बातें अक्सर टकराहट का सबब बनकर धार्मिक लेखकों के बीच बहस का कारण बन जाती हैं कि वास्तव में मोहम्मद साहब ने क्या कहा और क्या नहीं कहा? इसमें कोई शक नहीं है कि धर्म का रूढ़िवादी दृष्टिकोण सामने रखने वाले यही धर्मगुरु हैं जिनका मानसिक विकास उतना नहीं होता कि वह परतदार अर्थपूर्ण अभिव्यक्तियों को मनुष्य के विकास के सन्दर्भ में समझ लें और ऐसे मुल्लाओं के पाठक भी अनगिनत होते हैं, जो उन पर आँख बन्द कर विश्वास करते हैं। ऐसी स्थिति में आप स्वयं समझ सकते हैं कि औरतें किस तरह का नज़रिया अपनाएँगी, जब उनके घर के मर्द ऐसे आलिमों को अपना पीर मानते होंगे?

बहुतों को पता नहीं होगा कि इस्लामी क़ानून में ज़माने के साथ चलने में लचक लाई जा सकती है जिसको 'इज़्तेहाद' कहते हैं, मगर किया क्या जाए जब

सुन्नी विद्वान उसको मानने से इनकार कर देते हैं और शिया इसको लेकर आज भी अनेक संवेदनशील मुद्दों पर लम्बी बहस करते हैं, जिसका सबसे बड़ा नमूना ईरान रहा जहाँ मुजाहिदीनों और हिजबुल्लाहियों की आपस में ज़बर्दस्त तनातनी रही कि फलाँ शरीयत में आया आयत का अर्थ यह है...। अपनी जड़ता और खुलेपन के कारण यह 'हुज़्ज़त' ख़ूनी मुठभेड़ों में बदल गई थी।

ऐसा नहीं है कि स्वतंत्र भारत में बने महिला-समर्थक सरकारी क़ानूनों का इन्हें पता नहीं हो और वे इनका लाभ नहीं उठाते हों। लड़कियाँ भी एक विशेष सीमा तक पढ़ाई जाती हैं। ऐसे परिवारों को समाज का बहुत डर होता है कि लोग क्या कहेंगे! जबकि परिवार के पहले हिस्से वाले मुख्य धारा से जुड़ने के लिए इस्लामिक और अन्य देश की मिसालों को सामने रखकर लगातार विकास करते जाने को ही अपना जीवन लक्ष्य मानते हैं, मगर परिवार का दूसरा हिस्सा अपने तंग दायरे को ही अपना आकाश मान बैठता है। ऐसे कई घराने बहुत क़रीब से देखने का मौक़ा मिला जहाँ गुणवती कन्याओं का विवाह ख़ानदान देखकर किया गया मगर यह परवाह नहीं की कि उस लड़के के गुण क्या हैं जो बेटी का पति बननेवाला है? वह पढ़ा-लिखा नौकरी-पेशा है अथवा नहीं? ब्याह के दो-चार वर्ष बाद जब चाव-चोंचले समाप्त हो जाते हैं और यथार्थ की ज़मीन की खुरदराहट पैरों को घायल करने लगती है तब लड़की ही कुछ करने के लिए छटपटाती है। इस समय या तो उसे इजाज़त मिलती है अथवा नहीं, मगर दोनों स्थितियों में शोषण उसी लड़की का होता है जिसके सारे ख़्वाब विवाह के साथ ही दफ़न हो गए थे और उसकी जो इच्छा नौकरी करने की माँ-बाप पूरी नहीं कर पाए, वह हालात की मार ने पूरी कर दी।

इसी समाज का जो सबसे दर्दनाक हिस्सा है, वह है बँटवारे के बाद फ़सादों का सिलसिला—जिसने इसी स्तर के परिवारों को गहरी मानसिक और शारीरिक पीड़ा पहुँचाई, जिसने उनके विचार में पहले से कहीं अधिक कट्टरता भरी। राजनीति ने, वोट बैंक ने, प्रताड़ना ने, शोषण ने इस तबके को बुरी तरह से तोड़ा और पीछे धकेला। इसमें सन्देह नहीं है कि ग़रीब मुसलमानों ने शिक्षा क्षेत्र में न सही मगर तिजारत और छोटे-मोटे उद्योग-धन्धे जमाकर ख़ूब पैसा कमाया और उनकी इसी ख़ुशहाली को फ़साद ने हर बार बर्बाद किया, जिससे उनके मन में भी यह शंका सिर उठाने लगी कि वह यहाँ के हैं अथवा बाहर के हैं? स्वतंत्र भारत में रहकर उन्हें भारतीय नागरिक होने का गर्व महसूस नहीं हुआ बल्कि एक निराशा भरी उदासी उनकी पारिवारिक ख़ुशियों के ऊपर सदा छत्र ताने खड़ी मिली। यह कहा जा सकता है कि

यह स्थिति बहुत ख़तरनाक है जिसको बनाने में हमारे नेताओं का बड़ा योगदान रहा है, जो स्वतंत्र भारत पर एक प्रश्नचिह्न लगाता है कि 1857 की हिन्दू-मुसलमान एकता 1947 में कैसे ख़ून की नदियों में बदल गई जिसका सिलसिला शहर-दर-शहर फ़साद की शक्ल में समाप्त होने का नाम ही नहीं ले रहा है? आख़िर क्यों?

फ़सादों के चश्मदीद गवाह बच्चे किस मानसिक संताप से गुज़रते होंगे जब अपनी माँ का अपमान, बाप का क़त्ल और घर को उजड़ता-जलता देखते होंगे? ऐसी कौन-सी औषधि होगी जो इनके ज़ख़्मों पर मरहम बन उन्हें डरावने सपनों से मुक्त कर देगी? देश की राजनीति ने मुसलमान औरतों के विकास पर सीधा प्रहार किया है। जो पढ़ी-लिखी और स्वतंत्र थीं, वे भी इन हादसों से बिदक जाती हैं और सचेत हो अपने परिवेश को सूँघने लग जाती हैं कि कहीं ख़तरा तो नहीं है? उनके मर्द भी अपनी स्त्रियों के प्रति पहले से अधिक ज़िम्मेदार हो जाते हैं और कभी-कभी इसका प्रभाव भी उलटा पड़ता है। जो परिवार कम पढ़ा-लिखा है, वह इन घटनाओं से अपने में सिमट जाता है। यदि सुविधाएँ पर्याप्त नहीं हों, तो वह लड़कियों की पढ़ाई छुड़वा देता है कि इतनी दूर का रास्ता अकेले कैसे तय कराए और फिर उसकी जल्द-से-जल्द शादी की तैयारियाँ शुरू हो जाती हैं। यह तो कहा जाता है कि पाकिस्तान में मुहाजिर आज भी मुहाजिर कहलाते हैं जबकि हिन्दुस्तान में शरणार्थी शब्द का प्रयोग ख़त्म हो चुका है। मगर क्या राजनेता इस सवाल का जवाब देंगे कि बँटवारे की लानत, जिसमें हिन्दू-मुसलमान नेता दोनों ही शामिल थे, आज तक उसका ठीकरा मुसलमानों पर—विशेषकर उन मुसलमानों के सिर पर फोड़ा जाता है, जो देशभक्त हैं—कि इनके कारण ऐसा हुआ? आधी सदी बाद भी यह सन्दर्भ ताज़ा रखने का भेद क्या है? इस तरह के किसी आतंक में चाहे वह शारीरिक हो अथवा मानसिक, आप मुस्लिम औरत की दशा और दिशा किस पैमाने पर निर्धारित करेंगे? चाहे उसके लिए बेहतरीन क़ानून ही क्यों नहीं बना दें, मगर उन क़ानूनों की वास्तविकता क्या होगी?

अक्सर दूसरे समुदाय के लोगों का आक्षेप मुसलमान बुद्धिजीवी वर्ग पर होता है कि वह अपने धर्म के विरोध में खड़े नहीं होते हैं। उनसे पूछा जा सकता है कि संविधान में लिखे नियम ही जब उनको पूरा अधिकार नागरिक का नहीं दे पा रहे हों, तो वह किस तरह का विरोध करें? सारा बल तो उनका फ़सादों से लड़ने, अपने को फिर से बनाने और यह साबित करने में ख़र्च हो जाता है कि वह देशद्रोही नहीं हैं। दूसरी बात कि वह किस तरह का विरोध मुसलमानों के द्वारा अपने धर्म के प्रति

देखना चाहते हैं? उन्हें कुछ भी नहीं पता है कि जो वे बोल रहे हैं, उसका संकेत और सन्देश क्या है? आप उनसे धर्म छीनकर उन्हें देना क्या चाहते हैं? है कोई विश्वास आपके पास? उत्थान और विकास की कोई योजना बनाई गई है? अपने ही धर्म और समाज में रूढ़िवादिता को स्थान देकर उन्होंने देश और समाज को कहाँ से कहाँ पहुँचा दिया। जो भारतीय सभ्यता, संस्कृति और सोच थी, उसकी विराटता को कितना संकीर्ण बना डाला है! सरकारी स्तर पर और समाज में आधुनिकता एवं जड़ता के बीच टकराहट पिछले कई वर्षों से चल रही है। अखंडता का नारा देने वाले स्वयं देश की नींव को खोखला करने के लिए एक बड़े समुदाय को देश-निकाला देने के लिए कटिबद्ध हैं। ऐसी स्थिति में क्या सरकार शान्ति, सुरक्षा और सुख का वातावरण अपने देशवासियों के लिए उपलब्ध करा सकती है? जब एक घर जलता है, तो क्या उसके पड़ोस के घर में चिंगारी उड़कर नहीं जाती है?

इन सारे प्रश्नों से हटकर हम उस ओर नज़र डालें जहाँ प्रगति रुक नहीं रही है। प्रकृति के नियम ने उसको अवरुद्ध होने से बचा रखा है और वहीं पर हम देखते हैं कि मुस्लिम स्त्रियों की दशा और दिशा क्या है। हर सिक्के के दो पहलू होते हैं—एक उज्ज्वल और दूसरा अन्धकारमय। हमने अन्धकारमय पहलुओं की विवेचना की और अब हमें उसके उज्ज्वल पहलू पर भी नज़र डालनी चाहिए। पक्ष का दूसरा सत्य भी इस समाज और देश की देन है। यदि हम मुसलमान औरतों को ऐतिहासिक परिप्रेक्ष्य में देखें, तो उनके कारनामे हर काल में अपनी गाथा कहते हैं। उन्हीं औरतों के सिलसिले को जब हम स्वतंत्र भारत में देखते हैं, तो हमें पढ़ी-लिखी कामकाजी औरतों की पूरी श्रृंखला नज़र आती है। उनके प्रखरता भरे तेवर हमें उनके लेखन में तो नज़र आते ही हैं, उसी के साथ अन्य क्षेत्रों में भी वे अपनी दक्षता के नमूने पेश कर रही हैं। प्रोफ़ेसर, इंजीनियर, डॉक्टर, पत्रकार, राजनेता, समाजसेविका—कोई ऐसा क्षेत्र नहीं बचा है जहाँ मुसलमान औरत नज़र नहीं आती हो। इनको भी कई तरह की विपरीत स्थितियों का सामना करना पड़ता है मगर वे उनसे डरकर घर नहीं बैठती हैं बल्कि उनसे भिड़ती हैं। उनकी इस लड़ाई में उनके घर वालों का भी समर्थन उन्हें मिलता रहता है। ये जागरूक महिलाएँ दरअसल आने वाले कल का निर्माण कर रही हैं, जहाँ पर अँधेरे में डूबी उनकी अन्य बहनों को अभी पहुँचना है।

['सम्बोधन' : 2002]

बिलादेशाम पर मँडराते बादल

सीरिया एक ऐतिहासिक देश है जहाँ सभ्यता एवं संस्कृति के प्राचीन अवशेष दफ़न हैं। दुनिया का सबसे पुराना शहर दमिश्क़, जिसके लिए कहा जाता है कि वह कभी वीरान नहीं हुआ बल्कि लगातार आबाद रहा है, आज सीरिया की राजधानी है। पुराने शहर का अपना मिज़ाज है। नई-पुरानी इमारतों का एक सिलसिला है। आसपास के इलाक़े चेरी, जैतून, अंगूर के बाग़ानों से लदे हैं। सूरज रौशन है और नदियाँ पहाड़ियों के संग बहती हैं। एक सीरियाई कवि ने अपने मुल्क की प्रशंसा इन शब्दों में की थी : "सीरिया सरज़मीन के हसीन चेहरे पर एक ख़ूबसूरत तिल की हैसियत रखता है।"

इसी ज़मीन पर हज़रत हुसैन का कटा सिर दफ़न है और ईसा मसीह के ज़माने की भाषा बोलनेवाला एक क़बीला आज भी मौजूद है। हज़रत हुसैन के इस मक़बरे की ज़ियारत करने दुनियाभर से लोग सीरिया आते हैं और हक़ के लिए शहीद हो जाने वाले इमाम हुसैन से ईमानदारी से जीने की प्रेरणा लेते हैं और जालिम के आगे समर्पण करने की जगह इनसानी मूल्यों के लिए क़ुर्बान हो जाने का सबक़ पढ़ते हैं! ईसाई और इस्लाम धर्म के अनुयायी यहाँ बरसों से एक साथ रहते आए हैं। हज़रत ईसा एक अरब थे जिन्होंने इनसानों के लिए अपने को सूली पर चढ़ाया था। यह ज़मीन पैग़म्बरों की ज़मीन रही है जहाँ इंसाफ़ और अमन, साहित्य और कला की नदी अपनी अनेक धाराओं के साथ एक साथ बहती थी। आज राजनीति ने इस पूरे इलाक़े को टुकड़ों में बाँटकर ज़रूर अनेक राष्ट्र बना दिये हैं मगर कहने वाले आज भी विश्वास के साथ 'बिलादेशाम' के नाम से इस इलाक़े को याद करते हैं जिसमें सीरिया, इराक़, जार्डन, लेबनान और फ़िलिस्तीन आते हैं और तभी एक घटना की धमक को पूरा इलाक़ा एक साथ महसूस करता है।

ऐसा मुल्क क्या किसी बिगड़ैल देश की तानाशाही के आगे आँख बन्द कर अपने हथियार डाल सकता है, जिसकी पूरी सोच में प्राचीन सभ्यता का वैभव,

सांस्कृतिक गौरव, धार्मिक विश्वास और विचारधारा की निष्ठा कूट-कूटकर भरी हुई हो कि जिससे वह मुक्त होना भी चाहें तो नहीं हो सकते हैं? तारीख़ और तहज़ीब उनका पीछा नहीं छोड़ेगी क्योंकि यह उनकी पहचान है। उस पहचान को बचाने के लिए, उस रिवायत को सिलसिलेवार चलाने के लिए वे मजबूर हैं और नवीनतम संस्कृति, जिसे हम बम संस्कृति कह सकते हैं, उसके सामने वे निहत्थे व लाचार हैं क्योंकि यह तकनीकी महारत तो केवल अमेरिका के पास है। तभी—वह हथियारों के दम पर आतंकवाद समाप्त करने का नारा लगाता है और हर उस राष्ट्र का गला दबाने के लिए बहाने तलाश करता है जो अपनी आवाज़ बुलन्द करता है। विशेषकर मध्यपूर्वी देशों से उसे सख़्त नफ़रत है, शायद इसलिए कि उनका धार्मिक पैग़म्बर उस सरज़मीन पर क्यों पैदा हुआ और पेट्रोल की नदी वहाँ क्यों बहती है इसलिए उस पर क़ब्ज़ा कर वह अपने अहम् को सन्तुष्ट करना चाहता है।

जब सीरिया 'बिलादेशाम' अर्थात सीरियन आबादी इलाक़े-भर को मानता है तो फिर अच्छे-बुरे का हक़दार भी बनता है। फ़िलिस्तीन के कारण इस्रायल ने उसके लगभग ढाई सौ गाँव उजाड़ दिये। मीलों तक जले घरों, अस्पताल, मस्जिद, गिरजाघर के न समाप्त होने वाले खँडहरों का सिलसिला देख रूह काँप जाती है। भूतपूर्व राष्ट्रपति असद ने जानबूझकर पूरा इलाक़ा वर्षों से उसी तरह तबाह छोड़ रखा है और पर्यटक-स्थल की तरह विदेशी वहाँ भी जाते हैं। राष्ट्रपति असद का विचार था कि यदि हमने उजड़े लोगों को यहाँ फिर से बसाया तो इस्रायल हज़ार झूठ की तरह एक झूठ और बयान करेगा कि हमने कहाँ तबाह किया है, यह तो केवल सीरिया का यहूदी-विरोधी नारा है। इसलिए वहाँ से उजड़े लोगों को दूसरी जगह बसाया और स्वयं इस्रायल के अत्याचारों का न केवल प्रोपेगेंडा बल्कि खुली नुमाइश दुनिया के सामने करने में नहीं झिझका। उस इलाक़े में घूमते हुए जहाँ जले घरों का मलबा था, वहीं सूखी झाड़ियों और बर्बाद दरख़्तों के बीच कुछ शादाब पौधे थे जो अपनी हरियाली और जंगली फूलों के साथ उगकर उस वीरान पड़े खँडहर को हयात-ए-ज़िन्दगी का फ़लसफ़ा समझा रहे थे।

सीरिया के इन खँडहरों से भौतिक हानि जो हुई सो हुई मगर जब क़ुरान-ए-पाक के पन्नों से गन्दगी पोंछकर फेंकी गई तो महसूस हुआ कि यह केवल सियासत नहीं बल्कि ऐसी रूहानी चोट है जिससे उबरना उन लोगों के लिए कठिन है जो अपने धर्म पर आस्था रखते हैं। यह हरकत एक तिलमिलाहट बनकर सीरियाई बाशिन्दों के ख़ून में प्रवाहित हो उठी। पहले जो युद्ध फ़िलिस्तीनियों की हिमायत में लड़

रहे थे, उसमें उनका निजी दुख भी शामिल हो गया जिसने यह बताया कि उनकी ज़मीन ही नहीं, उनका धर्म भी ख़तरे में है, जिसको वह क़तई सहन नहीं कर सकते हैं। इस्रायल व अमेरिका चारों तरफ़ से आक्रमण कर रहे थे। आज वही आक्रमण नये-नये देशों पर करके वह अपनी फ़ौजी ताक़त से इस पूरे इलाक़े को अपने बस में करना चाहते हैं। इराक़ के तेल और पानी पर उनकी लालच भरी नज़रें टिकी थीं। उस देश को बिसमार करके भी उसे काबू नहीं कर पाए तो भी उस देश की ख़ुशहाली जो उसकी नई पीढ़ियाँ थीं, उन्हें नेस्त-ओ-नाबूद तो कर रहे हैं।

सीरिया को अपनी हमदर्दी इराक़ से रखने के बदले में भविष्य में अमेरिका द्वारा जो भी सहना पड़े मगर स्वयं इराक़ की आर्थिक नाकेबन्दी से उसकी स्वयं की आर्थिक स्थिति चरमरा उठी थी। इस समय तो हालत पहले से बदतर है। जो योजनाएँ उम्मीद पर घिसट रही थीं, वह सद्दाम हुसैन की तबाही और देश में हंगामे ने तोड़कर रख दीं। इराक़ अपने आसपास के कमज़ोर अरब देशों को कई स्तर पर सहायता पहुँचाता था मगर अब स्वयं उसकी स्थिति अधर में लटकी है। ऐसी बदहाली में वह इराक़ से किसी भी प्रकार की उम्मीद नहीं कर सकता है। उलटे अपने पुराने मधुर सम्बन्धों के चलते वह इराक़ की मदद के लिए नैतिक रूप से अपने को बाध्य मानता है। उसके इसी तेवर को तोड़ने के लिए अमेरिका हवा में कोड़ा सड़सड़ाता है ताकि उसकी धमकी से सीरिया यह जान ले कि इस इलाक़े में वह किसी भी देश और सत्ताधारी का हाल सद्दाम व इराक़ जैसा कर सकता है।

अमेरिका की बेलगाम नीतियों का अन्दाज़ा मध्यपूर्वी देशों को है और वे जानते हैं कि कर्नल गद्दाफ़ी की ज़बान हमेशा के लिए बन्द करने में उस बमबारी का हाथ है जो शाही महल पर हुई थी, जिसमें गद्दाफ़ी का एक पुत्र मारा गया था। ख़बरें आती हैं कभी पूरी, कभी आधी-अधूरी मगर अब तो पीत पत्रकारिता के चलते एकतरफ़ा आने लगी हैं। इन देशों में क्या कुछ अनैतिक घट रहा है, पहली बार इराक़ के सिलसिले से खुलकर सामने आया जब सारी दुनिया ने अमेरिका के इस बढ़ते क़दम की निन्दा कर आक्रमण के विरोध में आवाज़ें उठाई थीं। तारीफ़ उन चैनलों और पत्रकारों की करनी चाहिए जिन्होंने सही रिपोर्ट दी मगर क्या कीजिएगा उन ख़बरों का, जो आपको ज़ुल्म से छुटकारा नहीं दिला पाती हैं और किसी भी ख़ुशहाल देश की बर्बादी की मुहिम तेज़ से तेज़ हो जाती है क्योंकि ख़रीदे हुए पत्रकार सारे दिन वह सूचनाएँ आपको देते रहते हैं जो उनके पक्ष में जाती हैं और मध्यपूर्वी देशों में रहने वालों को जाहिल, अय्याश, मूर्ख साबित करने में जुटी रहती

हैं। सऊदी अरब के क़ानून और व्यवस्था की दूर बैठ हम जितनी भी आलोचना करें परन्तु वहाँ रहकर आया आदमी सऊदी अरब की न्याय-प्रणाली और अनुशासन की तारीफ़ करता है, चाहे साथ में यह भी कहे कि वहाँ का क़ानून बहुत सख़्त है और हर जुमे को वहाँ पर सार्वजनिक सज़ाएँ दी जाती हैं। मगर मैं एक दूसरे मसले की तरफ़ आपका ध्यान ले जाना चाहती हूँ कि यदि वहाँ की सरकार अमेरिका की ओर इतना न झुकती तो भी देश की उन्नति व आम इनसान के लिए बहाली की योजनाएँ चालू कर सकती थीं मगर हुआ उलटा। ईरान पहले सऊदी अरब की आलोचना करता रहा फिर इराक़ खुलकर मैदान में उतर आया। सऊदी अवाम भी अपनी हुकूमत पर उँगली उठाने लगे जिससे हाकिम का तिलमिलाना ज़रूरी था—ख़ासकर तब, जब जगह-जगह बम फट रहे हों! अमेरिका-विरोधी गतिविधियाँ बढ़ रही हों! सऊदी बुरी तरह अमेरिका के शिकंजे में फँस चुका है। कहने वाले चाहे सीरिया के हों या इराक़ के या फिर विश्वभर के...कि सद्दाम को अमेरिका से समझौता कर लेना चाहिए था और इसका नतीजा यह निकलता कि न इराक़ बर्बाद होता, न सद्दाम के दोनों बेटे मारे जाते। यह वही लोग हैं जिनकी नज़र अपने लाभ पर रही है। यहाँ पर एक सवाल उभरकर आता है कि आख़िर कब तक अपना शोषण करवाकर कोई राष्ट्र चुप बैठ सकता है? किसी-न-किसी को तो बिल्ली की गर्दन में घंटी बाँधने के लिए आगे बढ़ना ही पड़ेगा। यदि यह काम इराक़ द्वारा हो रहा है तो उन्हें एकजुट हो जाना चाहिए जो अमेरिका की सत्ता को स्वीकार करने के पक्ष में नहीं हैं।

सीरिया के सामने दोनों पक्ष हैं—हथियार डालना अर्थात ग़ुलामी क़बूल करना या हथियार उठाना अर्थात अपने देश पर भारी बमबारी की तबाही देखना। इन दोनों से हटकर जो युद्ध 1948 से फ़िलिस्तीनियों द्वारा अपनी सरहदों के लिए किया जा रहा है, वह भी तो अन्त तक नहीं पहुँचा है। इतने लम्बे संघर्ष में संसार की उन संस्थाओं ने क्या योगदान दिया जो शान्ति, अमन के लिए बनाई गई थीं? उन राजनीतिक संगठनों ने क्या किया जो आसानी से इस समस्या को हल कर सकते थे? यह केवल मध्यपूर्वी देशों के समझने की बात नहीं बल्कि हमारे-आपके भी महसूस करने की बात है कि आख़िर वे देश क्या करें जो अपनी सभ्यता एवं संस्कृति, अपने प्राकृतिक स्रोत और आवश्यकताओं के साथ जीना चाहते हैं?

['अन्यथा' : 2005]

ख़बरों से दूर आधी आबादी

किसी देश के किसी शहर में जब भी दंगा या फ़साद होता है तो आफ़त 'औरत' की आती है। घर उसका लुटता है। परिवार उसका कटता-मरता है और इज़्ज़त-आबरू उसकी जाती है। यदि यह जंग और तख़्तापलट होता है तो बलात्कार, आगजनी और लूटपाट का न समाप्त होनेवाला सिलसिला चल पड़ता है। इस सदी के आरम्भ में यदि हम गुजरात पर नज़र डालें तो न समाप्त होने वाली घटनाओं का दर्दनाक मर्सिया आरम्भ हो जाएगा। यदि हम अफ़ग़ानिस्तान पर अमेरिका के आक्रमण को लें, ओसामा बिन लादेन को खोजने की मुहिम पर नज़र डालते हैं तो हमें देशी और विदेशी समाचारों से बर्बाद घरों और लुटी औरतों की दास्तानें और तसवीरों का बहुत बड़ा ख़ज़ाना हाथ लगता है। मगर अजीब बात है कि इराक़ पर क्लस्टर बम बारिश की तरह बरसे मगर ऐसी ख़बरें हाथ न लगीं जो ख़ालिस और ख़ालिस औरत पर ढाये ज़ुल्म को बयान करती हों। महीनों गुज़र गए मगर पता नहीं चलता कि संगीनों के साये में इराक़ी औरतों के रात-दिन कैसे कट रहे हैं!

अतीत की तरफ़ मुड़ते हैं तो याद आता है कि सद्दाम हुसैन के इराक़ में औरतें ही चर्चा का विषय थीं। हर बड़े ओहदे पर कोई महान व्यक्तित्व अपने सारे गुणों के साथ पूरा कार्यालय चला रहा है। इंजीनियर, पायलट, अध्यापक, कलाकार, साहित्यकार, राजनेता, वैज्ञानिक, फ़ौज, पुलिस, कारख़ाना, दुकान, बाज़ार—कहाँ नहीं थीं वे कर्मठ औरतें। आख़िर कहाँ चली गईं एकाएक? उस वैज्ञानिक महिला का भी पता न चला जो सद्दाम हुसैन के साथ हिट लिस्ट में थी, जिसकी आँखों में साफ़ झलकता था—सितारों से आगे जहाँ और भी हैं...क्या इतना कुछ बुरा घट रहा है जिसको दिखाने पर अमेरिकी सरकार ने रोक लगा दी है या फिर किसी भी पत्रकार और टीवी चैनल को फ़ुर्सत ही नहीं है कि वह उस आबादी का ज़िक्र करे जो इराक़ में आधे अनुपात में रहती है। आख़िर क्यों? इस पर्दापोशी की वजह क्या है?

अबू ग़रीब जेल में क़ैदियों पर अत्याचार किये गए, उनसे ऐसे काम भी कराए गए जो अमानवीय व अनैतिक थे। मगर क्या इतने बड़े इराक़ में बहुराष्ट्रीय सेनाओं के रहते हुए कोई हादसा ही नहीं गुज़रा जिसका ज़िक्र अल जजीरा या बीबीसी कर सकता था? यह एक ऐसी ख़तरनाक ख़ामोशी है जो बार-बार सोचने पर मजबूर करती है, आख़िर वहाँ के स्थानीय मर्द और फ़ौज इतनी अनुशासित कैसे हो गई है जो एक भी दुर्घटना किसी भी औरत के साथ न होने देती है, न स्वयं उसमें लिप्त होती है? क्या ऐसा सम्भव है—वह भी हादसों से भरे देश में?

मध्य-पूर्वी देशों में केवल इराक़ी औरत ऐसी थी जिसको हर तरह से फलने-फूलने का अवसर व्यवस्था प्रदान कर रही थी। शरीयत क़ानून चाहे वह शिया लॉ के ही हों, यदि वे औरत के लाभ में जाते हैं तो उन्हें उस देश ने अपनाया। यह सहूलियत सीरियन औरत को नहीं मिली जबकि उसकी स्थिति स्वतंत्रता और योगदान में मध्य-पूर्वी देशों में दूसरे नम्बर पर आती है। वैसे तो सऊदी अरब में भी औरतें कई क्षेत्रों में कार्यरत हैं मगर इराक़ और सीरिया की तरह औरत, वह भी आम औरत, को वे सारे सुविधा-साधन उपलब्ध नहीं हैं। यदि उस देश या उस तरह के अन्य देशों की औरतों को उपेक्षित समझ समाचार में न लाया जाता तो भी बात समझ में आ सकती है। पर्दा-दर-पर्दा छुपी औरतों तक प्रेस रिपोर्टर और उनके कैमरे नहीं पहुँच पाए हैं मगर इराक़ तो इन देशों से अलग एक दूसरी तरह का देश था जहाँ मरजीना जैसी औरतें चालीस चोरों को हरदम पकड़ने की जुस्तजू में रहती थीं। आख़िर वह गईं कहाँ? क्या उन्होंने संघर्ष करना छोड़ दिया है?

सीरिया में मेरी मुलाक़ात इराक़ी कवयित्री साजदा अल मोसवी से हुई थी। उनसे बातों के दरमियान जो सच्चाइयाँ निकलकर सामने आई थीं, वह सब उनकी कई कविताएँ भी बयान कर रही थीं। वह यह बता रही थीं कि औरतों के साथ बहुत कुछ घट रहा है और अपमान से आत्महत्या की घटनाएँ भी वजूद में आ रही हैं। हमारे पास इतना समय नहीं था कि हम विस्तार से उन अत्याचारों पर केवल बात भी कर सकते मगर कठिनाइयों के बयान में जो संकेत मिल रहे थे, वह इशारे में बहुत कुछ कह रहे थे। लेकिन इतना कहना काफ़ी नहीं है। ऐसे विकट समय में विश्व स्तर के महिला संगठनों को न ख़ामोश बैठना चाहिए, न मानव अधिकार संस्था को। उन पत्रकारों का कर्तव्य बनता है, जो अपनी जान हथेली पर रखकर वहाँ रिपोर्टिंग कर रहे हैं, उन्हें केवल सुरक्षा, पेट्रोल, सत्ता से सम्बन्धित ख़बरों के अलावा उन ख़बरों की तरफ़ भी ध्यान देना चाहिए जो इस सारी लड़ाई में सबसे ज़्यादा भूख, बीमारी,

भय, अत्याचार और व्यथा से लड़ अपने और अपने परिवार को ज़िन्दा रखने की कोशिश कर रही हैं। वे न आतंकवादी हैं और न सद्दाम के परिवार की, वे आम इराक़ी औरतें हैं जो अमेरिका के इस ज़ुल्म व सितम में पिस रही हैं।

['राष्ट्रीय सहारा' : 2005]

स्त्री की आज़ादी का अर्थ

वसन्त केवल पेड़-पौधों को फल-फूलों से नहीं लादता है बल्कि सड़कों पर फलों से भरी रेड़ियाँ भी अजीब समाँ बाँध देती हैं। हवा में ताज़गी की गन्ध आपके दिल व दिमाग़ को सुगन्ध से भर अनजानी ख़ुशी का कोलाहल आपके अन्दर प्रवाहित कर देती है। कुछ ऐसा ही अहसास स्त्री लेखन से घिरे पचास-साठ वर्ष देते नज़र आते हैं। भाँति-भाँति के रंग-रूप और अभिव्यक्तियाँ ज़िन्दगी के शोर-शराबे से भरे परिवेश को आपके सामने लाते हैं। यह लम्बे काल का वसन्त आपको देश और विदेश की धरती पर लगातार देखने, सुनने और पढ़ने को मिल रहा है। ऐसा नहीं है कि महिलाओं ने अभी क़लम उठाया हो, यह उनका पुराना हुनर है मगर इतनी अधिक संख्या में नारी-सृजन कभी किसी अन्य देश-काल में एक साथ देखने को नहीं मिला और न ही सशक्त हस्ताक्षरों का ऐसा दौर साहित्य के इतिहास में दर्ज हुआ है।

अब सवाल यह है कि इतने बड़े पैमाने पर मुखर हुई महिलाओं ने अपने लेखन से दिया क्या—स्त्री-पुरुष सम्बन्ध, घर-परिवार का रोना, राजनीति के दाँव-पेंच, सामाजिक जकड़न, कोरी भावनात्मक प्रेम-कथा, आरोप-प्रत्यारोप का वृत्तान्त, व्यक्तिगत विलाप, अपनी पहचान की बेचैनी? या फिर, इन सारे अनुभवों और भावनाओं का मिश्रण? मानकर चलते हैं कि स्त्रियों के व्यक्तित्व की विभिन्नता की तरह उनके लेखन में भी विविधता है। संवेदना और चेतना का उजास और पाठ में कला की स्तरीय परतें हैं। इसके बावजूद यह प्रश्न गाहे-बगाहे उठता है कि इस सारे हंगामे का मूल स्वर क्या है? वह कौन-सी व्याकुलता है जो उन्हें लिखने के लिए उकसाती है? मैं जब अपनी समकालीन रचनाकारों को पढ़ती हूँ तो मुझे मुख्यतया दो स्वर पकड़ में आते हैं—पहला विद्रोह, दूसरा जागरूकता अर्थात बग़ावत और बेदारी। यह स्वर केवल हिन्दुस्तान की भाषाओं तक सीमित नहीं है बल्कि विश्वभर में इस लहर की गूँज और उसकी प्रतिध्वनियों की टहराहट से एक समाँ बँधा हुआ है।

जब कभी हम पानी में कोई कंकड़ फेंकते हैं तो ठहरे पानी में कम्पन पैदा होता है। हल्की आवाज़ के साथ छोटा दायरा एक के बाद दूसरे बड़े दायरे की शक्ल लेता है और चन्द सेकेंड बाद स्थिति पहले वाली हो जाती है। हमारा समाज भी औरतों के सिलसिले में मूक रहा है और इस ख़ामोशी को जिसने तोड़ा, उसे बेहया, कुलटा, ज़िद्दी आदि परिवार के स्तर पर कहा-सुना गया मगर साहित्य ने इन सारी पहचान को एकत्र कर एक सम्मानित नाम दिया, पहचान दी—यानी विद्रोहिणी। अरसे तक बाग़ी या विद्रोही शब्द में एक रूमानियत-सी झलकती थी। लालसा भी थी बहुतों को, उनके पात्र विद्रोहिणी कहलाएँ। विद्रोह में एक पागलपन होता है, जुनूनी कैफ़ियत होती है और उस सारे परिवेश के ख़िलाफ़ आवाज़ उठाने की ऐसी मजबूरी या ललक होती है जो अरसे से नकारात्मक स्थितियों से जूझते हुए अन्दर जमा होती रहती है और एक दिन खदबदाता लावा एकाएक ज्वालामुखी बन फट जाता है—यह समझे-बूझे बिना कि इसका अंजाम क्या होगा। इस तरह की शैली में अनेक रचनाएँ अपनी उपस्थिति दर्ज करवा चुकी हैं। मगर इसी के साथ एक और अभिव्यक्ति अपने से ज़्यादा दूसरों के लिए रास्ता बनाने का काम करती रही है जिसको मैं जागरूकता कहूँगी और यही बेदारी है जो जोश के साथ समझ को भी अपने साथ लेकर चलती है। अपने उठाए क़दमों के अंजाम पर भी नज़र रखती है और दस बार सोचती तथा तौलती है कि यह उठाया क़दम वास्तव में मानवीय समस्याओं की गिरह खोलने में कितना सार्थक साबित होगा। ऐसे अनेक स्त्री पात्र हमें मिल जाएँगे जो बौद्धिक हैं और हमें सोचने के लिए अच्छी-ख़ासी ज़मीन देते हैं।

आधे-अधूरे इंक़लाब से ही दूसरी अभिव्यक्ति ने अपने कल्ले फोड़े हैं। इसका कारण भी समझ में आता है। जिस तरह व्यक्ति चाहे वह मर्द हो या औरत, अक्सर उलझा होता है—अपनी सोच और भावना, दोनों में। उसमें फ़ैसला लेने की हिम्मत नहीं होती है क्योंकि उसके ज़हन में उसका लक्ष्य साफ़ नहीं होता है—क्या करे, क्या न करे। और ऐसी स्थितियों और किरदारों पर जब हम क़लम उठाते हैं तो 'आक्रोश' से हम अपना एतराज़ जताते हैं। बाक़ी बातें हम हालात पर छोड़ देते हैं या पाठकों की समझ पर। मगर हमारे प्रतिरोध का निशाना हमेशा सही हो, ऐसा तय नहीं है। इसी कारणवश आज स्त्री-मुखरता के नाम पर या स्त्री विमर्श के पाठ पर ऐसे किरदारों की रचना भी महिला रचनाकारों द्वारा हो रही है जिसका अगला पड़ाव ख़तरनाक रास्तों की ओर ले जाता है।

दूसरी ओर स्त्री लेखन का वह पाठ भी हमारे सामने खुलकर आ रहा है जो सम्पूर्ण बदलाव की बात कर रहा है। वह केवल इसी स्वतंत्रता और शोषण तक सीमित नहीं है बल्कि अपनी पूरी बेदारी के साथ वह इनसान की स्वतंत्रता और उसके साथ किये जा रहे उन सारे अनैतिक अत्याचारों की बात करता है जो परिवार, समाज और व्यवस्था में रहकर आज भी वह झेल रहा है और कभी-कभी यह सन्ताप उसे व्यक्तिगत स्तर पर भी शोषित करता है। ऐसा लेखन पहले वाले लेखन का अगला पड़ाव है।

स्त्री दृष्टि, वह दृष्टि है जो अपने आसपास की चीज़ों को देखती और परखती है। यदि यह गुण उसमें आदिकाल से न होता तो वह कभी खेती का आविष्कार न कर पाती और खेती हमारी सभ्यता का आरम्भ न बन पाती। जो रचनाकार और पाठक भ्रम पाल बैठे हैं कि स्त्री लेखन का अर्थ केवल स्त्री पर बात करना या क़लम उठाना है, वे भारी भूल करते हैं। औरत विश्व के मैदान में कठिन-से-कठिन कार्यक्षेत्र में अपनी दक्षता दर्ज करा रही है। उसके सपनों का आकाश क्षितिज के परे तक जाता है। यह सब तभी सम्भव होता है जब वह सारे ज़माने को साथ लेकर चलने की बात सोचती है। आज जिस तेज़ी से औरतें पहचान के नाम पर अपने अलग संसार को रचना चाहती हैं, वह किसी भी हाल में स्वीकार्य नहीं। वह विद्रोह जो व्यक्तिगत लाभों के लिए किया जाए, उस साहित्य का कोई अर्थ नहीं और जिस लेखन में जागरूकता न हो, उसका कोई महत्त्व नहीं। ऐसी हालत में वसन्त गुज़रने में कितना वक़्त लगता है।

['राष्ट्रीय सहारा' : 2005]

मेहनतकश औरतों का सुख-संसार

सुबह से शाम ये भागती औरतें, घर पर पोंछा लगाती, जूठे बर्तन धोती ये औरतें बरसों से सड़कें और गलियाँ नाप रही हैं मगर इनकी ज़िन्दगी में सुख और सुरक्षा का कहीं पता नहीं है। अपवाद को हम छोड़ दें तो पता चलेगा कि ये घरेलू नौकरानियाँ इतनी मेहनत करने के बाद अपने भविष्य के लिए कुछ नहीं जोड़ पाती हैं। बीमारी, बुढ़ापा, बेसहारापन उनको कितना डराता और चिन्तित बनाता है, इसका अन्दाज़ा उन्हें किस हद तक होता होगा, कहा नहीं जा सकता। क्योंकि रोज़ का जीवन ही उन्हें इतना उलझाए और दुखी बनाए रखता है कि वह आज को छोड़, आने वाले कल के बारे में सोचने की हिम्मत ही नहीं जुटा पाती हैं। ये कौन औरतें हैं और क्यों दुखी हैं? मेहनत के बाद भी इनका पेट ख़ाली और बदन पर गन्दे-पुराने कपड़े क्यों झूलते रहते हैं?

यह सवाल जब इन औरतों से किया गया तो पता चला कि इसका कारण पतियों की शराबनोशी है। ये सारे पति बेकार और निठल्ले नहीं हैं बल्कि छोटे-मोटे रोज़गार में लगे हुए हैं, जैसे पत्थर काटना, बेलदारी, सफ़ाई, कुलीगीरी या फिर किसी ऑफ़िस में कोई छोटा-मोटा काम। उनकी तनख़्वाह और पत्नी की कमाई मिलकर इतनी रक़म बन जाती है कि वह आराम से जी सकते हैं यानी पेट भर सकते हैं मगर होता इसका उलटा है। शराब पीकर धुत्त पड़ जाना, मारपीट और फिर बीमारी। काम पर न जाना। क़र्ज़ा और पत्नी पर सारी कुंठा उड़ेलना। यदि बच्चे ढेरों हुए तो उन बच्चों का भविष्य क्या हो सकता है सिवाय चोरी, शरारत, मारपीट और बड़े होकर पैसे के कारण असामाजिक गतिविधियों में सक्रिय होने के?

इस बीच छोटे-छोटे मोहल्ले या कहिए, वक़्ती तौर पर बनी झुग्गियों में जाने का मौक़ा मिला। उनके बीच कुछ घर ऐसे थे जो साफ़-सुथरे और बच्चों का पढ़ने जाने का सिलसिला भी बना हुआ था। वे मेहनतकश हैं, इसकी चमक और ईमानदारी

उनके चेहरे से झलक रही थी मगर ज़्यादातर घरों का हाल बेहाल था क्योंकि वहाँ पर नशाखोरी का बाज़ार गर्म था।

इन घरों के मर्दों को देखकर महसूस नहीं होता था कि ये बुरे इनसान हैं। मगर शराब पीकर वे जिस तरह हिंसक हो उठते हैं, यह भी एक सच था। पत्नियों के ज़ख़्मी शरीर और फूटा सिर-माथा इस बात का सबूत होता। यह सब देखकर लगता कि आख़िर ये शराब क्यों पीते हैं? क्या इन्हें अपने काम में नीरसता दिखाई पड़ती है? क्या इन्हें अपना कोई भविष्य नज़र नहीं आता? या फिर यह केवल एक पलायन है, मक्कारी और ढीठपना है? इन हालात से दो-चार तो औरतें भी होती हैं। रोज़ दूसरों के गन्दे घर और जूठे बर्तन धोने में उन्हें कौन-सा सुख प्राप्त होता होगा मगर वे क्यों नहीं आँखें बन्द कर अपनी तनख़्वाह पन्नी, सन्तरा और ठर्रे में गँवा मारपीट और गाली-गलौज पर उतारू हो जाती हैं? वह क्यों शराबी पति और बच्चों के लिए रोटी के इन्तज़ाम में जुटी कभी मालकिनों से एडवांस तो कभी दुकानदारों से उधार माँगने के चलते झिड़कियाँ खाती रहती हैं? कभी-कभी ग़लत समझौते भी कर बैठती हैं।

इन औरतों के मुख से निकले उद्‌गार भी चकित करने वाले होते हैं। वे यह सब पतिव्रता होने के नाते नहीं करती हैं बल्कि मजबूरी के चलते करती हैं। जिस सामाजिक व्यवस्था में वे साँस लेती हैं, उसने उनका निकास-द्वार भी बन्द कर रखा है। वह भागती हैं तो पकड़ी जाती हैं। शौहर को छोड़ना चाहती हैं मगर जब पति उन्हें छोड़े तब न! इसलिए वे बड़े इतमीनान से कोसने देती पति के मरने की कामना करती हैं। यह सब देखना अजीब है मगर है सच कि ज़्यादातर औरतों के पति कई-कई महीनों बाद, ख़ासकर जब क़र्ज़ा बढ़ जाएगा तो वे लापता हो जाते हैं। जब उन्हें सुनगुन मिल जाती है कि हालात सुधार की तरफ़ हैं तो वे बड़े आराम से घर लौट आते हैं और उसी हक़ से रहने लगते हैं जैसे कि एक पति को अपने घर-संसार में रहना चाहिए। यदि पत्नी ने एतराज़ किया तो आस-पड़ोस वाले मर्द भी तरफ़दारी में घिसा-पिटा मुहावरा दोहरा देंगे कि शाम को लौटे हुए को भूला नहीं कहते हैं। औरतें भी जाने मजबूरी में या फिर इस सच से टकराकर कि चलो, घर में एक मर्द रहेगा तो दूसरों की ग़ैरज़रूरी हिम्मत नहीं पड़ेगी सो पड़ा रहने दो। समझौता करती जाती हैं।

इनकी ज़िन्दगी को बेहतर बनाने के लिए केवल अक्षरज्ञान देना, उनके लिए पोस्टर लगाना या फिर समझाना-बुझाना काफ़ी है या फिर बेहद कड़ा क़ानून लागू

करना जिससे डरकर ऐसे मर्द ऊटपटाँग हरक़त करना छोड़ दें? जिस तरह पुलिस इन मोहल्लों में अपराधी ढूँढ़ती पहुँच जाती है, उसी तरह ऐसी व्यवस्था होनी चाहिए जो ऐसे ग़रीब और गन्दी आदतों के लोगों को पकड़े। उनकी देखरेख की जाए वरना तो यह बढ़ती लापरवाही कामगार औरतों का जीवन नर्क बनाकर उन्हें सुख की अनुभूति से वंचित रखेगी। इसका सबसे बड़ा भुगतान वह नस्ल करेगी जो इस तरह के ग़रों में पैदा होगी जहाँ बाप शराबी और माँ का हाथ ख़ाली हो। अपराधी मनोवृत्ति के बच्चे देश में किस तरह का योगदान देंगे, इसको समझना कठिन नहीं।

['राष्ट्रीय सहारा' : 2005]

फ़तवा और न्याय में फ़र्क़

अभी तक यही सुना और समझा था कि इस्लाम आज़ादी का पैग़ाम लेकर आया था—ख़ासकर औरतों के सिलसिले में, मगर गुड़िया से इमराना तक की घटनाओं में मौलवियों ने जो ज़िम्मेदारी निभाई है, उसने शर्मिंदगी के साथ यह सवाल भी उठाया है कि इस्लाम के वास्तविक शत्रु कौन हैं—वे मौलवी, जो धर्म के नाम पर कमाई करते हैं या फिर वे मौलवी, जो धर्म और बदलते समय के बारे में सचेत हैं? लेकिन ऐसे मौक़ों पर चुप्पी साध लेते हैं और ग़ैरइस्लामी हरक़तों पर अपने ही वर्ग को कठघरे में खड़ा नहीं कर पाते।

बात केवल इमराना की नहीं है बल्कि सम्पूर्ण भारतीय समाज की है जहाँ ससुर द्वारा बहुओं के साथ बलात्कार की बात आम है। सज़ा तो दूर, ऐसी घटना को शर्म और मजबूरी की वजह से दबा दिया जाता है। जो मीडिया द्वारा सामने आ जाती है, उस पर बहस चल पड़ती है। अफ़सोस कि ऐसे मामलों में मौलवी गम्भीरता व दूरदर्शिता से काम नहीं लेते हैं। तेल और तेल की धार देख कुछ भी बोल जाते हैं। फ़िलहाल भारतीय मुस्लिम समाज में मौलवी वर्ग के दो काम मोटे रूप से रह गए हैं—सियासत करना या फिर फ़तवे देना। ये दोनों ही बातें धर्म को सामने रखकर नहीं बल्कि धन को सामने रखकर की जाती हैं क्योंकि पेट पालना भी एक बड़ा मसला है।

इमराना के सिलसिले से दिया गया फ़तवा इस्लाम की दृष्टि से ग़लत है क्योंकि इस्लाम ज़बर्दस्ती करने वालों को सज़ा देता है, न कि मज़लूमों को। इस्लाम तो यहाँ तक औरत को आज़ादी देता है कि यदि वह किसी मर्द के ख़याल में है तो बेहतर है कि वह तलाक़ लेकर उस मर्द से शादी कर ले मगर इस तरह मानसिक स्तर पर शौहर से खयानत न करे। मगर यहाँ मसला इमराना की मर्ज़ी का न था। उसके ससुर ने उसके साथ बलात्कार किया, जिसकी सज़ा सौ कोड़े है। मगर यह

सज़ा मौलाना ससुर को क्यों नहीं दे पाए, यह आश्चर्यजनक है। उलटे वह मज़लूम औरत को उसके बेटे पर हराम बता रहे हैं। उसका बसा-बसाया घर उजाड़ रहे हैं। इसका साफ़ मतलब है कि वह अपने फ़तवे द्वारा उस अनैतिक परम्परा का पोषण कर रहे हैं जिसमें मर्दों ने बाप-बेटी या ससुर-बहू के रिश्ते की गरिमा को नकार दिया है। अब देखना है कि वास्तविकता क्या है। यह फ़तवा इस्लाम व शरीयत क़ानून की नज़र से ग़लत क्यों है।

इस्लाम में मोटे रूप से किसी भी समस्या को सुलझाने के दो स्तर हैं : पहला फ़तवा यानी 'राय', जिसमें निजी समस्याओं को लेकर आप मौलवी से संवाद स्थापित कर उनकी व्यक्तिगत राय से अपनी उलझन सुलझा लेते हैं। दूसरा 'कज़ा', यह पब्लिक अफ़ेयर की बात है जिसमें सज़ा तय की जाती है। इसका सीधा सम्बन्ध न्यायपालिका से है, जहाँ पूरी घटना की छानबीन वकील व काज़ी करते हैं तब अपराधी को सज़ा और जिसके साथ ज़ुल्म हुआ है, उसे न्याय देती है। अब सवाल यह है कि भारत में इस्लामिक हुकूमत नहीं है और जो देश का क़ानून है, वह ऐसी स्थिति में मदद कर सकता है और उसकी मदद लेनी भी चाहिए।

इस सिलसिले में जब मैंने अहमद बुखारी साहब से बात की तो उनका जवाब था कि दारुल उलूम का फ़ैसला दुरुस्त है, उसे मानना चाहिए। इस सन्दर्भ में निज़ामुद्दीन औलिया के सज्जादा नशीन का कहना था कि उन्होंने इस मामले पर ग़ौर नहीं किया। ईरान दूतावास में फ़ोन कर प्रेस अटैची से पूछा कि ऐसी घटना पर ईरानी इस्लामिक न्यायालय क्या सज़ा देता है तो उनका कहना था कि इस तरह की घटना मैं अपने जीवन में पहली बार सुन रहा हूँ इसलिए याद नहीं कि हमारे यहाँ इस तरह का कोई फ़ैसला आया हो। जब मौलाना वहीदुद्दीन ख़ाँ साहब के घर फ़ोन कर उनसे मैंने पूछा कि क्या इस्लामिक नज़रिये से इमराना के लिए दिया गया फ़तवा सही है तो उनका जवाब था कि ग़लत है। क़ुरान में आया है कि मोमिन को चाहिए कि ऐसे काम में हाथ न डाले जिससे वह निपट नहीं सकते हैं। मशहूर फ़तवा है कि ज़बर्दस्ती लिया गया तलाक़ ग़ैरक़ानूनी है। इस्लाम में हर वह चीज़ जो ज़ोर-ज़बर्दस्ती से कराई जाए वह क़ाबिले क़बूल नहीं है, फिर इस फ़तवे में उनकी निजी राय है। उन्होंने सज़ा कैसे सुनाई जबकि इस्लाम की दृष्टि से बलात्कार की घटना में चश्मदीद गवाह का होना ज़रूरी है ताकि लोग इस घटना की असलियत की सही छानबीन कर सकें। मगर इमराना के केस में बिना किसी गवाह के, बिना किसी पूछताछ के औरत के ख़िलाफ़ फ़तवा दे दिया गया। उन्होंने

ससुर को सौ कोड़े नहीं लगवाए क्योंकि जानते थे कि उनके ऐसा करने पर उन्हें पुलिस पकड़ सकती है।

इमराना के शौहर ने इस बात का भी ज़िक्र किया है कि उससे दस हज़ार रुपये माँगे गए थे। आज आम इनसान की रोज़मर्रा की ज़िन्दगी में मौलवियों का दख़ल इस स्तर पर पहुँच चुका है जिसमें वह दुआ तावीज़ कर भाई से भाई को अलग करना, औरतों की कोख बाँधना (ताकि बच्चे न हों), घर को वीरान करना आदि काम के लिए हैसियत के मुताबिक़ रकम वसूल करते हैं। ऐसे मौलानाओं के लिए कौन-सी अदालत है जो उन्हें इस्लाम की बदनामी और आम इनसान की ज़िन्दगी ख़राब करने के लिए सज़ा दे सके? वह कौन-सा धार्मिक विद्यालय है जहाँ उनके धार्मिक ज्ञान की परीक्षा ली जा सके कि वह केवल पेट के लिए या धर्म के लिए इस पवित्र पदवी पर आसीन हुए हैं? या फिर स्वयं मुस्लिम समाज यह जवाब दे कि वह सीधे क़ुरान व शरीयत से रिश्ता न रख ऐसे मौलानाओं पर आँखें बन्द कर यक़ीन क्यों करता है?

['राष्ट्रीय सहारा' : 2005]

दायरे के बाहर की औरत

महिलाओं को अधिकतर पुरुषों के संवेदनहीन, 'असहज' अमानवीय व्यवहार से शिकायत रहती है और यह शिकायत बाप-बेटी, बहन-भाई, पति-पत्नी और प्रेमी-प्रेमिका के बीच सदा से बनी रही है और प्रेम और शत्रुता का सम्बन्ध भी इससे जुड़ा रहता है। सिलसिला यहीं ख़त्म नहीं होता बल्कि बौद्धिक स्तर पर भी औरतों को मर्दों से शिकायत रहती है कि वह उनकी कार्य-निपुणता, उनकी गम्भीर बौद्धिक क्षमता को लगातार नकारता और अनदेखा करता चला जाता है। कहीं-कहीं यह आवाज़ इस दावे में भी बदल जाती है कि मर्द-औरत का फ़र्क़ अब मिट जाना चाहिए क्योंकि प्रत्येक क्षेत्र में औरत मर्द के कन्धे से कन्धा मिलाकर चल रही है। अपने लिए भी और विश्व के लिए भी उसने अपनी योग्यता को साबित कर उपलब्धियों का भंडार जमा करना आरम्भ कर दिया है। ये सारे तर्क-तकाज़े अपनी जगह ठीक हो सकते हैं। होना भी यही चाहिए कि मर्द-औरत के बीच इनसानी रिश्तों के साथ आदर-सम्मान का तबादला भी होना ज़रूरी है और इसी से एक प्रश्न उठता है कि क्या हम औरतें वास्तव में एक-दूसरे के प्रति द्वेष-भाव नहीं रखतीं? क्या हममें वर्ग-चेतना नहीं है? क्या हम वास्तव में एक शक्ति हैं? तो जवाब आएगा, नहीं और इसी 'नहीं' को मैं आपके सामने रखना चाहती हूँ।

कुछ दिनों पहले अपने कहानी-संग्रह 'संगसार' पर एक गोष्ठी मधुमाधवी के माध्यम से जयपुर में आयोजित हुई थी, जिसमें बोलने वाली कई महिलाएँ थीं। उनमें सुमन मल्होत्रा भी थीं। उन्होंने आसिया नामक पात्र को सिरे से रद्द करते हुए उसे शालीन स्त्री के नाम पर कलंक और पतिव्रता स्त्री के नाम पर धोखा कहा। उनसे पहले जो लेखिकाएँ नैतिक साहस की बात या फिर 'कहानी एक दृष्टि देती है' वग़ैरह कह चुकी थीं, वह दमबख़ुद रह गईं और बाक़ी भयभीत कि यदि उन्होंने इन दोनों आरोपों से अलग हटकर समर्थन में ज़बान खोली तो वह भी 'आसिया' मान ली जाएँगी। मैं

काफ़ी ध्यान से उनकी आलोचना सुनती रही, फिर मैंने पूछा कि आप इस आसिया नाम की औरत से घृणा क्यों कर रही हैं? क्या हमदर्दी के साथ अपने मन-मस्तिष्क का दरवाज़ा खोलकर उसे खड़े होने का स्थान भी नहीं देंगी? उसकी आदिम माँग के चलते उसको स्वतंत्रता नहीं देंगी? आख़िर क्यों? यदि आप किसी का हक़ नहीं छीन रहे हैं, किसी को क़त्ल या ग़ारत नहीं कर रहे तो फिर क्या आप अपनी चेतना की नई अनुभूतियों के संग नहीं जी सकते हैं? क्या औरत में कुंठा, हसरत, बग़ावत, चाहत, प्रेम के विभिन्न आयाम एक मर्द इनसान की तरह फल-फूल नहीं सकते हैं? ऐसे अनुभव को भी क्या हम मर्दाना दृष्टि से देखेंगे या फिर उसको देखने की एक मानवीय एवं समानता भरी दृष्टि का आविष्कार करने की राह में हम महिलाएँ आगे बढ़ेंगी? इन सारे सवालों के जवाब उनके पास नहीं थे। उन्होंने उसे परम्परागत स्त्री के पिंजड़े में बन्द कर दिया और मैं सोचने लगी कि पसन्द-नापसन्द एक व्यक्तिगत सच्चाई हो सकती है मगर एक जीती-जागती हक़ीक़त को पूरी तरह रद्द करना, उसे नकार देना, अपने प्रति न सही, दूसरे के प्रति अन्याय नहीं है क्या? सबको जीने का हक़ है। दूसरों की तरह नहीं, अपनी तरह। यही माँग औरत समाज से, पुरुष वर्ग से कर रही है। फिर यह कारावास उसी के समकक्ष औरत उसे क्यों दे रही है?

बात यहीं ख़त्म नहीं होती है, जीवन में भी हम औरत होकर दूसरी औरत को स्वीकार सरलता से नहीं कर पाते हैं। उसके व्यवहार, आचरण, गुण देखे बिना उसके पति के व्यक्तित्व, पदवी को लेकर उसे हेय दृष्टि या आदर से देखते हैं। बिना कुछ किये कभी-कभी वे स्त्रियाँ इसकी क़ीमत चुकाती हैं जबकि होना यह चाहिए कि यदि स्त्री का अपना कोई व्यक्तित्व है तो हमारी सोच उसके पति की छवि को लेकर पूर्वग्रह से ग्रसित न हो बल्कि उसको स्वावलम्बी रूप से आँककर उसके काम को एक पैमाने पर जाँचा जा सकता है। काम उत्तम न होने पर भी आप उसे खड़े होने का स्थान दें, सम्मान दें। यदि उसकी कला, साहित्य, कार्यक्षमता दोयम दर्जे की है तो इस बात का उसे अहसास होगा और आपके व्यवहार से वह उसे स्वयं समझ लेगी वरना औरतों के बीच जलन, औरत औरत की सबसे बड़ी दुश्मन होती है, 'औरत में सुरक्षा भावना नहीं होती' जैसी टिप्पणियाँ सुनने को मिलती हैं और बजाय इसके कि आपका एतराज़ सही अर्थों में समझा जाए, उसे 'ईर्ष्या' का नाम दे आपको सलीब पर टाँग दिया जाता है।

कुछ सफल, कर्मठ औरतें आगे बढ़ जाने के बाद नहीं चाहतीं कि दूसरी औरतों को वह स्थान मिले और वह ठीक पुरुष वर्ग जैसे हथकंडों का इस्तेमाल करना

शुरू कर देती हैं। फिर वे औरत नहीं रह जाती हैं। उनकी सारी हरक़तें एक मग़रूर सत्ताधारी जैसी हो जाती हैं। इस तरह की मानसिकता से पीड़ित औरतें अक्सर यह भी कहती हैं कि ये औरतें आई टेल यू, नॉट वर्थ वाइल...फिर वह अपने समकक्ष पुरुषों के प्रति आभार व्यक्त करती हुई कहेंगी, "इनकी मीननेस के कारण मैंने उनके साथ उठना-बैठना बन्द कर दिया है। मैं तो बचपन से टाम ब्वाय थी। सदा लड़कों के संग रही। पेड़ पर चढ़ना, शरारतें करना मेरा मशग़ला था।" इस तरह वह औरत वर्ग के बीच रहकर भी अपनी अलग पहचान की पताका फहराती हैं और सारे लाभ उठाती हैं। मगर जहाँ औरतों के आयोजन चल रहे हों, वहाँ से दावतनामा आया और ऊँची पदवी पर दो घंटे के लिए आसीन होने का अवसर मिला तो वह उसे नहीं छोड़तीं और प्रभावपूर्ण भाषण देकर नारी जागृति का सारा श्रेय लेना ही नहीं चाहेंगी बल्कि प्रथम और अकेली नारी की उपाधि भी लेने से हिचकिचाएँगी नहीं और पूरी तरह भूल जाएँगी कि वह तो अपने को सदा मर्द कहती आई थीं मगर आज यह कैसा परिवर्तन?

['राष्ट्रीय सहारा' : 2005]

धर्म एवं नैतिक मूल्यों के पार भागती ज़िन्दगी

ज़हन में अक्सर यह सवाल उभरता है कि क्या धर्म हमारी सारी समस्याओं का हल है या फिर उसके बनाए क़ानून के खानों में रहा जा सकता है? ज़्यादातर इसका जवाब 'नहीं' में आता है—ख़ासकर तब, जब ज़िन्दगी कोई पेचीदा सवाल बनकर हमारे सामने आन खड़ी होती है। हम उसका हल बोसीदा किताबों के पन्ने पलटने और उसमें बरसों पहले की लिखित धाराओं को ढूँढ़ने में लगा देते हैं। कभी हल मिलता है तो कभी नहीं, क्योंकि वह समस्या इतनी नई होती है कि उसका ज़िक्र ग्रंथ में होता ही नहीं। आज हम अपने बनाए क़ानूनों की सरहदों में ज़िन्दगी को क़ैद कर इनसान की इच्छाओं को शिक्षित करने में जुटे हैं। मगर वहाँ भी हमें पूरी सफलता प्राप्त नहीं हो पाती। हर बार नई पेचीदगियाँ हमको एक नई तरह की समस्या के सामने जवाबदेह बना देती हैं।

यह सच है कि क़ानून हो या धर्म, इनसान की धड़कती नब्ज़ के आगे हमें यह बेजान ही नज़र आते हैं। उनमें समय करवट नहीं बदलता मगर इनसान बदलते परिवेश में एक खिलौना न सही, मगर एक संघर्षरत जीव ज़रूर नज़र आता है। उसकी दो बुनियादी ज़रूरतें हैं, जो उसे हर तरह से और हर स्तर पर जद्दोजहद करने पर मजबूर करती हैं : पहला पेट, दूसरा सेक्स। अगर यूँ कहा जाए कि इस दुनिया का सारा दारोमदार इन दो आवश्यकताओं के इर्द-गिर्द घूमता है तो काफ़ी हद तक बात सही लगेगी। यह दुनिया का कारोबार पेट को भरने, उसकी हवस को पूरा करने के लिए कभी राजनीति तो कभी बाज़ारवाद, तो कभी देश-सीमा अतिक्रमण या फिर एक-दूसरे की हत्या के लिए इनसान को उकसाता है। यही हाल बदन की ज़रूरत का है कि यदि वह सहज रूप से पूरी नहीं होती तो बीभत्स रूप धर लेती है। इन सारी बेलगाम ख़्वाहिशों पर जिनका स्रोत पेट और वासना है, अंकुश लगाने के लिए धर्म ने पहला क़दम उठाया ताकि ज़िन्दगी कुछ सुलझी नज़र आए और

इनसान अपने मसलों को अपनी बनाई अदालतों में तय कर ले, बजाय इसके कि वह क़ानून ख़ुद हाथ में ले।

मोटे रूप से धर्म का इनसानी ज़िन्दगी को अनुशासित करने में बड़ा योगदान रहा। कन्दमूल खाने वाले पेड़ चढ़वा, आँधी-तूफ़ान को अपना ख़ुदा मानने की जगह जब उसने भगवान को गढ़कर मकान में रहना शुरू किया और सबके बच्चे अपने समझने का दर्शन, परिवार की इकाई में बाँटकर उसने मर्यादा एवं नैतिक मूल्यों की रेखाएँ खींचीं ताकि इनसान जानवर से अलग दिखे और छोटे-छोटे झगड़ों में पड़ने की जगह वह विकास के कामों पर अपना ध्यान केन्द्रित करे। विकास-चक्र घूमा। विकास के साथ पुराने धर्म और मर्यादाएँ अपनी परम्पराओं के साथ पीछे छूटती चली गईं और ज़रूरतों के साथ कुछ नये धर्म वजूद में आए और जिन्होंने नये क़ानून दिये। मगर हर बार इनसान को लगा कि उसी के ईज़ाद किये धर्म उसकी आने वाली पीढ़ियों को वह सन्तुष्टि नहीं दे पाए जिसकी उसने आशा की थी। इस निराशा के बावजूद एक विचित्र सम्बन्ध भी धर्म से बनता नज़र आया कि वह लाख नई समस्याओं का हल न दे सकता हो मगर आत्मा को सन्तोष और विश्वास के साथ वही सुख देता जो किसी बच्चे को माँ की गोद में मिलता। इस संयोग ने धर्म से न इनसान को पूरी तरह काटा न ही धर्म को उसका इकलौता विकल्प बना रहने दिया, मगर 'ओल्ड विज़डम' का संस्कार उसके अन्दर जड़ जमाता चला गया। धीरे-धीरे कर संस्कृति के साथ तकनीक एवं विज्ञान में भी धर्म कुछ ऐसा घुल-मिल गया कि इनसान ने पूरी स्वतंत्रता और क्षमता के साथ उसका प्रयोग अपने लक्ष्य की पूर्ति के अनुसार करना शुरू कर दिया—चाहे वह परिवार हो या समाज, व्यक्ति हो या समूह, राजनीति हो या बाज़ार, अत्याचार हो या जालसाज़ी, उसने धर्म का हर तरह से दोहन किया। और आज नई सदी में धर्म सबसे बड़ा हथियार बन जाता है—शत्रु का ध्वंस करने का, अवाम को बेवकूफ़ बनाने का, किसी देश पर आक्रमण करने या फिर किसी को दोषी साबित करने का। हम इसको पुराना कहने के बावजूद इसे पूरी तरह नकारते नहीं हैं क्योंकि बुरे समय का यह एक ऐसा हथियार है जो हमारे बहुत काम का साबित होता है, यह बात हम सबने पिछले वर्षों में देखी, सुनी और सही है।

धर्म के कर्मकांड को भले ही आप रोज़ न निभाएँ मगर उसकी मौलिक अच्छी बातें, विशेषकर बचपन में जो सीख के रूप में दी जाती हैं, वह आपमें घर कर जाती हैं। अक्सर वह तंग नज़रिया भी जो अपनी निष्ठा के अतिरेक में दूसरों के विश्वास

को छोटा कर देखने का बताया-समझाया जाता है, वह कहीं-न-कहीं आपके अन्दर गहरा बैठा रहता है और मौक़े-मौक़े से बाहर निकलता है—कभी अमृत बन और कभी विष बन। विष की समझ जिनमें होती है, वे आगे चलकर अपने विवेक से उसे अपने मन-मस्तिष्क से निकालकर एक स्वस्थ दृष्टिकोण अपनाते हैं और अनुभवों से बहुत कुछ सीखते हैं। यह अनुभव किताबी भी होते हैं और व्यावहारिक भी। जो आपको यात्राओं, अपने से अलग तरह के लोगों के जीवन, विचार, दर्शन से टकराने के बाद हासिल होते हैं और आपकी जड़ता टूटती है। यह भी एक विचित्र संयोग है। कुछ लोग अपने धर्म को लेकर अन्धे हो उठते हैं और कुछ को अपना धर्म बेकार लगता है और ये लगातार दूसरे धर्म को प्रशंसात्मक नज़रों से देखकर यह तक कह उठते हैं कि यदि मुझे छूट होती तो मैं फलाँ धर्म अपना लेता, परन्तु वे ऐसा करते नहीं हैं। मगर अपवाद आज भी मौजूद हैं कि लोगों ने अपनी पसन्द के धर्म चुने और अपनी शर्तों पर जीवन व्यतीत किया, चाहे उनके परिवार व समाज ने उन्हें जात बाहर किया या फिर हुक्का-पानी बन्द करने का क़दम उठाया। उन्होंने इन दोनों को छोड़ा और मस्त रहे। कुछ इससे भी आगे निकल गए। उन्होंने धर्म को और उसके हैंगओवर तक को अपनी ज़िन्दगी से ख़ारिज कर दिया और समय की सच्चाइयों, ज़रूरत और तर्क के साथ एक नये दर्शन को जन्म दे अपना जीवन व्यतीत किया।

आम इनसान से हटकर एक लेखक का द्वंद्व अधिक वैचारिक और मानवीय होता है। वह आम इनसान से न उसका पुराना विश्वास क्रूरतापूर्वक छीनना चाहता है और न ही उस सच्चाई से आँखें मोड़ पाता है जो उसे नज़र आती है। उसे सन्तुलन बनाकर चलना या तटस्थ बने रहना भी पसन्द नहीं। वह आगे आने वाले समय पर नज़र रख ऐसी बात लिखना चाहता है जो इनसान को मुक्त करे उस डर, जड़ता और अन्तर्विरोधों से जो ज़िन्दगी को प्रवाह न देकर उसे अवरुद्ध बनाता है। ज़िन्दगी और पानी की एक ही नियति है कि उसे बहना है—हर उस बाधा को तोड़ते हुए, जो उसकी राह रोके। मगर उस बहाव में भी एक अनुशासन की माँग होती है जो दूसरों के लिए रास्ता सुगम बनाए ताकि आने वाली पीढ़ियाँ उस राह को अपनाकर इसी समझदारी से आगे आने वाले रास्ते की रुकावट को दूर कर अपनी अगली पीढ़ियों के लिए नये भविष्य का निर्माण करें।

इधर हुई अनेक घटनाएँ इस बात की साक्षी हैं कि धर्म में उनका निदान नहीं है और धर्म-पंडित अपने विवेक और ज्ञान के आधार पर ऐसा कोई विकल्प न दे

पाए जो न्यायसंगत हो और उसमें खुलेपन की बयार की गन्ध हो, जिससे मनुष्य आश्वस्त हो सके कि धर्म क़ैदख़ाना नहीं बल्कि उसको तकलीफ़ों से मुक्त कराने का एक मानवीय विकल्प भी है, जो इनसानों से दोस्ती का पाठ पढ़ाता है, न कि उनके लिए नासूर बने।

यदि हम किसी कारणवश धर्म को लेकर अपनी बात कहना चाहते हैं तो मैं चयन इस्लाम का करूँगी, क्योंकि मैंने उसे बचपन से जिया है जिसके कारण मुझे थोड़ी-बहुत मालूमात है। अध्ययन से पता चलता है कि यह धर्म कई मायनों में आधुनिक है क्योंकि नया है। इसमें एक ख़ास तरह का लचीलापन है जिसके कारण वह जिस देश में जाता है, वहाँ के रंग और ज़मीन में पैवस्त हो जाता है। भले ही उसका उद्गम अरब का इलाक़ा हो, अरब मिज़ाज को सामने रखकर ही उसका ढाँचा तैयार हुआ हो जिसमें दर्शन, शरीयत लॉ और मान्यताएँ उसी की रेगिस्तानी ज़मीन से वजूद में आई हों मगर जब वह अपनी ज़मीन छोड़ अफ्रीका, चीन, मध्यपूर्व एवं मध्य एशिया के देशों में यात्रा करता है तो वहाँ की भौगोलिक, सामाजिक स्थिति में रच-बस जाता है। यह तथ्य भी अपने में दिलचस्प है कि इस्लाम में जहाँ लचीलापन है, वहीं पर 'धर्म पुस्तक' को लेकर कोई समझौता नहीं। क़ुरान की भाषा अरबी है जिसमें वह नाज़िल हुआ है और दुनियाभर के किसी भी भाषा के बोलने वाले अपनी तरह भले ही उसके अक्षरों का उच्चारण कर लें मगर वे पढ़ेंगे उसको उसी अरबी भाषा में ही। उसके अर्थ को समझे बिना भी वे अपनी इबादत को गहरी निष्ठा से अंजाम देते हैं। जिन्हें अर्थ समझना होता है, वहाँ अनुवाद का सहारा लेते हैं।

इस्लाम इनसान की बराबरी और इनसान की आज़ादी का पैग़ाम लेकर आया। उसने पूरी दुनिया के इनसानों को एक परिवार का माना। उसने अरबों को जो जाहिलाना ज़िन्दगी के आदी थे, उन्हें तौर-तरीक़े साफ़-सुथरे और खानपान में एहतियात बरतने का एक ब्योरा दिया। इस तरह की अनेक बातें हैं जो वहाँ दर्ज हैं मगर जब इस्लाम ख़ुराफ़ाती ज़हनों तक पहुँचा तो उसको न केवल अपने मूल मुद्दों से हटता पाया गया बल्कि उस पर सवारी गाँठ लोग सत्ता और व्यवस्था की जड़ें मज़बूत करने लगे। यहाँ पर यह भी ध्यान देना ज़रूरी है कि इस्लाम ने अपने समय को देखते हुए किस तरह की आज़ादी इनसान को दी। उसकी एक मिसाल देखिए : अगर किसी औरत के ज़हन में किसी ग़ैर मर्द का ख़याल आता है तो बेहतर है कि वह अपने पति से तलाक़ ले, उस आदमी से शादी कर ले और खयानत करना बन्द

कर दे। यहाँ मुख़ातिब औरत को किया गया है, मगर मर्द की साझेदारी के बगैर नहीं। इस वक्तव्य में मर्द को भी हुक्म दिया जा रहा है कि वह औरत की मजबूरी को समझे और उसे फ़ौरन आज़ाद करे। (आज क्या सभ्य समाज, विकासशील देशों में ऐसा सम्भव हो पा रहा है? क्या कहीं भी खुला संवाद मर्द-औरत के बीच स्थापित हो पाया है?) इस्लाम व मध्यपूर्वी देशों के शोधकर्ता फ्रेंच विद्वान एडिन्सन का कहना था कि यदि सेक्स कार्ड दुनिया को दिये जाएँ तो उनमें से एक से सारी दुनिया काम चलाएगी और नौ कार्ड अरबों को चाहिए। इसीलिए इस्लाम ने सेक्स को लेकर बड़ा मनोवैज्ञानिक विश्लेषण किया है। उसने इनसानी कमज़ोरियों को पहचाना है और कड़े प्रतिबन्ध जो साइंटिफ़िक नहीं हैं और वह मुक्त विचरण जो पशुओं का मिज़ाज है, उसको नकारा है। विधवा की दूसरी शादी या फिर अपने से बड़ी उम्र की औरत से शादी को बढ़ावा तो है मगर हर औरत से आप शादी नहीं कर सकते हैं। इसके लिए एक सूची है कि कौन औरत पत्नी के रिश्ते में बँध सकती है। दूसरे, तीसरे विवाह की इजाज़त भी इसीलिए दी गई है कि रखैल रखने या जनाकारी करने से बेहतर है कि बाक़ायदा निकाह आप कर लें। इसी सिलसिले में एक ज़िक्र भी ज़रूरी है कि जब जंग के कारण अरसे तक मर्द घरों से दूर रहे और उन पर नैतिक पाबन्दियाँ भी आयद थीं तो सलमान फ़ारसी ने पूछा था कि या रसूल, क्या इसे काटकर फेंक दें? उस हालात को मद्देनज़र रखकर मुताह या सीग़ा की इजाज़त दी गई मगर इस शर्त के साथ कि आप अपनी जिस्मानी भूख मिटाने के लिए मुताह केवल विधवा स्त्री से करें जिसकी ज़रूरत भी साथ-साथ पूरी हो। यह इनसानी ज़रूरत जंग की वजह से वजूद में आई और इस समस्या का हल रसूल ने ढूँढ़ा जो आज भी कुछ देशों में रायज है। एक सामाजिक गम्भीर समस्या किसी विशेष कालखंड में किसी तरह भ्रष्टाचार में बदल जाती है और इनसान की हवस की पूर्ति में तब्दील हो जाती है। इसकी सूचना हमें जहाँ है, वहीं हमें इस बात का इल्म भी है कि जंग में भूखे सैनिक किस व्यवहार को अपनाते हैं। इसी सिलसिले की कड़ी संगसार भी है। संगसार का ज़िक्र कहीं भी मौजूद नहीं है। मगर सऊदी शहज़ादी संगसार हुई। ईरान में भी एक-दो क़िस्से होते यदि उन्हें संगसार करने का सेक्शन इस्लामिक अदालत द्वारा मिलता।

ऊपर लिखी पृष्ठभूमि जो बेहद संक्षिप्त ही नहीं बल्कि चन्द बातों तक महदूद है, उससे अन्दाज़ा थोड़ा-बहुत लग जाना चाहिए कि एक मुसलमान किन मान्यताओं और विश्वास के बीच बड़ा होता है। यदि वह लेखक हुआ तो उसको किसी भी

एतराज़ के लिए क़लम उठाने से पहले उस तथ्य को जानना बहुत ज़रूरी होता है। अक्सर अध्ययन के दौरान उसे पता चलता है कि जो व्यवहार में रायज है, वह लिखित नहीं है। जो लिखित है, उसका किसी को पता नहीं है। एक लेखक के नाते जब मैंने शरीयत लॉ पर कहानी लिखने की सोची तो मेरे सामने कई तरह के सवाल थे। ख़तरा ग़लत समझे जाने का भी था। उस समय ख़ौफ़ को तो मैंने निकाल फेंका। कहानी लिखनी शुरू की और औरतों के हक़ में जाने वाले क़ानूनों को मैंने उठाया। कहानी अपने रास्ते चली। कहानी के प्रवाह, कला, तकनीक पर उस शरीयत लॉ का कोई असर नहीं पड़ा। यदि आप कहानी पढ़ें तो आपको स्वयं महसूस होगा कि उन कहानियों के पात्र क़ानून से आगे जाकर खड़े हो एक नया सवाल, नया हल और नया आकाश तलाश लेते हैं क्योंकि वे हरक़त में हैं। आज की तारीख़ में यदि मैं 'गुड़िया' की कहानी लिखने बैठती हूँ और सोचती हूँ कि उसे पहले शौहर के पास वापस जाना चाहिए था या दूसरे के पास रह जाना, तो मैं उसमें शरीयत लॉ भी तलाश करती। जैसे बिना तलाक़ के यदि दूसरी शादी नाजायज़ है तो बिना दूसरे शौहर को तलाक़ दिये पहले के पास जाना किस नैतिकता की बात करता है? उस बच्चे का क्या होगा जो किसी ग़ैर से है? मैं इसका हल कहानी में कुछ यूँ निकालती कि माँ-बाप के लिए बच्चा जितना ज़रूरी है, उतना ही बच्चे के लिए माँ-बाप। मेरी कहानी का अन्त होता गुड़िया की क़ुर्बानी बेटे के लिए और मेरी कहानी का मौलवी मानवीय स्तर पर फ़ैसला लेता कि पाँच या सात वर्ष का क्या फ़र्क़। जो गुज़र गया, वह तौफ़ीक भूल जाए। मगर असली ज़िन्दगी में एक ऐसा फ़ैसला लिया गया जिससे सभी परेशान थे और आनेवाला समय बताएगा कि सौतेले बाप का व्यवहार क्या होगा जब उसके अपने बच्चे होंगे? उस समय क्या मौलवी उस बच्चे की पुकार पर इंसाफ़ दिलाने आएँगे?

एक लेखक के नाते धार्मिक वर्जना के प्रति मेरा पहला आक्रोश 'ताबूत' कहानी में निकलकर आता है, जहाँ इनसान की ज़िन्दगी से कहीं ज़्यादा धार्मिक कर्मकांड महत्त्वपूर्ण हो उठते हैं और इनसान की जिस्मानी ज़रूरतों को नज़रअन्दाज़ कर दिया जाता है। फिर 'पुले सरात', 'आए तौबा', 'पहली रात', 'गूँगा आसमान', 'इब्ने मरियम', 'कनीज़ बच्चा' इत्यादि। अनेक तरह के सवाल थे जो मुझे चुभते थे, जिन्हें मुझे अपनी सोच से निकाल सृजन में लाना था। मुझे याद है कि वाजदा तबस्सुम मेरी पसन्दीदा लेखिका रही हैं जिनकी कहानियाँ 'उर्दू साहित्य' के नाम से हिन्दी में पढ़ते थे। सुना था, जब उनकी कहानी की घोषणा 'शमा', 'सुषमा' पत्रिका

में होती तो उस अंक की बुकिंग या सेल चौगुनी हो जाती। उनके यहाँ विश्वास था। उसी विश्वास को उन्होंने कई कहानियों में इस्लामी नज़रिये को लेकर उतारा, बतौर मिसाल अपनी रचना को उन्होंने सास और दामाद के सम्बन्धों में दिखाया। कहानी बयान व ज़बान में बेजोड़ थी मगर उनका क़लम आज़ादी के नाम पर इनसानी कुंठाओं को खोलने की जगह 'शॉक' देने लगा। 'नथ की उतरवाई' जैसे नाम दे-देकर उनके पति ने अपना प्रकाशन तो खोल लिया मगर वाजदा तबस्सुम जाने कहाँ खो गईं! उनके प्रति बढ़ी पाठकों की चाहत ख़ौफ़जदा होने लगी क्योंकि उन्होंने एक रचनाकार का दायित्व छोड़ दिया था। वह अपने क़लम के चमत्कार पर यक़ीन रखने लगी थीं। उनके लेखन से आम इनसान ग़ायब हो गया था जिसकी ज़ंजीरें वह बड़ी बारीक़ी से खोलती थीं। पढ़नेवाला एक तरफ़ थपकन महसूस करता था तो दूसरी तरफ़ आज़ादी। यह वह मुक्ति थी जो आपके अन्दर के इनसान को बड़ा बनाती है।

आज का भारतीय समाज एक तरफ़ जितना खुला हुआ है, दूसरी तरफ़ उतना ही जकड़ा हुआ है। औरत-मर्द, दोनों ही अन्तर्विरोधों के शिकार हैं। बुद्धिजीवी भी, मिसाल के तौर पर, समाज और इनसानी बातें बड़े प्रोग्रेसिव ढंग से करते हैं मगर जब बदलाव की बात उनके घर में होती है तो उनका लेखन उनके परिवार से टूटकर अलग हो जाता है। उस समय अक्सर वह जड़ मान्यताओं और रस्म व रिवाज की बात करते हैं। बल्कि दूसरे यदि कुछ नया करने जा रहे हैं तो उनकी आलोचना भी करते हैं। इसलिए वे जो धर्म को महत्त्वपूर्ण नहीं समझते, वे मेरी कहानी 'पंचनगीना वाले' छापने का हौसला क्यों नहीं दिखा पाए? यह कहानी कई मैगज़ीनों से गुज़रती बिना छपे ही मेरे संग्रह में दाख़िल हो गई। इस कहानी के पीछे मेरे सब माइंड में ज़रूर वे कांड होंगे जो धर्म व ज़ात के नाम पर प्रेमियों को पेड़ पर लटका देने में अपना बहुत बड़ा सामाजिक व धार्मिक योगदान समझते हैं। जब यह कहानी नित्यानन्द जी ने पढ़ी तो उनका अध्ययन एक नई सूचना दे गया कि खत्रियों में तो चचाजाद भाई-बहनों में विवाह होता है। वैसे भी इस तरह के विवाहों की संख्या अधिक न भी हो तो (ग़ैर खत्रियों में) भी अपवाद कम नहीं हैं। लेखकगण जब अपनी सोच में दूसरे धर्म पर होती आलोचना को लेकर तो उदार हो उठते हैं मगर अपने धर्म के प्रति वही व्यवहार अपना लेते हैं, जैसा कि एक आम इनसान संकीर्ण हो उठता है। मगर ऐसे लोग जितने भी हों, उससे ज़िन्दगी को कोई फ़र्क़ नहीं पड़ता, वह उनकी जड़ता को धता बताकर आगे बढ़ती रहती है।

जहाँ ज़िन्दगी सामाजिक जकड़न में घुटती है वहाँ धर्म भी कुछ नहीं कर पाता है। परम्पराएँ और मनौतियाँ समय के गुज़रने के साथ अपनी ज़मीन रचती हैं, बतौर मिसाल, सभी इस्लामिक देशों में विधवा का दूसरा विवाह मान्य है। कभी-कभी तो विधवा की मर्ज़ी के बिना भी विवाह अंजाम पाता है क्योंकि इसमें तर्क यह है कि विधवा, ऊपर से जवान विधवा, का बिना मर्द के रहना सामाजिक फ़साद को बुलावा देना है जो न घर-परिवार के लिए ठीक है, न समाज के लिए। मगर इस मिली आज़ादी का प्रयोग कितने भारतीय मुस्लिम परिवार कर पाते हैं? भारतीय संस्कृति में साँस लेने वाली स्वयं मुस्लिम विधवाएँ इस बात पर राजी नहीं हो पाती हैं और न ही मर्दों की मानसिकता इस तरह की नेकी की बन पाती है कि वे अपने परिवार की विधवा का बेड़ा पार करने का कर्तव्य निभाएँ। इस दृष्टि से हम देखते हैं कि इस्लाम जहाँ अपनी धार्मिक बातों पर अटल है, वहीं पर वह परिवेश एवं सांस्कृतिक रस्म व रिवाज के मुताबिक़ जीने की आज़ादी भी देता है। मगर हुआ क्या? यही कि चार शादियों का तमाशा बनाकर कितने हिन्दू सरकारी नौकरी के जाने के डर से मुसलमान हुए और उन्होंने दूसरा विवाह कर लिया?

प्रगतिशील विचार का होना एक अलग बात है और अपनी व्यक्तिगत स्वतंत्रता पाने के लिए प्रोग्रेसिव कहलाना अलग बात है। धर्म के सभी बन्धनों का मज़ाक़ उड़ा अपनी वासना के लिए बेलगाम जीवन जीना प्रगतिशील होने की निशानी नहीं है। यदि आप विवेक रखते हैं तो यह भी समझें कि इनसानों के साथ धोखा करना कोई अच्छी बात नहीं है मगर इसके बाद भी सबकुछ घटता है—कहीं पर अवसरवादी मनोवृत्ति के कारण तो कहीं पर कुटुम्ब की ज़िम्मेदारियों से भागने के चक्कर में। इनसानियत और स्वतंत्रता, काम और प्रेम पर भाषण देने वालों ने सोचा है कि उनके जीवनसाथियों को भी बदन की भूख सताती होगी जिसको लेकर वे इतने संवेदनशील एवं सौन्दर्यबोध से लदे-फँदे हैं? इस तरह के जीवन व्यतीत करने वालों के साहित्य में जीवन कितना, कैसा और गहरा उतरता होगा, यह अपने में एक बड़ा प्रश्न है। क्योंकि जीवन अनुभवों से खिलता है मगर उसमें लक्ष्य एवं दिशा की गन्ध और पराग का होना भी ज़रूरी। इस्लाम के आने से पहले एवं स्वयं रसूलेख़ुदा के परिवार में औरतों की संख्या अधिक रही है। उनके व्यक्तित्व में विभिन्नता एवं चुनौतियाँ रही हैं। उर्दू साहित्य में साहित्यकारों ने अपने लेखन में उन घटनाओं और नामों का ख़ूब प्रयोग किया है। उससे उनकी लेखनी में अर्थ की गहराई और ऐतिहासिक संकेत सम्प्रेषण हुआ मगर जिस तरह हिन्दी में पिछले वर्षों

में, विशेषकर ऐतिहासिक नारी पात्रों द्वारा वर्तमान सवालों का जवाब ढूँढ़ने की एक परम्परा चल पड़ी है। वह सोचने को मजबूर करती है कि धर्म, वह भी पुराना धर्म, आज के वर्तमान पर कितना हावी है। बतौर मिसाल, चारों भाइयों की जलसमाधि का ज़िक्र बहुत कम साहित्य में आया है मगर बात-बात पर राम की ज़्यादती का रोना ज़रूर पढ़ा है जो उन्होंने सीता के संग किया। क्या राम, लक्ष्मण, शत्रुघ्न को कोई ग़म न था? उनकी मानसिकता का ब्योरा केवल इतना है कि वे मर्द थे। इस तरह की रचनात्मकता, जिसे मैं सृजन नहीं कहूँगी मगर इतिहास का पुनर्पाठ या पुनर्लेखन किसी एक व्यक्ति की इच्छा से किया जाना अवश्य समझूँगी। हिन्दी में धर्म की पुरानी बातों को लेकर जितना विमर्श किया जाता है और प्रोग्रेसिव व्यक्ति अपना आक्रोश गुज़रे समय की घटनाओं और वाक़यों पर व्यक्त करते हैं—काश, उनकी पकड़ अपने समय पर इतनी मज़बूत और गहरी होती कि वह हर तरह की क़ीमत चुका उस फ़साद से लड़ते जो आज का इनसान जानवर बन दूसरे इनसान को झिंझोड़ रहा है!

जब हम धर्म को किसी भी सन्दर्भ में उठाते हैं तो केवल उसका कोई वाक्य उठा उस पर बात करते हैं जिससे पढ़ने वाले को अक्सर अधूरी सूचनाएँ मिलती हैं, जो उचित नहीं है। इसलिए धर्म को सृजन में लाना कई तरह के ख़तरों को बुलावा देना भी साबित हो उठता है। मैं इसके पक्ष में नहीं हूँ कि क़दम-क़दम पर आप अपनी आयतों एवं मंत्रों को उद्धृत कर बरसों पुरानी सोच को बार-बार दोहराकर उसमें नया जीवन प्रवाहित करें। आज कितने लोग हैं जो मनुस्मृति एवं सुरअ-ए-निसा पर अपने विचार व्यक्त कर बताते हैं कि सबकुछ कितना पिछड़ा और क्रूर है, मगर क्या उन्होंने अपने सम्बन्धों की जाँच-पड़ताल की है कि पत्नी के रहते उन्होंने जवान लड़कियों से सम्बन्ध तो बनाए मगर उन्हें ब्याहता बना उनकी माँग में सिन्दूर या अफशाँ नहीं भरा? चुपचाप गुनाह की लज़्ज़त लेना और बात है मगर वास्तव में उन सम्बन्धों को ईमानदारी से जीना अलग। अक्सर व पेश्तर गुनाह करने में भी वे निष्ठावान नहीं रहते हैं, यह बात दोनों ही पक्षों पर सही उतरती है।

इस्लाम के शिया समुदाय में ठीक ब्राह्मणों की तरह कर्मकांड और धार्मिक वर्जनाएँ हैं। इस समानता का अहसास मन्दिरों व इमामबाड़ों की सजावट, भजन-कीर्तन और नौहा-मर्सिया को लेकर नज़र आता है मगर जब नाटक 'बरखा व अग्नि' देखा तो पहली बार गहरा अहसास जागा कि धर्म यदि कोई समझने और मानने पर आए तो उस बन्धन से मुक्ति कठिन होती है। आपकी मानसिकता में कर्तव्य,

अच्छाई, बुराई, पुण्य, पाप कूट-कूटकर भर जाता है—जाने और अनजाने, जिनसे मुकरना नामुमकिन है और मुकर जाएँ तो कहीं कुछ बेचैन किये रहता है। धर्म के साथ ही आपका समुदाय, इलाक़ा और परिवेश भी आपके पैरों में ज़ंजीर डालने में सक्षम है। कभी-कभी मानवीय मूल्य भी!

मुझे याद है कि शाह के दौर में फुटपाथ पर बड़े-बड़े लेखकों की पुस्तकें बिकती थीं। बड़ी दुकानों में जिनमें कपड़े, मशीन, मेकअप सामान के साथ किताबों की भी दुकान होती थी। फुटपाथ पर आइसक्रीम खाते, सिनेमा जाते जवानों के लिए एक मिनट ठहर 'शायरी' को ख़रीदना आसान होता था। इसलिए संग्रह ख़ूब बिकते मगर इंक़लाब के आरम्भ में सोवियत लिटरेचर के समेटने के बाद न वहाँ उतना साहित्य रहा, न अनुवाद। वहाँ केवल धार्मिक किताबें बिकती थीं। पास से गुज़रते हुए महसूस होता था कि सबकुछ जड़ हो रहा है। ऐसा नहीं है कि नौहा, मर्सिया, मुनाजास, संक्षेप में मज़हब से ताल्लुक़ रखने वाले या मज़हब पर लिखने वाले लेखक नहीं हैं। उनके पुस्तकालय, प्रकाशन, दुकानें हैं जो करोड़ों की संख्या में पुस्तकें बेचते हैं। कभी पुरानी दिल्ली व लखनऊ की दुकानों को जाकर देखें। उनको ख़रीदने, उन पर बहस करने वाले पाठकों की संख्या भी कम नहीं है मगर उनका अपना एक अलग मुक़ाम है। वे साहित्य में उस रूप में दाख़िल नहीं हो पाते हैं, जैसा कि फ़िलहाल चन्द लेखकों ने अपनी लेखनी उस ओर मोड़ी है। उन्हें पुरस्कार भी प्राप्त हुआ। वह उस समय के संग कितना न्याय कर अपने प्रश्नों का जवाब पा सके होंगे, कह नहीं सकती मगर हाँ, सृजन की मौलिकता से पलायन व समय की आग से सीधा साक्षात्कार करने से बचने का यह उपमार्ग ज़रूर लगता है।

आज भारतवर्ष के मुसलमानों के बीच जो चन्द अहम् सवाल, चाहे वह शाहबानो केस हो, मॉडल निकाहनामा हो या फिर कोई और मसला, उसमें मौलवियों की भारतीयकरण भूमिका का सहयोग रहा है। उनकी सोच में इस्लाम की वैचारिक एवं दार्शनिक सोच का प्रभाव कम और अपने भारतीय परिवेश का असर ज़्यादा रहा है। बतौर मिसाल जो महत्त्व हिन्दू धर्म के पंडितों व धर्मगुरुओं को प्राप्त है, उसकी महिमा को देख वे भी सत्ता की चाह कर बैठे हैं। जहाँ सऊदी में निकाहनामा की शर्तें औरतों की ज़रूरत को देखते हुए रखी गई हैं, वहाँ भारत में मॉडल निकाहनामे में भी वह अपना वर्चस्व नहीं छोड़ पाए हैं। सारे मध्यपूर्वी देशों में तलाक़ के बाद 'मताह' का रिवाज है। यहाँ इस पर ग़ैरज़रूरी बहस चलती रही कि तलाक़ के बाद ग़ैरतदार औरत को शौहर का दिया ख़र्चा मंजूर क्यों? धर्म किसी एक व्यक्ति का

नज़रिया नहीं है बल्कि उसके अपने सिद्धान्त हैं। यदि आप धर्म मानते हैं, आपकी निष्ठा उस पर है तो आँख बन्द कर उसके क़ानून को मानें क्योंकि बात किसी एक की न होकर धर्म के नियमों पर आधारित होती है। इन मुद्दों पर सामाजिक लेख जब लिखे जाते हैं तो वह भी धार्मिक बहसों और धार्मिक स्कूलों के नज़रिये या फिर अपनी व्यक्तिगत राय से लिखे जाते हैं जिस पर ज़ोर इस बात पर दिया जाता है कि इस्लाम में कुछ भी नहीं बदल सकता है। यह बात केवल क़ुरान तक सही है जो आसमानी किताब है मगर ज़रूरत के मुताबिक़ तो आपको अपने बनाए क़ानूनों में लचक लाने की मनाही नहीं है, जैसा अरब देशों में हो रहा है और दुनियाभर की औरतें अपने ऊपर लगी पाबन्दियों को धर्मग्रंथ पढ़कर समझ रही हैं और अपने अधिकार स्वयं हासिल कर रही हैं। इस्लाम तो अपना निकाह ख़ुद पढ़ने की भी इजाज़त देता है, उसके लिए धर्मगुरु की आवश्यकता इतनी नहीं जितनी उस आयत को पढ़ने की, जो निकाह के समय पढ़नी ज़रूरी होती है ताकि मर्द-औरत के बीच बना सम्बन्ध गरिमा पा सके और आने वाली पीढ़ी वैध मानी जाए। औरत और बच्चा किसी भी प्रताड़ना के समय अपने अधिकार की माँग कर सकें।

सृजनात्मक लेखन की अपनी ज़मीन और आसमान होता है। वह किसी भी धर्म एवं विचारधारा से अलग अपना संसार रचता है। उस संसार में जहाँ चरिन्द व परिन्द, इनसान एवं प्रकृति और बहुत-सी चीज़ें और मौजूद होती हैं, उसी तरह धर्म का भी हस्तक्षेप या ज़रूरत के मुताबिक़ उसका दाख़िला होता है, मगर एक इनसान में जिन संस्कारों ने बुनियाद जमाई है, वह कहीं-न-कहीं उसके सृजन में झलकती है। अक्सर ऐसा होता है जब क़ानून, धर्म, अंकुश, परम्परा, जात-पाँत सब धरे के धरे रह जाते हैं और सृजन मर्द-औरत के बीच के आकर्षण को एक नया आकाश दे बैठता है। वहाँ पाप का कोई वजूद नहीं। जो घटता है, वही धर्म, वही नैतिकता होती है क्योंकि जो सम्बन्ध अपना रूप धारण करता है, वह दो इनसानों की आपसी समझ, अनुराग और आकर्षण पर आधारित होता है। ऐसी ही स्थिति पर 'संगसार' कहानी का जन्म होता है, जहाँ कहानी के अन्त में मौत की सज़ा मिलने के बावजूद वह अपनी आख़िरी ख़्वाहिश में अपनी 'खोई जन्नत' की ही माँग करती है। वह फ़ाँसी पर जिस रात चढ़ती है, उस रात घरों में चूल्हा नहीं जल पाता है और हर मर्द-औरत एक-दूसरे से आँख चुराते हैं।

समय के अन्तराल पर यदि हम नज़र डालते हैं तो शकुन्तला का गन्धर्व विवाह और फिर अँगूठी का खोना, पिता का बेटे को न पहचानना, सारी कहानी

का रस निचोड़कर उसमें स्त्री विमर्श को ले आना कितना न्यायसंगत है, कह नहीं सकती। मगर आज हम देखते हैं कि बिना अँगूठी, बिना किसी धर्मपाठ के, बिना किसी वचन के अपनी पसन्द के मर्द के साथ औरत रात गुज़ारती है और बिना किसी शिकवे के अपनी शर्तों पर उस बच्चे को पालती है। मुड़कर न उधर जाती है, न ख़र्चा-पानी माँगती है—न बाप का नाम, न जायदाद में हिस्सा। बदन के सुख को बराबर से बाँटा गया। उस सुख की निशानी यदि कोई ताउम्र सँजोना चाहता है तो उसकी स्वतंत्रता के हनन का हक़ न समाज को, न परिवार को, न उस मर्द को मिला है। क्योंकि कोख की स्वामिनी स्वयं औरत है। अपनी ज़िन्दगी से लिखी कहानियाँ आज हमें जीवित पात्रों के रूप में नज़र आ रही हैं और हम दुहाई दे रहे हैं हज़ार साल पहले गुज़री घटनाओं में हुए अधिकार हनन की।

मैं जब भी सोचती हूँ कि धर्म और क़ानून आपको भौतिक सुरक्षा तो दे सकते हैं मगर भावनात्मक नहीं, आख़िर ऐसा क्यों? दो प्रेमी भी दुनिया से बग़ावत कर साथ-साथ रहने की क़सम खाते हैं, फिर जाने कहाँ से एक तीसरा शख़्स कुछ दिनों बाद आ जाता है और नया सम्बन्ध खिल उठता है—कहानी अपना रुख़ बदल लेती है। मुझे अपने सवाल का एक ही जवाब मिलता है कि क़लम अर्थात सृजन और इनसान यानी ज़िन्दगी, दोनों को बाँधकर रखना मुश्किल है। वे हर धर्म और हर नैतिक परिपाटी से आगे निकल अपनी उपस्थिति दर्ज करने का दम रखते हैं।

['हंस' : 2005]

आँख का पानी मर चुका है

पिछले कुछ वर्षों से बाज़ारवाद, साहित्य, कला, प्रचार-प्रसार मीडिया पर बुरी तरह से हावी हो चुका है, जिसका सीधा असर घर-परिवार पर पड़ रहा है। नई पीढ़ी को संस्कार उसके माँ-बाप, दादा-दादी या नाना-नानी नहीं दे रहे हैं बल्कि छपे और बोले शब्द दे रहे हैं। बाज़ार ने उन्हें यह सिखा दिया है कि रिश्ते-नाते नहीं बल्कि उत्पादन अहम् है जो अहसास में ख़ुशबू भरते हैं। प्यार का अर्थ बलिदान, धैर्य, विश्वास और आदर नहीं बल्कि अमुक साबुन, सूट, इत्र और उपभोग की वे सारी वस्तुएँ जो बाज़ार में उपलब्ध हैं, उन्हें आपके घर में होना चाहिए। अब आँखों से झलकते जज़्बात महत्त्वपूर्ण नहीं बल्कि मसकारा, क्रीम और शैम्पू आपके बीच के सम्बन्ध को तय करेंगे।

जहाँ उपभोग की इन वस्तुओं से काम नहीं चलता है, वहाँ पर सेक्स का तमाशा चलता है। पहले ढके-छिपे हुस्न की अहमियत थी मगर अब ख़ुदा के बनाए जिस्म की नुमाइश ही सबकुछ है। इसका बयान कहानी, लेख में हमें नज़र आता है तो कभी टीवी पर बाज़ार और सेक्स का मिला-जुला रूप देखने को मिलता है। अंग्रेज़ी के कुछ समाचार-पत्र स्त्री-पुरुष सम्बन्धों को लेकर इस तरह के लेख छाप रहे हैं कि 'आप बेडरूम में क्या पहनें और किस तरह अपने साथी को रिझाएँ'। उन्हें पढ़कर शर्म महसूस होती है कि क्या हम वेश्या बनने की ट्रेनिंग तो नहीं दे रहे? अहसास की ख़ुशबू और बदन की गन्ध को आप भटकाकर उन दुकानों पर ले जा रहे हैं, जहाँ सजी चीज़ों को बेचना ज़रूरी है? आज इसीलिए तलाक़ बढ़ते जा रहे हैं। सम्बन्ध भी डिसप्ले की चीज़ बन चुका है। रात-दिन 'अंडरगारमेंट' के इश्तहार दिखाए जाएँगे और उसके बाद पूछा जाएगा कि सभ्य समाज में आज बलात्कार के केस बढ़ क्यों रहे हैं? बड़ी-बड़ी कामुक तसवीरों से पहले इनसानों के अन्दर की कमज़ोरी को खुलेआम बढ़ावा दिया जाए फिर उनके सम्बन्धों पर उँगली उठाई जाए?

दूरदर्शन चैनलों पर जो सीरियल दिखाए जा रहे हैं, उनसे नई पीढ़ी क्या सीखेगी? एक तरफ़ धार्मिक कर्मकांडों का वैभवपूर्ण दिखावा, दूसरी ओर बिना तलाक़ कई-कई विवाह करते जाना। हर औरत कुछ देर बाद टेढ़ी मुस्कान के साथ संकेत देगी कि वह बेहद ख़तरनाक है। यह कैसा सशक्तीकरण है महिलाओं का जिसमें वह पिता, पति, प्रेमी, भाई जैसे किसी भी मर्द के प्रति न ईमानदार है और न वफ़ादार? क्या वास्तव में हमारा समाज कुलटा और कुटनियों से भर चुका है? यद्यपि इन औरतों का वजूद हर देश-काल में होता है मगर इस पैमाने पर नहीं कि वे सब-की-सब जायदाद हड़पने में लगी रहें या फिर वे इतनी निष्ठावान दिखाई जाती हैं कि अवास्तविक लगती हैं।

किताब, वह भी साहित्य की, बिकने में ख़ासी देर लगती है। साहित्य फ़िल्म की तरह तो होता नहीं कि एक बार देख लिया चलो, छुट्टी हुई! वह आहिस्ता-आहिस्ता अपनी जगह बनाता है मगर कुछ हड़बड़िया लेखक सेक्स का बेजा बखान कर आनन-फ़ानन में अपने संग्रहों की बिक्री बढ़ाना चाहते हैं। इस तरह वे कला के दायरे से निकल कहीं और पहुँच जाते हैं और उसे बोल्डनेस या यथार्थ चित्रण का नाम दे देते हैं। दोनों चीज़ें अपनी जगह सही हैं मगर कलात्मक ट्रीटमेंट के बिना यह सब भद्दा लगता है।

औरतें जो अपने अधिकारों के प्रति सचेत हो गई हैं, उन्हें पति का अंकुश और सास की नसीहतें नहीं चाहिए। मगर उनको कम कपड़े पहनकर आँखें मटकाना, गन्दे इशारे करते नाचना-गाना और मक्कारी से भरे किरदार निभाना, ज़रूरत से ज़्यादा सजना-सँवरना क्यों बुरा नहीं लगता? नये-पुराने गानों पर नाच और अभिव्यक्ति का जो बेहया अन्दाज़ अपनाया गया है, वह औरत को इज़्ज़त से देखने के लिए कैसे प्रोत्साहित करेगा? म्यूज़िक एलबमों में छोटे-तंग कपड़े, लटके-झटके उन्हें संवेदना के स्तर पर कहाँ ले जाएगा?

इस पूरे परिदृश्य में औरतें ही स्वतंत्रता का किसी-न-किसी रूप में ग़लत इस्तेमाल करती दिखती हैं। वे गाने जो शादी-ब्याह के समय मिरासिनें गाली समझ गाती थीं, उनके गन्दे बोलों को हम रोज़ सुनते हैं और उस पर जवान लड़कियों को मटकते और शर्मनाक इशारे करते देखते हैं। यह कौन-सी कला है और हम कहाँ जा रहे हैं? लगता है कि हमने मर्यादा ताक पर रख दी है और समाज का सन्तुलन बाज़ार और सेक्स के बीच रस्साकशी में अपना सन्तुलन खो चुका है। 'शरीर हमारा है, उस पर हमारा अधिकार है' कहकर हम क्या बुनियादी सवालों से मुक्ति

पा लेंगे? बेजा खुलापन या कहें, नंगापन एक तरह का पागलपन है, बीमारी है। यह उन औरतों की फ़ितरत है जिनकी आँखों का पानी मर चुका है, तभी वे कभी सेक्स शॉप तो कभी फ़ैशन बाज़ार में अपना जिस्म बेचती फिरती हैं। इस परिदृश्य में कोई रिश्ता हमें अपना कैसे लगेगा?

हम जो समझते हैं कि यूरोप में बहुत खुलापन है और उसकी नक़ल हमें करनी चाहिए तो वह वहाँ के समाज के बारे में अधूरा सच है। पेरिस हो या लन्दन, वहाँ भी परिवार की अपनी सीमा है, जीवन के मूल्य और मर्यादाएँ हैं और लोग परिवार को लेकर गम्भीर हैं। भले ही विवाह से पहले शारीरिक सम्बन्ध बना लें, कुँआरी माँ के बच्चे को अपने यहाँ की तरह फेंक या मार नहीं दिया जाता। वहाँ के रेडलाइट एरिया में और सड़कों पर शराब पीकर डोलते, गालियाँ बकते जवान लड़के-लड़कियाँ एक विशेष वर्ग से आती हैं और सेक्स शॉप डॉलर घसीटने का साधन हैं जो अधिकतर पर्यटकों के लिए हैं।

तलाक़ के केसों का हाल यह है कि लड़की कम पढ़ी-लिखी हो या ज़्यादा मगर वह अपने पक्ष में बनाए क़ानूनों का दुरुपयोग कर पति या सास पर आरोप लगाएगी और तलाक़ के साथ मकान, जायदाद और ख़र्च की मोटी रक़म माँगेगी। दूसरी ओर वास्तव में लाचार लड़कियाँ अपनी शराफ़त या मजबूरी में जला दी जाती हैं या फिर त्याग दी जाती हैं। उन तक क़ानून भी मदद के लिए नहीं पहुँचता है। यह सब क्यों हो रहा है? वैसे हर बार यह समझना कि ग़लती ससुराल वालों और पति की ही है तो यह भी हमारी नादानी होगी।

लड़कियाँ जिस तरह केंचुल बदल रही हैं, उसे भी हमें ध्यान में रखना होगा। आज औरत को वह सबकुछ तो चाहिए ही, जो उसका अधिकार है और वह सब भी, जो वह पाना चाहती है। सबकुछ पाने की उद्दाम लालसा में वह दूसरों का अधिकार हड़पना भी गुनाह नहीं समझती है। जिस भाषा में टीवी और समाचार-पत्र अक्सर औरत की आज़ादी की बात करते हैं, वे उसका अर्थ ही ग़लत लगा लेती हैं। इस तरह की तेज़-तर्रार औरतों से वे स्त्रियाँ भी बेहद दुखी हैं जो स्वतंत्रता का सही अर्थ समझ परिवार के संग चलकर अपने व्यक्तित्व को भी निखारना चाहती हैं मगर घर और बाहर, दोनों जगह इन औरतों से न केवल उनका पाला पड़ता है बल्कि कभी उनका घर टूटता है तो कभी तरक़्क़ी का उनका चांस हाथ से निकल जाता है। अजीब दौर से हमारा समाज गुज़र रहा है।

['राष्ट्रीय सहारा' : 2006]

लूट पुरानी : चेहरे नये

पिछले दिनों लेखक क्रेस्टोफ़र क्रेम्मर की पुस्तक 'द कार्पेट वार्स' को पढ़ने का मौक़ा मिला। लेखक मध्यपूर्वी इलाक़ों और ईरान, अफ़ग़ानिस्तान, उज़्बेकिस्तान आदि मुल्कों में ख़ूब घूमा-फिरा है और इन मुल्कों में मची सियासी उथल-पुथल को उन्होंने एक नये दृष्टिकोण से अपनी पुस्तक में पिरोया है, जिसका मूल स्वर कालीनों का कारोबार या फिर दस्तकारों की ज़िन्दगी से जूझते हुए इन देशों के शोषण एवं वहाँ के जनमानस का चित्रण अपनी समझ और अध्ययन से किया है, जो रोचक भी है और ज्ञानवर्द्धक भी। ख़ासी मोटी किताब के पन्ने 234 पर पहुँचकर मैं चौंक-सी गई। वह सच मुझे क्रेस्टोफ़र के देखे बग़दाद से निकालकर मेरे अपने देखे बग़दाद की ओर ले गया, जहाँ से कुछ किलोमीटर की दूरी पर बेबिलोन पड़ता है।

अभी तक जो जानकारी बेबिलोन के ऐतिहासिक द्वार 'इश्तर' के बारे में थी, वह यह थी कि पूरा बेबिलोन खँडहर में बदल चुका था। इश्तर द्वार भी लगभग भूसा बन चुका था। पुराने चित्रों को देख सद्दाम सरकार ने वास्तुविद्, चित्रकार आदि को यह ज़िम्मेदारी सौंपी कि वे हूबहू वैसा ही द्वार बना डालें। इत्तफ़ाक़ देखिए, जब अमेरिकन हमला इराक़ पर हुआ तो समाचार माध्यमों ने गड़े मुर्दे उखाड़ने शुरू कर दिये, जिसमें यह भी एक मुद्दा था कि सद्दाम ने पुरानी तारीख़ी इमारतों से न केवल छेड़खानी की है, बल्कि उसकी नक़ल में झूठी चीज़ें भी खड़ी कर दी हैं। बेबिलोन पर जितने भी लेख मैंने पढ़े थे, उनमें बेबिलोन की बनावट का रहस्यमय बयान और उसकी खस्ता हालत का वृत्तान्त भी मौजूद रहा। मगर इस सच को किसी ने नहीं खोला कि असली इश्तर द्वार तो पूरा-का-पूरा परागामान म्यूज़ियम में खड़ा है, जो बर्लिन में है। यही वह सच है जो पेज नम्बर 234 पर अंकित है—1887 का जून माह, जब जर्मन वास्तुविद् राबर्ट कोल्डवे ने बेबिलोन को पहली बार देखा। घूमते हुए उन्हें मीनाकारी (रंगीन टाइल्स) किये हुए कुछ टुकड़े वहाँ पड़े मिले। उन ईंटों

को उठाकर वह बर्लिन वापस चले गए। ठीक बारह साल बाद पूरी तैयारी के साथ लौटे और तेरह वर्ष तक उस इलाक़े में वह व्यस्त रहे। इस खुदाई में इश्तर द्वार का हिस्सा भी शामिल था। बारह मीटर ऊँचा इश्तर द्वार वास्तव में 'मरदुक' के सम्मान में वहाँ बने देवालय का द्वार था, जहाँ नेबूचाडनीजार, डेरियस, अलेक्जेंडर जैसे महान राजाओं का राज था। यह वह समय था जब बेबिलोन का वैभव मिट्टी से निकाला जा रहा था और विश्वयुद्ध का मैदान बना यह इलाक़ा अपने हालात से जूझ रहा था। उस समय इश्तर गेट को उठाकर बर्लिन ले जाना राबर्ट कोल्डेवे के लिए बहुत मुश्किल काम नहीं था।

इराक़ ने वर्तमान समय में जाने कितनी बार इश्तर द्वार की वापसी की बात उठाई और कहा कि उस समय इस ऐतिहासिक एवं कला के नमूने की सुरक्षा के नाम पर उसे राबर्ट ले गए थे। अब सही समय आ गया है कि जर्मनी और ब्रिटेन उन सभी धरोहरों को उसे लौटा दें। मगर इस अनुरोध पर दोनों ने कान नहीं धरा। यह बात 1972, यूनेस्को कन्वेंशन में भी, जो कल्चरल प्रॉपर्टी को लेकर था, ज़ोरदार तरीक़े से उठाई गई मगर जर्मनी इससे बाहर ही रहा।

इस देश में युद्ध के बीज बोकर 2003 में भी इराक़ म्यूज़ियम और पुस्तकालय को लूटा और बर्बाद किया गया। इसके पीछे एक गहरी साज़िश है जो बरसों से चली आ रही है और पूरे योजनाबद्ध तरीक़े से लम्बे इन्तज़ार के बाद समय देखकर कार्यान्वित की जाती है। राबर्ट ने पूरे बारह साल इन्तज़ार किया और अमेरिका ने पूरी डेढ़ सदी लगाई कि सभ्यता का मानव संग्रहालय इराक़ में पर्यटकों को न आकर्षित कर अब ब्रिटेन और यूएसए में वह मजमा लगे ताकि आमदनी का स्रोत और बढ़े। यह लड़ाई केवल सद्दाम को धूल चटाने या इराक़ियों को डेमोक्रेसी का स्वाद दिलाने के लिए नहीं बल्कि पानी और पेट्रोल के साथ उसकी संस्कृति एवं सभ्यता के उन अवशेषों पर भी क़ब्ज़ा जमाना है, जो आने वाली पीढ़ियों के लिए हमेशा जिज्ञासा का कारण बना रहेगा और जिसको देखने के लिए पर्यटक इराक़ न जाकर अब ब्रिटेन और वाशिंगटन जाएँगे।

भूख के लिए चोरी और हवस के चलते लूटने में ख़ासा फ़र्क़ है। मगर हम सज़ा उन्हीं को दे पाते हैं, जो मजबूर हैं, ग़रीब हैं, लाचार हैं। परन्तु वे जो सभ्य तौर-तरीक़े अपनाकर सहायता के नाम पर या फिर षड्यंत्र कर लूटते हैं, उनका नाम न जल्दी ज़बान पर आता है और न ही उनके विरोध में खड़े होने का हौसला जुटा पाते हैं। सज़ा देना तो बहुत दूर की बात है। राष्ट्रपति बुश ने जो-जो आरोप

सद्दाम पर लगाए और उसके समर्थन में खड़े कुर्द और शिया समुदाय आज के बर्बाद इराक़ को देखकर कितने ख़ुश और सद्दाम को जेल में देख, फिर उसके मरने के बाद कितने मुतमईन होंगे, कहा नहीं जा सकता है। क्योंकि जितनी क़ब्रों का हिसाब सद्दाम से माँगा जा रहा था, उससे चौगुनी नई क़बें इराक़ में पिछले दस वर्षों में बन चुकी हैं। उसका हिसाब कोफी अन्नान या बुश या टोनी ब्लेयर दे पाएँगे? डेमोक्रेसी के नाम पर गृहयुद्ध छेड़कर स्वयं इराक़ियों को एक-दूसरे के ख़ून का प्यासा बना दिया गया है, जिसको ज़्यादातर इराक़ी अब समझने के बाद भी इससे निकलने की राह फ़िलहाल ढूँढ़ नहीं पा रहे हैं।

आतंकवाद की आड़ में इंक़लाबियों को भी आतंकवादी बनाने का जो खेल देशभक्तों और इनसानी मूल्यों की क़ीमत पर खेला जा रहा है, उसकी सच्चाई कुछ और है। ख़ुद ही आतंकवादियों को पालना और फिर उन्हें किसी देश की ओर भेज उनको बदनाम कर अपने लाभ पर नज़र रखना वास्तव में ऐसा ख़तरनाक खेल है जिसमें हमेशा हार छोटे राष्ट्रों की ही नहीं होगी, बल्कि एक समय ऐसा भी आ सकता है कि कोई बड़ा राष्ट्र भी चारों खाने चित गिर सकता है। आख़िर कहीं तो जाकर ज़ुल्म का अन्त होगा!

['माया' : 2006]

बारूद की खेती

बम बनाने और बम फोड़ने का सिलसिला पुराना है मगर नया मामला है बम बनाने पर रोक और शान्ति पर ज़ोर—जो वार्तालाप के स्तर पर उचित और अमन के नाम पर तर्कपूर्ण लगता है। कौन इस नारे को सुनकर इसके समर्थन में अपनी बँधी मुट्ठी नहीं उठाएगा! मगर वक़्त की यह पुकार उस समय निराशा में बदल जाती है जब व्यावहारिक रूप में बातें और घटनाएँ कुछ अलग ढंग से हमारे सामने आन खड़ी होती हैं। ईरान पर यह शक कि वह एनर्जी प्लांट केवल देश के विकास के लिए नहीं बल्कि बम बनाने के लिए कर रहा है, सो "उसको विश्व शान्ति के मुद्दे पर सबक़ सिखाना ज़रूरी हो जाता है। या तो उसकी आर्थिक नाकाबन्दी कर दी जाए या फिर उस पर हमला कर दिन में तारे दिखा दिये जाएँ, जैसी गत इराक़ और अफ़ग़ानिस्तान की बनाई गई है। बम—वह भी क्लस्टर बमों की बारिश करके!"

बारूद का इतना ज़्यादा प्रयोग जो लगातार किसी-न-किसी बहाने से ज़मीन पर हो रहा है, उसका असर वास्तव में पर्यावरण पर कैसा पड़ रहा है, इस पर बातें तो बहुत हो रही हैं मगर रोक ग़ैरज़रूरी और हानिकारक गतिविधियों पर नहीं लगाई जा रही है। अपने पुराने हथियार बेचने के चक्कर में बैठे-बिठाए विश्व के किसी कोने में युद्ध छेड़ देना या फिर नये बाज़ार पैदा करने के लिए कोई भय उत्पन्न करना, बड़े और विकसित देशों का शौक़ है जो आधी से ज़्यादा दुनिया को अपनी चपेट में ले चुका है।

पिछले दिनों आस्ट्रेलियन सरकार ने 'ग्लोबल वार्मिंग कॉन्फ्रेंस' का आयोजन किया था। वैज्ञानिकों, बुद्धिजीवियों, तकनीकी विशेषज्ञों के लिए यह चिन्ता की बात तो है ही कि धीरे-धीरे बढ़ती गर्मी उन्हें सोचने पर मजबूर कर रही है कि इसका कारण और निवारण क्या है? यूनिवर्सिटी ऑफ़ यार्क के प्रोफ़ेसर चरिस थामस का अनुमान है कि तापमान का बढ़ता ग्राफ़ डायनासोर के समय तक हमें ले जा सकता

है। शंका है कि पिछले 24 मिलियन वर्षों में न केवल कार्बन डाईऑक्साइड का स्तर बढ़ा है बल्कि पिछले 10 मिलियन वर्षों का रिकॉर्ड भी ग्लोबल के बढ़े तापमान के चलते अपने नॉर्मल स्तर से कहीं ज़्यादा हो गया है। यह एक ख़तरनाक सूचना है कि 2100 तक ग्लोबल तापमान दो से छह डिग्री तक बढ़ जाएगा। थामस का इसके बारे में ख़याल है कि बढ़ते तापमान का कारण यातायात में ईंधन की खपत और दूसरे कारण भी इसमें शामिल हैं। इस बढ़ते तापमान का असर जीव-जन्तुओं पर पड़ेगा, जिनमें से आधी से ज़्यादा क़िस्में और जातियाँ समाप्त हो जाएँगी, जिसकी शुरुआत देखने को मिल रही है कि किस तरह बदलते मौसम में जानवर अपने व्यवहार बदल रहे हैं। यह बदलाव परिन्दों और कीड़ों में भी देखने को मिल रहा है। वनस्पति तो इस तापमान से सबसे अधिक प्रभावित होने वाली है और उसमें भी तरह-तरह के परिवर्तन नज़र आने लगे हैं। हो सकता है, जीव-जन्तुओं का पूर्णतः नाश न हो मगर यह होना तय है कि वे अपने बने-बनाए ढर्रे से अलग अपनी सीमा-रेखा को पार कर कुछ मिला-जुला-सा माहौल पैदा कर सकते हैं।

सबको अपनी-अपनी तरह से ख़तरा महसूस हो रहा है मगर किसी के पास इतनी ताक़त नहीं है कि वह इस बढ़ते ख़तरे पर रोक लगा दे। संचार माध्यम और प्रचार शैली कुछ इस तरह से बलवती हो गई है कि किसी भी कौम, किसी भी धर्म, किसी भी राष्ट्र, किसी भी समाज के कमज़ोर और ग़ैरज़रूरी पहलुओं को इतनी बार दिखाती है कि उसके दूसरे पहलू, गुण और चेहरा कोई देख ही नहीं सकता है। क्योंकि वह किसी को नज़र नहीं आता है। जिन देशों के पास इतिहास, साहित्य, कला की विरासत थी, आज वे बम संस्कृति के आगे हारे खड़े हैं। क़ुदरत ने उन्हें भौगोलिक रूप से बहुत कुछ दिया। उनकी अपनी कोशिशों से बहुत कुछ मिला जो मानव विकास के इतिहास में दर्ज है मगर विज्ञान की दृष्टि से उतने समृद्ध न होने के कारण बिना सभ्यता एवं संस्कृति वाले देशों के सामने वे घुटने टेकने पर मजबूर कर दिये गए हैं। बतौर मिसाल, जब तक इराक़ में ज़मीनी युद्ध चलता रहा, तब तक जीत इराक़ की होती रही मगर जैसे ही बमबारी शुरू हुई, सारी बाज़ी पलट गई।

राष्ट्रपति बुश हथियारों पर प्रतिबन्ध लगाने का मुद्दा ज़ोर-शोर से उठाते हैं मगर जब लेबनान पर इस्रायल हमला करता है तो वह ख़ामोश तमाशाई बन जाते हैं। बेहतरीन मार गिराने वाले हथियार इस्रायल को देता है। ख़ुद अपने बमों पर रोक नहीं लगाता। इसका साफ़ मतलब है कि वह इस बात को बिना कहे अपने आचरण से साबित करना चाहता है कि मेरे अलावा हथियारों का मालिक कोई न

रहे। मगर इस सिलसिले से वह पाकिस्तान की तरफ़ से आँखें मूँद उसे छूट देकर यह भी जताना चाहता है कि जो मेरे साथ है, मैं उसके साथ हूँ। भारतवर्ष जो इन सारे फ़सादों से दूर था, वह भी बम के खेल में मुबतला हो चुका है। कश्मीर में तो रोज़ घटनाएँ घटने लगी थीं, पर मुम्बई अब गुजरात और सूरत को पीछे छोड़ते हुए हर पल समाचार में छाया हुआ नज़र आ रहा है। यह मसला बड़ा है। इसको केवल दाऊद या छोटा शकील के बारे में बातें कर और ख़बरें देकर सुलझाया नहीं जा सकता है। हमें अपनी आँखें और ज़्यादा खुली रखनी पड़ेंगी।

इनसान ने क़ुदरत के साथ रहकर उसमें तजुर्बे किये और उसे सफलता मिली मगर उसका बेजा विश्वास अब उसकी अपनी ही दुनिया ज़हरीली बना रहा है। ख़तरनाक हथियारों द्वारा केवल क़ब्रें ही नहीं वजूद में आती हैं, बल्कि आने वाली पीढ़ियों के लिए तरह-तरह की बीमारियों की सौगात भी लाती हैं। आख़िर जिस ज़मीन पर बारूद की बारिश होती है, उससे उगने वाले पौधे बारूद की तासीर से कैसे अपने को मुक्त कर सकते हैं? सो बारूद की खेती से जो अनाज नई पीढ़ी खाएगी, वह कैसे सहज रह सकती है? उसके शरीर में तरह-तरह की बीमारियाँ पैदा होंगी, जिनके उपचार के लिए लम्बे समय तक डॉक्टरों को शोध करना पड़ेगा। काश, बारूद का यह खेल ख़त्म हो पाता!

['माया' : 2006]

सँवारने वाले ही रूठ गए

ओरियाना फलाची एक ऐसा नाम रहा जो अरसे तक मेरे साथ चला। उनकी मौत की ख़बर ने उन यादों को ताज़ा कर दिया, जिनकी ज़मीन ईरान रही है। इटली की नामी पत्रकार और अपने साक्षात्कारों से दुनिया में धूम मचाने वाली निडर और बेबाक क़लम और दिमाग़ रखने वाली ओरियाना का देहान्त 76 वर्ष की उम्र में 15 सितम्बर, 2006 को हुआ। वह कैंसर से पीड़ित थीं। लगभग दस वर्ष की लम्बी ख़ामोशी और अपने को हर तरह की सरगर्मी से दूर रखने वाली ओरियाना की यादें और कारनामे उनके प्रशंसकों के दिल व दिमाग़ में धुँधले पड़ने लगे। तब उनकी पुस्तक 'द रेज़ एंड द प्राइड' छपकर आई। ये सारे लेख 9-11 के हादसे के बाद लिखे गए थे। देश के लोकप्रिय समाचार-पत्र में छपे थे। इन लेखों की प्रेरणा का स्रोत चूँकि 9-11 था, सो पुस्तक बाज़ार में आते ही हाथोंहाथ ली गई और देखते-देखते उसकी एक मिलियन प्रतियाँ बिक गईं।

ओरियाना की पत्रकारिता का तेवर विश्वव्यापी था। उसके द्वारा उठाए गए प्रश्नों में मुद्दे बोलते थे, न कि कोई ख़ास इलाक़ा, विचारधारा या फिर कुंठा। ओरियाना ने न केवल वियतनाम युद्ध बल्कि पहली गल्फ़ वॉर की भी रिपोर्टिंग की थी। अपने समय के महत्त्वपूर्ण सियासी नेताओं से भी साक्षात्कार लिये जो बहुचर्चित हुए और विश्व की सभी भाषाओं में अनुवाद होने के कारण न केवल उसकी पहचान बनी बल्कि प्रशंसकों की बड़ी तादाद वजूद में आई। ईरान में शाह का तख़्ता पलट गया। इमाम ख़ुमैनी पेरिस से ईरान लाए गए। उस समय साम्यवादी व धार्मिक नेता मौलवी अपनी कोशिश में लगे थे कि ख़ुमैनी सत्ता में आएँ। उसका कारण भी था कि शाह की ख़ाली जगह साम्यवादी नहीं, बल्कि धार्मिक नेता ही भर सकता है क्योंकि जनता में उसी का प्रभाव अधिक है। ख़ुमैनी खुले मन से इंटरव्यू देते, हरदम प्रेस वालों से घिरे रहते थे। उनसे ओरियाना ने भी लम्बा इंटरव्यू लिया, जैसा कि वह

यासर अराफ़ात व इस्रायली नेता से पहले भी ले चुकी थी। ख़ुमैनी का इंटरव्यू चर्चा में भी आया। ख़ासकर इस घटना के बाद जब ख़ुमैनी परदे पर बोल रहे थे और एकाएक ओरियाना ने अपने चारों तरफ़ लपेटी काली चादर फेंक सीना तानकर कहा कि मैं क्या बुरी औरत हूँ जो बेपरदा हूँ? कहते हैं कि ख़ुमैनी ने आँखें उठाकर ओरियाना फलाची को देखा और हाथ के इशारे से जाने का संकेत करते हुए कहा कि इनकी उम्र बुरी औरत बनने की गुज़र चुकी है।

ख़ुमैनी सत्ता में आए और फिलायत-ए-फकीह यानी देश के शीर्ष सियासी नेता चुने गए। अब उनसे मिलना कठिन था। पत्रकार वर्ग और ख़ासकर औरतें विशेष मुलाक़ातों से वंचित कर दिये गए। बस, अब इमाम ख़ुमैनी कम बोलते और विशेष अवसरों पर जनता को सम्बोधित करते। उन्हीं दिनों ओरियाना फलाची ईरान पहुँची जिनके लिए कहा जाता रहा है कि उनसे मिलने के लिए कोई इनकार नहीं कर सकता। उनका दाख़िला तेहरान में वर्जित कर दिया गया और उन्हें उलटे पाँव वापस लौटना पड़ा। यह एक बड़ी ख़बर थी क्योंकि ओरियाना के समर्थक स्वयं ईरान में बहुत थे। मुझे याद है कि जब मैं ईरान के सियासी नेताओं से इंटरव्यू ले रही थी, उस समय उनके एक प्रशंसक ने उनके साक्षात्कारों की पुस्तक 'इतिहास से संवाद' मुझे भेंट की थी। उनका ख़ाली हाथ लौटना लम्बे अरसे तक चर्चा का विषय ईरान के पाठकों के बीच में रहा।

1982 में जब मैं इमाम ख़ुमैनी से मिलने और उनसे बातचीत करने में कामयाब हो गई तो न केवल इस्लामिक गणतंत्र पार्टी के मंत्री एवं नेताओं को आश्चर्य हुआ बल्कि बुद्धिजीवी वर्ग भी कह उठा कि सत्ता में आने के बाद आप पहली पत्रकार हैं, जिन्हें इमाम ख़ुमैनी ने अपना समय दिया और प्रतिबन्ध टूटा कि वह किसी पत्रकार या महिला पत्रकार को विशेष भेंट या साक्षात्कार का मौक़ा नहीं देते। यहाँ से मेरे नाम के साथ ओरियाना का नाम लिया जाने लगा और मुझे 'इंडियन ओरियान फलाची' कहना जो मुझे बहुत अच्छा न लगता या फिर इस तरह कहना कि ओरियाना का नया साक्षात्कार पढ़कर आपका ध्यान आया। जो भी हो, एक सम्बन्ध तो हमारे बीच बन ही गया था कि सत्ता में आने से पहले ओरियाना ने ख़ुमैनी का इंटरव्यू लिया और मैंने फिलायत-ए-फकीह बन जाने के बाद लिया जनाब ख़ुमैनी का, जब वे लोकप्रियता के शिखर पर पहुँच गए थे।

ओरियाना ने अपनी पत्रकारिता की शुरुआत 'ल अप्रोपिओ' समाचार-पत्र से की। उन्हें प्रसिद्ध बनाया उनके साक्षात्कारों ने। अपने सवालों की तेज़ी से वह न

केवल जवाब देने वाले से बहुत कुछ उगलवा लेती थीं बल्कि पढ़ने को भरपूर ग़िज़ा देती थीं। न्यूयॉर्कर ने इसी कारण उनके प्रोफ़ाइल में उन्हें 'द एजीटेटर' कहा है।

मगर ओरियाना की वह ख़ूबियाँ जिन्होंने उन्हें हरदिल अज़ीज़ बनाया था, वे इन लेखों के संग्रह में मौजूद नहीं हैं। ऑब्जेक्टिव दृष्टिकोण 9-11 के बाद सब्जेक्टिव हो उठा और पाठकों ने बुरी तरह महसूस किया कि लेख न केवल नस्लवादी विचार से प्रभावित हैं, बल्कि मुसलमानों के प्रति घोर घृणा भी दर्शाते हैं, जिसका एक नमूना चुटीली भाषा में कुछ यूँ व्यक्त हुआ है : मुसलमान दरअसल चूहों की तरह चौगुनी रफ़्तार से बढ़ते हैं। अल्लाह की ये औलादें अपने कूल्हे हवा में उठाकर पाँच बार नमाज़ पढ़ अपना-अपना समय गुज़ारते हैं। उनका दूसरा लेख 'द स्ट्रेंथ ऑफ़ रिजन' को लेकर भी कोर्ट में केस चल रहा है कि उन्होंने इस्लाम धर्म को बेजा तरीक़े से बदनाम किया। एतराज़ का टुकड़ा था : इस ग़लतफ़हमी में जीना कि एक अच्छा इस्लाम है, एक बुरा इस्लाम है या फिर यह कहना कि अदालत की नोटिस पर वह पहुँची नहीं और जवाब यह दिया कि मुझे जो कहना था, मैंने अपने लिखित शब्दों में बयान कर दिया है।

इन लेखों में न्यूयार्क में रहने वाली ओरियाना ने यूरोप की आलोचना करते हुए कहा कि उसने अपनी आत्मा इस्लामिक प्रतिक्रमण के आगे बेच दी है। उन्होंने कैथोलिक चर्च को आड़े हाथों लेते हुए लिखा है कि वह मुस्लिम दुनिया के आगे कमज़ोर पड़ गया है। अपने को नास्तिक कहने वाली ओरियाना फलाची अपने अन्तिम दिनों में धर्म को मानने लगी थीं। पोप बेनेडिक्ट के संग एक विशेष गोष्ठी में उन्होंने पोप के भाषण की प्रशंसा करते हुए कहा था कि उनका भी विश्वास है कि यूरोपियन अपनी ईसाई वंशावली को पहचानें। उनकी इस पुस्तक पर प्रतिबन्ध लगाने की कोशिश भी नाकाम रह गई। उनके पुराने पाठकों ने क्या महसूस किया, कहा नहीं जा सकता है मगर नये पाठकगण उनके लेखन के इस तेवर से दो फाँक ज़रूर हो गए हैं।

मैं नहीं कहती कि किसी भी क़लमकार को अपना नज़रिया नहीं लिखना चाहिए मगर यह तो कह सकती हूँ कि यदि लेखक व पत्रकार भी सियासी लाभ और हानि को नज़र में रखकर क़लम उठाएँगे या किसी घटना से प्रभावित होकर प्रतिशोध से भर उठेंगे तो इस बिगड़ी दुनिया को सँभालेगा कौन?

['माया' : 2006]

उजड़ी बस्ती का सन्देश

आपका सच आपकी सरहदों में क़ायम रहता है मगर जैसे ही आप अपनी सीमा लाँघते हैं, दूसरों का सच भी आपको नज़र आने लगता है। इससे केवल सोच का दायरा ही नहीं बढ़ता है बल्कि संवेदना आपको झिंझोड़कर अक्सर गुज़रे लोगों की भावना का अहसास भी दिलाती है और मन उस शिद्दत से न सही, तो भी उस बीते ग़म के लिए टीसता है। यह भाव भी मुझे सोचने के लिए मजबूर न करता अगर मैं कुलधारा की उस उजड़ी बस्ती को न देखती जो आज से डेढ़ सौ वर्ष पहले अस्सी गाँव की आबादी थी। एक ही रात में हज़ारों लोगों ने अत्याचार के विरोध में अपने घर-बार छोड़कर एतराज़ दर्ज कराया था, जो जैसलमेर से पन्द्रह-सोलह किलोमीटर की दूरी पर है जहाँ पालीवाल ब्राह्मणों के घर थे, जिनका पुश्तैनी धन्धा जौहरी का था।

दीवान सालम सिंह को पसन्द नहीं था कि कुलधारा में किसी लड़की की बारात आए सो नवजात लड़कियों का वध करा देता था। यह दुख पालीवालों के लिए जब असहनीय हो उठा तो उन्होंने पुरानी रीत 'उछालो' को अपनाकर एक साथ मिलकर अपने घरों को छोड़ दिया। कौन किधर गया, कहाँ बसा, इसका ज्ञान उनके बीच हो या लिखित दस्तावेज़ के रूप में किसी ने संग्रह किया हो तो पता नहीं। मगर हाँ, श्री ओमप्रकाश भाटिया का उपन्यास 'दीवान सालम सिंह' इस विषय पर ज़रूर है। विरोध में त्याग की भावना भी होती है। यह अभिव्यक्ति मैंने कुलधारा आकर जानी।

ढलती धूप में कुलधारा के न समाप्त होने वाले घरों का सिलसिला। पत्थरों से बनी दीवारें धूप की तपिश में पिघल एक-दूसरे से जुड़कर अधिक मज़बूत हो गई थीं मगर छतें ग़ायब थीं, जो लकड़ी, चिथड़ों और फँस से बनती थीं। कँटीली झाड़ियाँ ग़ायब थीं मगर यादों के काँटे वहाँ मौजूद थे जो बहुत कुछ बयान कर रहे थे। मैं उन्हीं घरों में से एक घर की चौखट पर बैठी सोच रही थी कि यहाँ आना

क्या केवल इत्तफ़ाक़ है या फिर कोई पुराना रिश्ता, जो मुझे खींचकर यहाँ लाया है? तिपहियावाला अपनी मालूमात का ख़ज़ाना खोले मुझे अनेक तरह की सूचनाएँ दे रहा था और मैं भौचक-सी चारों तरफ़ फैली ख़ामोशी में तरह-तरह की आवाज़ें सुनने को व्याकुल थी। पालीवालों के गाँव की रौनक को आँखों के सामने अपनी कल्पनाशक्ति से उभारना चाहती थी मगर डूबते सूरज के नारंगी रंग में पीली पत्थर की दीवारें चुप खड़ी थीं। मेरी सारी कोशिशें शायद इसलिए दम तोड़ गई थीं कि मुझे इस ऐतिहासिक घटना के बारे में कुछ पता नहीं था, सिवाय चन्द वाक्यों के जो लेखक किरण नाहटा जी से जैसलमेर में मुलाक़ात के दौरान हुई बातों में सुने थे और एक अजीब तड़प के साथ उजड़ा गाँव देखने चल पड़ी थी।

आज कितनी तरह के ज़ुल्म सियासी, समाजी और आर्थिक इनसानों पर तोड़े जा रहे हैं। किसी मोहल्ले में कोई दुर्घटना घट जाती है तो लोग गवाही देने से भी डरते हैं। समाजी कर्तव्य की धार दिलों में कुन्द पड़ गई है। मगर झूठी गवाही बड़े दम से निडर होकर दी जाती है। इसी कारण आज किसी भी दुष्ट को हटाना इतना आसान नहीं जितना आसान बन पड़ा सालम सिंह को हटाना। आज सारा आक्रोश, दुख और प्रश्न मुआवजे की रक़म से अदा कर दिया जाता है। यह रक़म भी अक्सर उन लोगों को मिल जाती है जिनका कोई भी सम्बन्ध उस दुर्घटना से नहीं होता। इसकी ज़िन्दा मिसाल भोपाल गैस कांड है, जिसका दुष्प्रभाव आज भी लोग शारीरिक स्तर पर झेल रहे हैं। उसके बाद रोज़ कोई-न-कोई हादसा होता है। लोगों के प्रियजन मरते हैं। दुखों का न समाप्त होनेवाला काफ़िला एक नई परम्परा को स्थापित करता निरन्तर यात्रा कर रहा है कि नेकी, दान, परोपकार बहुत हो चुका। अब कमाओ और ऐश करो। किसी भी क़ीमत पर किसी भी तरीक़े से धनवान बन जाओ। आज का सतही, आर्थिक एवं सामाजिक नारा यही है कि दूसरों को कुचलो और उनकी लाशों पर अपने घर बनाओ। ख़ुदा भी कान में तेल डाल के बैठा है। वह मजलूमों की आवाज़ नहीं सुनता है और प्रशासन इन्क्वायरी बिठा देता है। यह स्वावलम्बन का ज़माना है सो अपना दुख अपने झेलो, अपनी कठिनाइयों की गिरह ख़ुद से खोलो। न्याय की तलाश में भटकते लोग निराश हो सोचने लगे हैं कि पूर्वजों ने जो नियम समाज के लिए लम्बे अनुभवों से गुज़रकर बनाए थे, वह अब सूखी पत्तियों की तरह मर रहे हैं और उनकी जगह जो अंकुर बलपूर्वक निकाले जा रहे हैं, वे एक तरह की विचित्र व्याकुलता से उन्हें भी दो-चार करा रहे हैं जो नये मूल्यों के वृक्ष को पाल-पोस रहे हैं। आख़िर उन्हें भी तो घूम-फिरकर उसी वृक्ष

की छाया में देर-सबेर पहुँचना है और जब पहुँचते हैं तो चौंकते हैं कि अन्याय के रास्ते पर चलकर जिस जीत को अपनाया था, वह दरअसल उनकी हार थी—ऐसी हार, जिसको आने वाली पीढ़ी उनसे ज़्यादा भुगतेगी और पूर्वजों को नकारने की उनकी इतराहट का जवाब उनकी निन्दा कर पूरा करेगी।

कुलधारा की वह लोकशक्ति थी। जनमानस का वह ख़ामोश विद्रोह था जिसने राजा को बेचैन किया कि उन्हें अपने ही राज्य के दीवान को सबक सिखाना होगा वरना आम इनसान किसी-न-किसी रूप में सताया जाएगा। तारीख़ ने भी राजस्थान की ऐतिहासिक पुस्तिका में इस घटना को दर्ज किया मगर क्या आज हम किसी भी अन्याय के विरोध में खड़े होकर इस तरह का बलिदान कर पाते हैं जिसकी गूँज शताब्दी बाद भी आने वाली पीढ़ियों को हिलाकर रख दे? आज रिवाज चल पड़ा है अन्याय के विरोध में उठी आवाज़ के विरुद्ध एक और मोर्चा खोलकर सच और झूठ को इस तरह मिला देना कि न्याय का चेहरा निखरने की जगह उस पर झूठ और अफ़वाहों की मिली-जुली धूल इस तरह जम जाए कि सच कभी सामने ही न आ पाए। इस दर्दनाक स्थिति से हमको निकलना ही होगा। इसके लिए सरकार और व्यवस्था को कोसने की जगह हमें अपने को बदलना होगा। केवल अपने लिए नहीं, बल्कि दूसरों के दुखों को महसूस करना होगा तभी सामूहिक रूप से हम खड़े होकर किसी बदलाव की आशा कर सकते हैं। अत्याचार की क़ैद से कहीं बेहतर है ख़ानाबदोश आज़ादी।

['माया' : 2006]

संघर्ष का ऐतिहासिक पड़ाव

ईरानी महिलाओं के संघर्ष में ऐतिहासिक नज़रिये से दो बड़े दौर आए हैं : पहला तम्बाकू आन्दोलन 1894 से लेकर 1970 तक, और दूसरा सियाह कल 1971 से आज तक। 1895 में जब नासिरुद्दीन शाह ने तम्बाकू उत्पादन अंग्रेज़ों के हाथों दे दिया, उनका आना-जाना ईरान में बढ़ने लगा और ईरानियों को ख़तरा महसूस होने लगा, तो औरतों ने, वह भी मज़दूर औरतों ने नारे, बुलन्द किये। इस घटना के बाद तम्बाकू बहिष्कार का आन्दोलन पूरे देश में फैला और नासिरुद्दीन शाह का तख़्ता पलट गया।

ईरानी महिलाओं का संघर्ष 1911 से 1955 तक ज़ोर-शोर से चला और संविधान बनने के बाद यह अपने चरम पर पहुँचा। संविधान के समय औरतें मर्दों के साथ आज़ादी के लिए लड़ीं। अजरबैजान में यह संघर्ष सबसे अधिक उभरकर सामने आया। 'हल्व अल मतीत' अख़बार के अनुसार : "रफ़्तार ख़ाँ की इंक़लाबी टुकड़ी और मोहम्मद अली शाह की फ़ौज के बीच हुई मुठभेड़ में मरने वाले क्रान्तिकारियों में से 20 औरतें भी थीं जो संविधान की माँग में शहीद हुई थीं और दूसरे लिबास में थीं।"

रूसी क्रान्ति से संघर्ष को बढ़ावा मिला और 1931 से 1951 तक ईरान के शहरों में महिलाओं के संगठन बनने लगे। 1942 में 'पैक-ए-सआदत' नाम से एक ग्रुप बना। 'अंजुमन-ए-निसवाँ', 'बीदारी-ए-जनना' और 'निसवाँ-ए-वतनखाँ' नाम की संस्थाएँ भी बनीं और इस समय परवीन एतसामी की कविताएँ भी जनता की समझ को आगे बढ़ाने में बहुत मददगार साबित हुईं।

1949 में 'साजमान-ए-डेमोक्रेटिक जनान' के नाम से एक संस्था तेहरान में शुरू हुई जो तीदेह पार्टी से जुड़ी थी। 24 अगस्त, 1953 के तख़्तापलट तक यह सबसे बड़ी संस्था भूमिगत नहीं थी। इसके मुखपत्र का नाम 'बीदारी' था। 1953

की इस कशमकश के बाद दूसरे राजनीतिक आन्दोलनों की तरह इस संस्था को भी निस्तेज़ कर दिया गया। महिला चेतना और जागृति की लहर जैसे कुछ थम गई। इसके कुछ वर्षों बाद सारे अंकुशों के रहते 1959 में विद्यार्थियों, अध्यापकों की हड़तालों में बराबर सम्मिलित होती रहीं।

सियाह कल, औरतों का सबसे ज़ोरदार संघर्ष रहा है। शहरों, देहातों, कारख़ानों, खेतों में उत्पीड़ित जनता हथियार उठाए आगे बढ़ी, तो इसमें औरतों की बड़ी हिस्सेदारी रही। महरबूश इब्राहीमी, अशरफ़ दहक़ानी, रफ़ीक मादर और मर्जिया अहमदी उस्कोई (जिसने कविता के अलावा आन्दोलन में बढ़-चढ़कर हिस्सा लिया और शहीद हुई) ऐसी प्रमुख महिलाएँ थीं। इस आन्दोलन ने शाह पहलवी काल की नींव हिला दी। शाह का तख़्ता पलटने तक ये महिलाएँ जूझती रहीं। जब तक 1979 में शाह चला नहीं गया।

पर 1980 के बाद जब इस्लामी पार्टी सत्ता में आई तो ईरानी महिलाओं का मुँह फिर से बन्द किया जाने लगा। परदा करना हर औरत पर जबरन लादा गया, वेश्याओं को गोली से उड़ाया गया और 'हिमायत-ए-ख़ानबादा' में सम्पूर्णता देने के स्थान पर परिवार प्रोत्साहन की संस्था को ही समाप्त कर दिया। संविधान के समय से जिस स्वतंत्रता को लड़ते-लड़ते महिलाओं ने थोड़ा-बहुत प्राप्त किया था, वह पूरी-की-पूरी समाप्त हो गई।

1987 के बीच अनेक चुनौतियों में एक ईरान-इराक़ युद्ध था। इन चुनौतियों का सामना करने के लिए औरतों ने विश्वविद्यालयों में 60 से 80 हज़ार की संख्या में जमा होकर शहर में नमाज़ पढ़ी और चादर सिर पर डाली। केवल इसलिए कि अमेरिका के विरोध में उनकी एकता दूर से पहली नज़र में आवरण से भी देखी जा सके, मगर वही एकता का ऊपरी आवरण उनकी आत्मा पर बलपूर्वक लादा लिबास है जिसके विरोध में लड़ना आज सबसे कठिन समस्या बन औरतों के सामने आ खड़ी हुई है।

हमारे देश की तरह ईरान में भी खेतों में काम करने वाली अधिकतर औरतें हैं। चाय, तम्बाकू, चावल के खेतों में उनके भाई, पिता या पति काम करते हैं। परिवार के सदस्य के रूप में वे यह काम करती हैं। इसके अलावा उन्हें घर के काम भी करने होते हैं। औरतें मज़दूर की शक्ल में भी काम करती हैं पर मर्दों से आधी मज़दूरी पाती हैं। और इस पैसे पर भी उनके परिवार के मर्दों का अधिकार बनता है। यही हाल कालीन की बुनाई तक में है जहाँ पर उनके बच्चे भी उन्हीं की तरह शोषित होते हैं।

शहरी कारख़ानों, मिलों में काम करने वाली औरतों की हालत गाँव की मज़दूर औरत से बेहतर है। वहाँ भी उन्हें मज़दूरी कम मिलती है और तनख़्वाह पर मर्दों का अधिकार उसी तरह का होता है, क्योंकि समाज और उसकी मान्यताएँ क्या गाँव, क्या शहर, हर जगह एक-सी हैं। वह कमाने के बाद भी अपना निर्णय ख़ुद नहीं ले सकती है। एक ओर वह पूँजीवाद से प्रभावित व्यवस्था के हाथों और दूसरी ओर पुरुष सत्ता के बनाए नियमों से पिसती है। वैसे इन दिनों औरतों का बाहर निकलकर कारख़ानों में काम करना, रात की ड्यूटी करना नामुमकिन है और विशेषकर उस समय जब कारख़ाने लगभग बन्द हों, तब उनके हिस्से में आती है बेकारी।

इन दोनों वर्गों से अलग मेहनतकश औरत वह भी है जो मध्यवर्गीय परिवार की है और जिसने वास्तव में अपनी शोचनीय स्थिति के विरोध में आवाज़ उठाई थी। जब-जब उठाई तब-तब उस पर पहरे लगे। इसमें कोई शक नहीं कि शाह के दौर में औरतों का बहुत विकास हुआ। उनको बड़ी-बड़ी पदवी मिली। शिक्षा की छूट मिली मगर अमेरिकन हस्तक्षेप के कारण ईरानी व्यवस्था में अंकुश, घुटन इतनी बढ़ी कि औरत भी न बच सकी। भ्रष्टाचार के चलते उचित रूप से जो हिस्सा एक गुणवान औरत को मिलना चाहिए, उसको न मिलकर ऐसी औरतों को मिला जो उसके क़ाबिल न थीं। ज़रूरत से ज़्यादा बढ़ी आज़ादी ने ईरान के परम्परागत समाज को अमेरिकन नैतिकता से सजाना चाहा जिसको न केवल समझदार औरतों ने बल्कि बुद्धिजीवी वर्ग ने भी नकारा और उस नकारात्मक स्वतंत्रता का खुला विरोध किया मगर तब उन्हें पता नहीं था कि जिस सकारात्मक व्यवस्था का वह समर्थन कर शाह को उखाड़ रहे हैं, उसकी जगह धार्मिक व्यवस्था पहले से अधिक नकारात्मक होकर उनको रूढ़ि और जड़-मूल्यों से प्रताड़ित करेगी।

इस ग़लत बदलाव को औरतें सहन नहीं कर पा रही हैं और हर तरह से वे अपना अधिकार पाने का संघर्ष कर रही हैं। अंकुश के बावजूद उनकी आवाज़ फिर से सुनाई पड़ने लगी है जो एक नये इंक़लाब की पूर्वसूचना है।

[अप्रकाशित : 2007]

ईरानी चुनाव का अन्त या नये इंक़लाब की शुरुआत

धर्म एक आम इनसान के लिए ज़रूरी मुद्दा है। वह उसको रूहानी सुकून और भावनात्मक सुरक्षा एवं विश्वास देता है मगर वास्तव में धर्म की हमको रोज़मर्रा की ज़िन्दगी में, रोटी कमाने की जद्दोजहद में और बढ़ते तकनीकी अन्तरराष्ट्रीय परिदृश्य में कितनी ज़रूरत पड़ती है? यह बहस का मुद्दा ईरान के इंक़लाब से शुरू होता है जब बुद्धिजीवी वर्ग ने ज़बान और बयान की आज़ादी की बात उठाई थी। बाज़ार ने कम्पराडोर व्यवस्था के विरुद्ध मोर्चा लेकर इमाम ख़ुमैनी को समर्थन दिया था मगर सत्ता में आने के बाद जब बात आर्थिक उत्थान की आई तो उन व्यापारियों को निराशा हुई। मुजाहिदीन जो इन्हीं मुद्दों को लेकर हिजबुल्लाह पार्टी से सवाल व जवाब धार्मिक ज़मीन पर खड़े होकर करने लगे थे, उन्हें 'मुनफिक़ीन' कहकर बुरी तरह कुचल दिया गया। मार्क्सवादी तो पहले ही नास्तिक समझे जाते थे। उनकी सारी क़ुर्बानियों पर पानी फेर उन्हें सरकारी व्यवस्था और आम जनता के बीच से उठा दूर फेंक दिया गया था। 1979 से लेकर 2009 तक यह संघर्ष कभी ईरान के अन्दर तो कभी बाहर गर्म लावे की तरह खदबदाता रहा था।

ईरान के इंक़लाब का सबसे बेहतर चेहरा हमको दो जगह नज़र आता है : पहला, ग़रीब और पिछड़े लोगों पर ध्यान और दूसरा, बर्बाद खेती की तरफ़ वापसी। इसमें कोई शक नहीं कि ईरान के गाँव फिर से हरे-भरे हो गए और पिछड़े लोग बड़ी-बड़ी पदवी पर नज़र आने लगे मगर यह सबकुछ क्या सरकारी स्तर पर बिना किसी धाँधली के बड़ी ईमानदारी से अंजाम पाता रहा है? इमाम खामनई यानी दूसरे इमाम का समर्थन 2005 में महमूद अहमदी निज़ाद के समर्थन में था जो ईरान के सर्वहारा वर्ग से थे। उस समय ढेरों लोगों ने उसी तरह ख़ुशी का इजहार किया था, जैसे अमेरिका के नये राष्ट्रपति ओबामा के चुने जाने पर हुआ था और वे आवाज़ें

इस शोर में बन्द हो गईं जो तब भी कह रही थीं कि महमूद अहमद निज़ाद जड़ सोच वाले हैं और उनके चुनाव में पक्षपात हुआ है।

पिछले तीस वर्षों में ईरान की नई पीढ़ी बेकारी, महँगाई से बुरी तरह जूझ रही है। दूसरी तरफ़ इस्लामी क़ानून ने उनके उठने-बैठने, पढ़ने-लिखने, पहनने-ओढ़ने, यहाँ तक कि उनके दिल व दिमाग़ पर भी अंकुश लगाने की कोशिश की है। कुछ लोग उनकी उस नीति से भी थक चुके हैं जो पहले इमाम ख़ुमैनी के दौर से 'न ईस्ट, न वेस्ट' के नारे के साथ पूरी दुनिया को बुरा-भला कहने की बना रखी है। इस्रायल व फ़िलिस्तीन का मसला एक बेहद संवेदनशील समस्या है जिसको हल होना है मगर राष्ट्रपति बनने के बाद अहमदी निज़ाद ने उसको हल करने की जगह 'होलोकास्ट' का प्रश्न उठा मुद्दे को भड़काया और इस तरह के जुमले कहकर कि इस्रायल को दुनिया के नक़्शे से मिटाना है, अपने को उन लोगों के बीच पॉपुलर बनाया जो विदेश नीति और अन्तरराष्ट्रीय बाज़ार के बारे में कुछ नहीं जानते हैं और इसी कारण उनको समर्थन गाँव से, पुलिस, क़ैदी, सिविल सर्वेंट या फिर वह क्लास जो सरकार पर निर्भर रहती है, मिला हुआ है। इन बातों से ईरान पिछड़ रहा है, इस बात का शिद्दत से अहसास नई पीढ़ी को हुआ, जिसके माता-पिता कभी विदेश से डिग्री लाते थे या फिर पिछले चन्द वर्षों में ख़ुद ईरान में घर-घर कम्प्यूटर की ज़रूरत को समझा जाने लगा था। अहमदी निज़ाद पर इस बात को लेकर भी आक्रोश है कि उनकी इन्हीं बातों ने वेस्टर्न दुनिया को उकसाया और न्यूक्लियर प्रोग्राम और यूरेनियम के प्रश्न को बेजा रस्साकशी में बदला।

1979 की तरह 2009 में ईरान के जवान सड़क पर निकले और उन्होंने इन सारे प्रश्नों का उत्तर चाहा है और चुनाव में जो धाँधली बरती गई है, उस पर न केवल फिर से चुनाव कराने की बात उठाई है बल्कि आर्थिक नीति और विदेश नीति को बदलने और बेहतर बनाने की बातें कही गई हैं। ये जवान स्वतंत्र 'रिफार्मिस्ट' मीर हुसैन मोस्वी के समर्थन में हैं। मोस्वी 33 प्रतिशत वोटों से जीते हैं जबकि अहमद निज़ाद 66 प्रतिशत वोटों से जीते हैं जिसके लिए कुछ ईरानी अख़बारों और स्वयं धार्मिक नेता आयतउल्लाह खामनई ने इसको ग़रीबों की जीत और चमत्कार कहा है। इस चमत्कार का रिश्ता चाहे और अनचाहे वे उस 14 जून से लगाते हैं जो पैग़म्बरे इस्लाम की बेटी जनाब सय्यदा के पैदाइश का मुबारक़ दिन माना जाता है और ज़्यादातर शिया अपने को किसी और इमाम का सिलसिला न मानकर सीधे उनसे अपना रिश्ता समझते हैं। इस तरह की धार्मिक भावनाओं का

प्रयोग इस भागती, बदहवास दुनिया, जहाँ हर पल आर्थिक नीति का महत्त्व हो, वह देश और देशवासियों को कहाँ लेकर जाएगी? इसीलिए मोस्वी पहली बार चुनाव के नतीजे आने के बाद जनता के सामने आए और पूरे विश्वास से उन्होंने कहा कि मैं इन पहेलियों और चमत्कारों के सामने समर्पण करनेवाला नहीं हूँ। उसी के साथ उन्होंने अपने समर्थकों से अनुरोध किया है कि वे अपने अधिकार की माँग रखें मगर उनके व्यवहार में कहीं भी हिंसा न हो। यहाँ हमको यह जान लेना बहुत ज़रूरी है कि मोस्वी के समर्थक अधिकतर निम्न-मध्यवर्ग और उच्चवर्ग से हैं जो हक़ीक़त में शिक्षित भी होंगे और उनको दुनिया की पूरी ख़बर के साथ ईरान की गिरती साख और दुनिया के बाज़ार में अपनी करेन्सी 'तूमान' की कोई क़ीमत न रह जाने का मलाल भी होगा।

जिस समय मोस्वी और दूसरे दो चुनावी कंडीडेट ने यह सवाल उठाया कि पिछले वर्षों जिस तरह महँगाई बढ़ी है और आयल रेवेन्यूज़ में कमी आई है, वह ईरान को घोर आर्थिक संकट की तरफ़ ले जा रहा है। उनकी इस टिप्पणी पर रुष्ट होकर अहमद निज़ाद ने कहा कि किसी को राष्ट्रपति का अपमान करने की जुर्रत नहीं करनी चाहिए। इस तरह बोलने वाले वास्तव में हिटलर हैं। इनको जेल में डालना ही उचित है। मगर वे इन प्रश्नों का उत्तर नहीं दे पाए, जैसे पाँच ईरानियों में से एक ईरानी ग़रीबी रेखा के नीचे आता है। महँगाई 25 प्रतिशत बढ़ गई है और बेकारी 12.5 प्रतिशत है। दूसरी ओर मोस्वी की अहमदी निज़ाद की 'कर सम्बन्धी' नीति पर भी घोर आपत्ति है। उनका कहना है—अपनी अर्थव्यवस्था का राष्ट्रीयकरण कर आज़ाद बाज़ार में अपनी मज़बूत द्रव नीति के साथ दाख़िला। इस बात पर उनका समर्थन वे सारे जन कर रहे हैं जो आज का दुनियावी मुहावरा जानते हैं कि सबकुछ यहाँ तक कि धर्म भी आर्थिक स्थिति से प्रभावित होता है। अहमदी निज़ाद ने उन पर हमला करते हुए कहा कि बाज़ार का समर्थन उनके साथ है, जिस पर बी.बी.सी. की यह टिप्पणी महत्त्वपूर्ण है कि यह चुनावी मुद्दा तो पूँजीवाद की मौत है। बहरहाल इस्लाम से मोहब्बत और अमेरिका से नफ़रत करने की यह खोखली सियासत ईरान से बिदा होने वाली है क्योंकि जिन्होंने इस्लाम धर्म का अध्ययन कर रखा है, वे जानते हैं कि कर्बला की लड़ाई में मुद्दों के प्रति ईमानदारी और निष्ठा ने इमाम हुसैन की शहादत के बावजूद उन उसूलों और नैतिकता को ज़िन्दा रखा और यजीद की फ़ौज को जीत के बाद इसी दुनिया में करारी हार का सामना उस स्तर पर करना पड़ा जहाँ वह ग़लत था। दूसरे पूँजीवाद से, शोषण से आप नफ़रत

करें मगर बिना बुनियाद एवं तर्क के केवल अमेरिका के विरोध में नारे लगाना हिमाकत है। इस बात को आयतउल्लाह खामनई को जल्द ही समझ लेना चाहिए जबकि दूसरे इंक़लाब की आहटें उन्हें साफ़ सुनाई पड़ने लगी हैं।

1979 में मार्क्सवादी विचारधारा रखने और 'नई कविता' के अग्रदूत अहमद शामलू ने यह बात कही थी कि इंक़लाब अपने अन्त तक सहज रूप से पहुँचता, उससे पहले ही ऑपरेशन करके इंक़लाब को लाया गया है। तब तक ईरान वालों को रोटी की नहीं, लिखने-पढ़ने की आज़ादी और दौलत की बराबर से बाँट की परेशानी थी मगर इन तीस वर्षों में ईरानी ने जिस तरह की सियासी यात्रा की है और आर्थिक कष्ट उठाए हैं, उसने फिर एक बार विद्रोह करने और अपनी क़ुर्बानी देने पर उन्हें आमादा किया है। यह क्रान्ति भी पहली क्रान्ति की तरह नीचे से ऊपर नहीं बल्कि ऊपर से नीचे की तरफ़ फैल रही है। मज़हब की अफ़ीम अब इतनी कारामद नहीं रहेगी क्योंकि पिछले तीस वर्षों में इस्लाम धर्म पर जितनी गम्भीरता से काम हुआ है, उसके क़ानून, दर्शन और दुनिया से नये रिश्ते स्थापित करने को लेकर जितनी साइंटिफ़िक बहसें मौलवियों एवं थ्योरिशियंस में हुई हैं, उसने अब कुछ भी छुपाकर नहीं रखा है। ईरान में जागृति सामाजिक, राजनीतिक, धार्मिक, आर्थिक स्तर पर इस तेज़ी से आई है कि उसको दबाना बड़ा मुश्किल काम है और इस तरह की ज़रूरत जो इनसान के पेट से जुड़ी हो, उसको दबाना भी न समझदारी है और न ज़रूरी है क्योंकि यह भूख हर तरह के बन्धन और जड़ता को तोड़ने की क्षमता रखती है।

मोस्वी के उठाए प्रश्नों और उनके समर्थकों द्वारा ख़ुमैनी के आरामगाह पर धरना देने की बात पर आयतउल्लाह खामनई ने चुनाव के नतीजे पर छानबीन की बात कही है। अहमद निज़ाद अपनी टिप्पणियों से दुनिया के शीर्ष नेताओं को इस हद तक नाराज़ कर चुके हैं कि उनकी तरफ़ से उन्हें अन्तरराष्ट्रीय स्तर पर समर्थन मिलनेवाला नहीं है। दूसरे देशों की जनता जो ईरानी नागरिकों से हमदर्दी रखती है और न्यूक्लियर प्रोग्राम में समर्थन का एक जनमत बनाती भी है तो हर बार अहमद निज़ाद की तर्कहीन, जोशीली, ग़ैरज़रूरी टिप्पणियों को सुनकर दोचित्ते में पड़ जाती है।

आयतउल्लाह खामनई ने दो सप्ताह का समय माँगा है। मीर हुसैन मोस्वी का यह सवाल कि 14 मिलियन बिना इस्तेमाल किये बैलेट ग़ायब हैं। यही नहीं, यूरोपियन यूनियन और पश्चिमी देशों ने भी वोट के दरमियान हुई धाँधली की तरफ़ इशारा किया है। उसी तरह अमेरिका ने, इंग्लैंड ने भी अपने शक का इज़हार किया है। यह सच है कि आज हर देश में पिछड़े और शोषित लोगों को आगे आने का

मौक़ा दिया जाना चाहिए मगर यह भी सच है कि वह रास्ता धोखे और दादागीरी का न हो बल्कि जनता की इच्छा और समय की ज़रूरत के अनुसार हो।

ईरान में नये इंक़लाब की हवा चल पड़ी है। वैसे भी सारी तब्दीलियों के बावजूद जिसको हम विकास की राह पर कह सकते हैं मगर अंकुश का अपना पुराना अन्दाज़ वहाँ मौजूद है जो व्यक्तिगत ही नहीं; बल्कि एक तंग नज़रिये का पोषक है।

['नई दुनिया' : 19 जून, 2009]

नई पीढ़ी के ख़्वाबों का ईरान

ईरान की सड़कें फिर जवान लड़के-लड़कियों से भरने लगी हैं। इस बार उनके मुँह से इंक़लाबी तराने निकल रहे हैं 'अल्लाहो अकबर' की जगह। ये नई पीढ़ी उन माँओं की कोख से पैदा हुई है जो इंक़लाब के शुरू में या ख़ुमैनी साहब के ईरान में क़दम रखने के बाद गर्भवती हुई थीं। यदि ग़ौर से इस बिफरी जवान नदी को देखें तो आपको महसूस होगा कि इसमें तड़पती धाराएँ सिर्फ़ तीस और पचीस साल की नहीं बल्कि पन्द्रह और सोलह साल की हैं, जिनमें लड़के-लड़कियाँ शामिल हैं, जिनकी सामाजिक चेतना उम्र से कई गुना ज़्यादा है क्योंकि ईरान में वर्गों की असमानता के मसले की जगह सोच की टकराहट की समस्या ज़्यादा है। यह तजुर्बा भी बहुत पुराना नहीं है।

तारीख़ अपने को दोहराती है मगर क्या इतनी जल्दी? वही दृश्य, वही चेतना, वही दीवानगी जो 1979 से 1980 तक देखी थी, फिर से वजूद में आ रही है उस नारे के विरोध में कि हमको कपड़ा, रोटी और मकान चाहिए बल्कि यह इंक़लाब हमने रोटी के लिए नहीं, इस्लाम के लिए किया था। जिन्होंने पहले नारे की काट में दूसरा नारा दिया था, ये उन्हीं की औलादें हैं जो जान हथेली पर रखकर बेकारी, महँगाई और आज़ादी के अधिकार को पाने के लिए सड़क पर उतर आई हैं। उन्हें देखकर दिमाग़ में सवाल उभरा कि क्या फिर अपनी बुनियादी माँगों को लेकर ईरान ख़ून में नहाएगा? जवाब मिलता है, "डर इसी बात का है।"

दूसरी चिन्ता उभरती है : "रूहानी एक बार दो फाँक हो गए हैं।"

तीसरी आवाज़ सुनाई पड़ती है : "कुछ नहीं पता, इसका अन्त क्या होगा!"

मीर हुसैन मोस्वी भूतपूर्व प्रधानमंत्री तब रहे जब ईरान की सियासी हालत बद से बदतर थी। उस समय उन्होंने जी-जान से महँगाई को रोका, बेकारी को कम किया था। वह खुले दिमाग़ के एक ऐसे राजनेता हैं जिन्होंने सत्ता से अलग होने पर

पूरे बीस वर्ष तक ईरान की सभ्यता एवं संस्कृति पर किताबें लिख 'फरहंगे हुनर' नामक संस्था की स्थापना की। उनका समाचार-पत्र 'कलमेह सब्ज़' भी उनके इसी तरह के शोध-कार्यों एवं राजनीति पर आधारित था। उस पर प्रतिबन्ध फ़िलहाल सरकार ने लगा दिया है। मोस्वी की पत्नी केवल 'डेकोरेशन पीस' की तरह अपनी उपस्थिति अपने पति के संग दर्ज नहीं करती हैं बल्कि वह स्वयं सामाजिक कार्यों में रुचि लेने के साथ विश्वविद्यालय में अध्यापक और बहुत अच्छी प्रवक्ता हैं। उनका प्रभाव महिलाओं पर हर दिन बढ़ रहा है। पिछली क्रान्ति में औरतें सड़कों पर अपने पूरे कुनबे के साथ निकली थीं। उन्हें जो शिकायतें थीं, वे अपनी जगह, ऊपर से उनकी बुनियादी आज़ादी, जो उनके पैग़म्बर और क़ुरान ने दी, उस पर भी अंकुश लग गया था और ख़ुदा के बराबर से पैदा किये बन्दों को कम और ज़्यादा करके आँका गया। तीस वर्षों में औरतों को सियासी एवं सामाजिक आज़ादी मिली ज़रूर मगर एक मातहत की तरह, दूसरे दर्जे के नागरिक की तरह जिसकी आदी आम ईरानी औरत नहीं थी। शाह के दौर में विद्रोही और सियासी विचार की औरतों पर कड़ी नज़र थी मगर बाद के दौर में टोटल औरतों की सरहदें तंग कर दी गई थीं और अब मसला सीधे आर्थिक कारणों से जुड़ा है। घर का बजट सँभालना अब औरतों के लिए भारी पड़ रहा है, इसलिए उनको इस व्यवस्था के विरोध में उठना पड़ रहा है।

ईरान के इंक़लाब के आरम्भ से रूहानियों के बीच दो खेमे साफ़ थे। रफतसनजानी जो संसद अध्यक्ष और दो बार राष्ट्रपति बन चुके थे, विचारों में लिबरल थे। उनकी इस्लामिक डिग्री 'हुज्जत' की थी अर्थात बहस। आयतउल्लाह खामनई पहले राष्ट्रपति, फिर इमाम की पदवी पर आसीन हुए। उनके पास डिग्री 'आयतों' पर थी। दोनों की पढ़ाई का फ़र्क़ उनके नज़रिये में भी आया और खामनई को एक ख़ास सोच तक महदूद कर गया। रफतसनजानी और खामनई में कभी नहीं बनी और आज स्थिति यह है कि अहमदी निज़ाद के पीछे यदि खामनई और सत्ता और कुछ निष्ठावान धार्मिक सोच के लोग हैं तो मोस्वी के पीछे ख़ात्मी, रफतसनजानी, युवा पीढ़ी और औरतें हैं। एक का नज़रिया सत्ता में जमे रहने का और नये ज़माने से दूर रहने का है तो दूसरे का विश्वास उस इस्लाम पर है जो दौरे जहालत में एक सामाजिक परिवर्तन का पैग़ाम लेकर सऊदी अरब के सहरा में आया था, जिसने अपना सम्बन्ध सारी दुनिया से बनाया था। इस समय भी वह न पूर्व, न पश्चिम की ख़ुमैनी की नीति को उतना ज़रूरी नहीं समझता है इसलिए मुजाहिदीन हों, फ़िदाइन

हों या फ़िलहाल रिफार्मिस्ट, वे नई दुनिया की आर्थिक व्यवस्था में क़दम से क़दम मिलाकर चलना चाहते हैं।

ईरानी कला और संस्कृति पर लिखने वाले कवि मोहसिन मोहन दोस्त ने रूसी पत्रकार को इंटरव्यू देते हुए कहा कि इस समय तीन चीज़ें बेहद अहम् हो उठी हैं : वर्तमान समय में मर्द, नस्ल, मज़हब। यदि ये तीनों अपनी बेजा दख़लन्दाज़ी से अपना हाथ खींच लें तो इस दुनिया में अमन क़ायम हो सकता है। मर्द से उनका मतलब जहाँ तक मैं समझती हूँ, वह सत्ता से है। सत्ता के इसी जुनून ने ओसामा बिन लादेन और जैविक हथियार की अफ़वाह फैलाकर इराक़ और अफ़ग़ानिस्तान में क्लस्टर बमों की बारिश कर दी है और इसी सत्ता और सियासी खेल ने कुवैत, इराक़, ईरान युद्ध और जाने कितने युद्धों को जन्म दिया है और अब फिर उस इलाक़े में एक फ़िज़ा बन रही है और बेहतर है कि खूने नाहक़ बहाने की जगह सत्ताधारी नई नस्ल की ज़रूरतों और देश के विकास की ओर से आँखें न दें। यह सही है कि आने वाले समय में कृषि का महत्त्व सबसे ज़्यादा होगा मगर क्या ईरान उसके भरोसे अपने खनिज पदार्थों के बाक़ी ज़मीनी ख़ज़ाने से आँखें मूँद ले?

ईरान की मौजूदा स्थिति का सबसे पहला प्रभाव दुबई स्थित ईरानियों पर पड़ा है जहाँ वे एक भारी संख्या में बसे हैं। माली मन्दी के इस दौर में मध्यपूर्वी देशों में सबसे ज़्यादा बुरा हाल दुबई का हुआ है। चाहे यह विकसित देश का शोशा हो या सोची-समझी सियासत कि इस स्थिति को बनाकर पूरे मध्यपूर्वी देशों का ढचरा बिठाना है तो भी ईरान को अपनी विदेशी और व्यापारिक नीतियों में बदलाव तो लाना ही होगा। वरना ये सब्ज़ झंडे जो आबादी, ख़ुशहाली, हरियाली का प्रतीक हैं, वे सड़कों पर हवा में लहराते-लहराते ख़ून में तरबतर हो उठेंगे।

ईरान के मरदुमशुमारी विभाग और होम मिनिस्ट्री द्वारा दिये गए जनगणना आँकड़े के अनुसार 46.2 मिलियन वैध वोटर हैं। ईरान में वोट डालने की उम्र 16 वर्ष है। मोस्वी के समर्थकों द्वारा सड़क पर उतरकर जवान नस्ल चुनाव में हुई धाँधली के ख़िलाफ़ नारे लगाती नज़र आ रही है और साथ ही आयतउल्लाह खामनई की पुरजोर वकालत उन लोगों से है जिनके वोट देने से अहमदी निज़ाद इस 'पवित्र फ़ैसले' तक पहुँचे और उन्हें इतनी बड़ी संख्या में जनता का समर्थन मिला है। मगर मोस्वी 14 जून को चुनाव में धाँधली के विरुद्ध अपनी अपील सबसे बड़ी कौंसिल में दायर कर चुके हैं जो बारह मेम्बरों से निर्मित होती है। उसमें से छह मौलवी-रूहानी व्यक्ति जिनको देश का सबसे बड़ा नेता चुनता है और बाक़ी छह वकील जिनको ईरान का

न्यायालय चुनता है, पार्लियामेंट में वोटिंग के बाद उन्हें रखा जाता है। इतनी ज़बर्दस्त बन्दिशों में भी यदि ऐसा पक्षपात हुआ है तो यह समस्या घनी होगी। इतनी जल्दी इसका हल होना भी मुश्किल नज़र आता है। उसका सबसे बड़ा कारण ईरान का जवान वर्ग है जिसकी याद में तेहरान यूनिवर्सिटी में हुआ विद्यार्थियों का क़त्लेआम बसा हुआ है, जिसमें राष्ट्रपति बनि सदर के गमबूटों के ख़ून में डूब जाने की वे फ़िल्में उनकी नज़रों से धुँधली नहीं पड़ी होंगी। इसलिए शहादत देना उनके लिए कोई नई बात न होगी।

ईरान के सत्ताधारियों को यह समझना पड़ेगा कि यह नई नस्ल लड़के-लड़कियों की काज़ार दौर की पली नहीं है जिन्होंने पहलवी दौर में साँस ली और न यह पहलवी काल के अंकुश में पली नस्ल है जिसने उसके विरोध में खड़े हो ख़ुमैनी का दौर देखा। दरअसल 15-16 वर्ष की ये वो नस्लें हैं जिन्हें न मज़हब से कुछ लेना है, न मार्क्सवाद से, न साम्राज्यवाद के विरुद्ध हैं। बल्कि वे अपने समय के उन अत्याचारों के विरुद्ध हैं जो उनका जीना अपने देश में और अन्तरराष्ट्रीय स्तर पर उनका साँस लेना दूभर बना रहे हैं। मौजूदा ईरान की सूरतेहाल क्या होगी, इसको अभी तौलना है क्योंकि अमेरिका के नये राष्ट्रपति यदि मुसलमान देशों से मधुर सम्बन्ध बनाने के इच्छुक हैं तो उन्हें उन राष्ट्रों का शीर्ष नेता ऐसा चाहिए जो उनसे गले मिलने का दिल रखता है।

['नई दुनिया' : 2009]

रेगिस्तानी इलाक़े की औरतें

सऊदी अरब क़बीलों से बना एक ऐसा समाज है जो तेल निकलने से पहले रेगिस्तानी इलाक़े में अपनी निष्ठुर भौगोलिक परिस्थितियों से जूझने को मजबूर था। कई इलाक़े बेहद हरे-भरे मौजूद थे, जैसे मदीना। वहाँ के खजूर सबसे मीठे उगते हैं, मगर यह हालत पूरे देश की नहीं है। बदू कहलाए जाने वाले अरब अपने सामाजिक बदलाव जो इस्लाम धर्म के रूप में आया, काफ़ी हद तक अपने बाहरी रूप को बदल चुके हैं, मगर प्राचीन प्रवृत्तियाँ अब भी उनमें मौजूद हैं; किन्तु उनका रूप लड़कियों को ज़िन्दा गाड़ना नहीं बल्कि एक आरामदेह ज़िन्दगी की चहारदीवारी में क़ैद रखना है।

दर्शन, लिखित क़ानून, धर्म, विकास योजनाएँ यह चन्द दिमाग़ों की मेहनत होती है जो पूरे समाज को बदलने के लिए बनाई जाती है मगर उसका कार्यान्वित किया जाना ज़ोर-ज़बर्दस्ती से जितना आसान होता है, उतना ही मुश्किल नागरिकों द्वारा मन-मस्तिष्क से आत्मसात् करना होता है और इसी को मानसिकता कहते हैं जो लोगों की या सामूहिक रूप से समाज की बदल नहीं पाती है। इससे बाहरी दशा जितनी विकसित और प्रगतिशील नज़र जाती है, उतना इनसान के अन्दर की दुनिया में परिवर्तन नहीं हो पाता है। वह लकीर का फ़क़ीर बना अपनी रूढ़ियों से लड़ता रहता है।

सऊदी अरब का समाज मुस्लिम है। वहाँ की व्यवस्था क़ुरान ज़ौर शरीयत पर क़ायम है। पैग़म्बर एक दूत के रूप में आए और उन्होंने समाज-सुधार किया जिसमें औरत का विशेष ध्यान रखा गया। कहाँ अरब हरम रखते थे। शराब पीते थे, अय्याशी में डूबे रहते थे, जिससे वितृष्णा थी पैग़म्बर को और उन्होंने युग परिवर्तन किया और एक ऐसी धार्मिक भाषा-मुहावरा गढ़ा जो एक तरफ़ ग़लत बातों पर पूरी तरह रोक लगाने जैसा नहीं लगता था मगर था वह ठोस नकारात्मक फ़ैसला। अर्थपूर्ण भाषा इस कारण थी कि अरब-बदू इतनी जल्दी बदलाव स्वीकार नहीं कर

पाएँगे इसलिए उन्होंने कहा, अरब चार शादियाँ कर सकता है मगर उस हालत में, जब सचमुच उसका कोई कारण हो, बशर्ते कि उसकी पहली पत्नी की मर्ज़ी भी हो। इसका रूप बदल दिया गया। पहली पत्नी पर ज़ोर-ज़बर्दस्ती से 'हाँ' कहलवाई जाने लगी और नये-नये बहाने दूसरी, तीसरी, चौथी शादी के ढूँढ़े जाने लगे। कुछ मर्दों ने यह भी तय कर लिया कि वह पाँचवीं-छठी भी कर सकते हैं क्योंकि उसमें चार शादियों के बाद भी मनाही का कोई वाक्य नहीं आया है।

औरतों पर चूँकि ज़ुल्म था सो वह शरीयत क़ानून के मूल अर्थ और क़ानून की सही व्याख्या को लेकर प्रतिरोध करती रहीं जिसमें मौलवी वर्ग ने रोज़ी-रोटी का ज़रिया बना जिधर पल्ला भारी देखा, उधर वाले के पक्ष में फ़ैसला सुना दिया और अपनी तरह से तथ्य को मरोड़ नये तर्क गढ़ फ़तवा देने लगे।

सऊदी अरब में शिक्षा, फ़ैशन, आरामदेह ज़िन्दगी, हवाई एवं विदेशी यात्रा सारी सुख-सुविधा, जो एक स्त्री का सपना और ज़रूरत हो सकती है, उसको भरपूर दिया। एक बड़ा आरामदेह घर, बच्चों के लिए आया, कई-कई कारें और बैंक के खाते में उनके ख़र्च करने के लिए पैसा। यदि तलाक़ हुआ तो शरीयत क़ानून के मुताबिक़ उसके भावी जीवन की सुरक्षा उस समय तक, जब तक वह दूसरी शादी नहीं कर लेती या फिर स्वयं ख़र्चापानी लेने से इनकार न कर दे। लड़कियों-औरतों के लिए बाक़ायदा वहाँ क्लब खुले हैं जिनमें हर तरह के गेम, स्वीमिंग पूल, ताश—ग़र्ज़ कि दुनिया की हर नई-पुरानी दिलचस्पियाँ वहाँ मौजूद हैं, साथ ही बच्चों की रुचियों की सारी सुविधाएँ उपलब्ध हैं। जब माँएँ आपस में मस्त गप्पें मार रही हों, उस समय यह बच्चे भी अपने हमजोलियों में खेल-कूद सकते हैं। इन स्थलों पर रात को अधिक भीड़ होती है जहाँ पर किसी मर्द का गुज़र नहीं हो सकता है, यहाँ तक कि घर की चहारदीवारी को कोई भी ग़ैरमर्द लाँघ नहीं सकता है। इसीलिए कहा जाता है कि सऊदी अरब में ऊँट औरतों से ज़्यादा स्वतंत्र है जो आराम से कहीं भी बिना रोक-टोक के आ-जा सकता है।

ख़ुशहाल, हर तरह से भरी-पूरी दौलतमन्द औरतों के दुख क्या हैं? राजनीतिक स्वतंत्रता जब मर्दों को प्राप्त नहीं है तो फिर औरतों को अपने को अभिव्यक्त करने की इजाज़त क्योंकर मिल सकती है? जब वे अपनी औरतों को अकेले निकलने नहीं देते हैं तो फिर किसी भी अकेली औरत को सऊदी आने का वीज़ा भी नहीं देते हैं। खाने-पीने, रहने-सहने के अलावा भी एक इनसान की ज़रूरतें होती हैं जो उसकी व्यक्तिगत स्वतंत्रता और नितान्त निज से जुड़ी होती हैं जिसकी इजाज़त

क़तई सऊदी समाज नहीं देता है। भले ही वह अमेरिकन लड़की ब्याहकर ले आए मगर अपनी लड़कियों को इस तरह का कोई क़दम भूले से भी नहीं उठाने देते हैं। वहाँ औरत की जन्नत का घेरा उतना ही बड़ा हो सकता है जितना बड़ा उसका पिता शादी से पहले और पति शादी के बाद दे सकता है।

इस्लाम में शादी जन्म-जन्मान्तर का सम्बन्ध नहीं माना जाता है बल्कि औरत-मर्द की भौतिक ज़रूरतों को दृष्टि में रखकर यह एक सामाजिक अनुबन्ध होता है जिसके कुछ नियम-क़ायदे हैं। उसकी पूर्ति किसी एक पक्ष द्वारा सुचारु रूप से नहीं हुई तो अनुबन्ध की नैतिकता पर प्रश्न उठ जाता है और तलाक़ लेने की सम्भावना बढ़ जाती है। तलाक़ मर्द ले सकता है तो परत भी 'खुला' ले सकती है मगर औरत द्वारा तलाक़ (खुला) लेने पर वह ख़र्चा-पानी लेने की हक़दार नहीं होती है। सऊदी समाज में औरतें शरीयत लॉ को लेकर कुछ ज़्यादा ही सचेत हो गई हैं, जैसे नई शर्तें निकाहनामे की फ़िलहाल ये हैं कि हफ़्ते में एक बार मर्द घर का काम करेगा। तनख़्वाह सारी पत्नी के हाथ में आएगी। सास-ससुर से निभाव न हो सकने की हालत में पत्नी को पूरा अधिकार है कि वह पति के साथ अलग घर में रहे। सामाजिक स्थिति देखें—शराब पीना इस्लाम में मना है मगर सऊदी लोग मक्का शहर से बाहर जाकर ख़ूब पीते हैं। ऐसी हालत में एक व्यक्ति ने नशे की हालत में पत्नी की ख़ासी ठुकाई कर दी। वह तो मारपीट के लुढ़क गए। पत्नी ने भाइयों को इत्तला दी। दूसरे दिन परिवार की अदालत में पति हाज़िर! उनकी इस हरकत पर साफ़ शब्दों में चेतावनी मिल गई कि दोबारा हाथ उठाने की हालत में तलाक़ लाज़िमी है। पत्नी आपके जीवन की साथी है, मार खानेवाला जानवर नहीं। अब वह साहब जिस दिन शराब पीकर आते हैं, बाहर कमरे में रात गुज़ारते हैं। सुबह नहा-धोकर वह घर में दाख़िल होते हैं। औरतों का अहम् तर्क यह भी है कि नशेबाज़ बाप की कोई इज़्ज़त बच्चे नहीं कर सकते हैं इसलिए घर की पवित्रता और अनुशासन को क़ायम इसी प्रतिबन्ध से रखा जा सकता है।

औरत को इस्लाम ने बराबरी का दर्जा दिया है मगर मर्द समाज ने इस तथ्य को सदा नकारा है। आज भौतिक रूप से अरब औरत हर तरह से शक्तिशाली है मगर कुछ मामलों में बिलकुल बेचारी है। वह दूसरा, तीसरा विवाह धर्म में दिये गए अधिकार से करने को आज़ाद है मगर मर्द भी तो बड़ी उम्र और तलाक़शुदा औरत से शादी करने की इच्छा प्रकट करे! मर्दों का सारा आकर्षण कम उम्र लड़कियों के प्रति होता है। इसलिए बच्चे के कारण यदि वह बड़ी उम्र में जाकर विवाह का

फ़ैसला लेते हैं तो यह तथ्य भी एक प्रश्न बनकर सामने आन खड़ा हो जाता है कि पैंतीस, चालीस वर्ष की स्त्रियाँ गर्भ धारण के समय कई तरह की परेशानियों से गुज़रती हैं सो कम उम्र लड़की इस तरह की ज़रूरत को पूरा करके अधिक तन्दुरुस्त बच्चे को जन्म देगी। इस तरह से पचपन वर्ष के पति की बीस वर्ष की पत्नी न केवल देखने को मिलती है बल्कि पचीस वर्ष की आयु तक चार-पाँच बच्चों की माँ भी बन जाती है। यह एक गम्भीर प्रश्न भी है और गम्भीर ज़रूरत भी, मगर जब बारह या तेरह वर्ष की लड़कियों से केवल शादी के शौक़ में शादी की जाती है तब शर्मनाक परेशानियों का दौर शुरू होता है। ग़रीब माँ-बाप कई तरह के भय में आकर बूढ़ों को अपनी बेटियाँ ब्याह देते हैं। यह भी कड़वा सच है कि पैग़म्बर ने चालीस वर्ष की एक विधवा से विवाह किया और जीवनभर उनके प्रति ईमानदार रहे मगर उनके अनुयायी उनकी इस ख़ूबी का पालन करते कहीं भी नज़र नहीं आते हैं।

आज सऊदी अरब में लड़कियों के देखने का दृष्टिकोण बदल गया है। पहले जो लोग लड़कियों को ज़िन्दा दफ़ना देते थे, आज उनकी पैदाइश पर जश्न मनाते हैं क्योंकि लड़कियों, विशेषकर सुन्दर लड़कियों के विवाह में जो महँगा दहेज़ लड़के वाले देते हैं, उससे उनकी माली हालत में ज़बर्दस्त सुधार आ जाता है। अरब या इस्लामी दृष्टि से लड़के चूँकि लड़की को ब्याहकर घर लाते हैं इसलिए उसके हर आराम का इन्तज़ाम उन्हें पहले से रखना ही नहीं, बताना भी पड़ता है, तब ब्याह तय होता है। इसका मतलब है, चार लड़कों का होना शादी में दिवाला निकल जाने की पूर्वघोषणा होती है। इसलिए लड़कियों की पैदाइश लड़कों के जन्म से कहीं सुखद अनुभव है, वैसे भी वंशवृक्ष माँ के नाम से चलता है। इन सारी सामाजिक व्यवस्था को देखकर लगता है कि यदि स्त्रियाँ भी मौलवी होने लगें तो शरीयत लॉ की सही विवेचना और व्याख्या होगी। तब स्त्री शोषण काफ़ी हद तक कम हो जाएगा। उस समय एक ऐसे समाज की परिकल्पना की जा सकती है जहाँ पर या तो इस्लाम अपने सही सिद्धान्त और दर्शन में पारित होगा, या सिरे से नकार दिया जाएगा।

[अप्रकाशित : 2010]

अहसास की अन्तर्यात्रा जुनूने इश्क़

आज बहुत बड़ा सवाल हमारे सामने यह है कि इनसानी संवेदनाएँ हालात की मार से शुष्क होती जा रही हैं और इनका अन्त कहाँ जाकर होगा? पूरे माहौल में भौतिक चाहतों की दौड़ नज़र आती है और आपको यक़ीन हो जाता है कि दुनिया में मुहब्बत जैसी शै बची नहीं है। एकाएक किसी दिन आप ऐसी घटना से टकराते हैं कि आपका विश्वास चकनाचूर हो जाता है कि नहीं, मुहब्बत अभी अपना वजूद इनसानी बस्ती में रखती है। लेकिन ज़माने के साथ उसका मिज़ाज बदला है। पहले पर्दानशीन इश्क़ होता था क्योंकि महत्त्वपूर्ण 'जज़्बा' होता था, हाड़-मांस का व्यक्ति नहीं। जात-पाँत, रंग-भेद, धर्म, ज़बान, उम्र, ख़ूबसूरती-बदसूरती आड़े नहीं आती थी। वरना लैला अपने काले रंग के बावजूद मजनू को दीवाना न बना पाती और ग़रीबी के बावजूद हीर-राँझा मरते दम तक एक-दूसरे के दीवाने न बने होते। शीरीं व फ़रहाद एक-दूसरे को समझने और पाने के लिए तड़पते न होते। ये सारे लोग इश्क़ की हरारत से सराबोर थे। यह वह जज़्बा है जो किया नहीं जाता, हो जाता है।

आज का दौर कुछ अलग है। आज इश्क़ किया जाता है। सामाजिक, आर्थिक स्थितियों को देख क़दम उठाया जाता है और न बनने की हालत में तोताचश्मी की तरह प्यार से नज़रें भी फेर ली जाती हैं। आख़िर यह हो क्यों रहा है कि हमारे चाहने के बावजूद हमारे रिश्ते टिकते नहीं? एक आदमी चाहे वह औरत हो या मर्द, घायल दिल लिये मज़रूह घूमता है। कहने वालों का कहना है कि अब पहले वाली बात रिश्तों में नहीं रह गई। ये बातें पहले के दौर में भी सच्ची थीं मगर हम उन्हें खुली आँखों से घटते नहीं देख पाते थे। दूसरे, आज की तरह पहले ऐसी सहूलियतें भी मौजूद न थीं कि आप विवाह के बन्धन में बँधे बिना एक-दूसरे को पा लें और बिना किसी जंजाल में फँसे रिश्ते निभा लें। ज़माना बदला, इनसान की चाहतें बदलीं, उसका नज़रिया बदला। डिस्पोज़ल नैपकिन बाज़ार में आया तो रूमाल धोकर फैलाने

की झंझट से निजात मिली। इस तरह सहूलियतों ने बहुत-सी ज़िम्मेदारियों से मुक्ति दे दी कि जाओ—उड़ो, ख़ूब ऊँची पेंगें लो और जब मौसम बदले तो अपने साथी भी बदल लेना—अपने घर के पर्दे और फ़र्नीचर की तरह। (अपवाद को छोड़ते हैं)

कहते हैं लोग कि पहले इश्क़ पर्दानशीन होता था। लैला को देखे बिना उन्स पैदा हो जाता था क्योंकि तब जज़्बा महत्त्वपूर्ण था, अब उपहार! ख़ास तौर से वेलेंटाइन डे के दिन, जिसका वास्तविक अर्थ बाज़ार ने अपनी ज़रूरत के मुताबिक़ बदल डाला है। राबिया बल्खी अफ़ग़ानिस्तान की कवयित्री के शेरों में इश्क़ की तपिश ने उसे ऐसा बदनाम किया कि भाई ने उसकी कलाई की नस काट उसे गर्म हमामख़ाने में बन्द कर दिया जहाँ वह ख़ून की सियाही से हमामख़ाने की दीवार पर शेर लिखती रही। कुछ ऐसा ही बर्ताव विरासत में कुछ इलाक़ों को मिला है जहाँ प्रेमी फ़ौरन फ़ाँसी पर लटका दिये जाते हैं। मुहब्बत करना अपराध समझा जाता है। कहीं पर प्यार की नाकामी आत्महत्या करने पर भी लड़के-लड़कियों को मजबूर कर देती है। घटनाओं-दुर्घटनाओं को देखें, टूटे दिलों के एकतरफ़ा क़िस्से सुनें, लांछन और आरोपों के बयान पढ़ें तो अक्सर महसूस होता है कि एक समय में इतने सारे हादसे, वे भी विभिन्न कारणों और अनेक प्रवृत्तियों के एक विशेष कालखंड में, एक साथ कैसे वजूद में आते हैं? क्या इसका कारण सहज आकर्षण को इश्क़ समझ लेना या फिर मुहब्बत में साथ-साथ मरने-जीने की जल्दबाज़ी में शादी के बन्धन में बँध कुछ वर्षों बाद तलाक़ की अर्जी देना या फिर बाज़ार की चकाचौंध से चुँधियाई आँखों से उन सारे उत्पादनों से लैस बन्दे को देख लेना जिनकी धूम विज्ञापनों द्वारा, टीवी, रेडियो और पोस्टर पहाड़े की तरह रटते रहते हैं? क्या सारी दुनिया इसमें बह रही है? तो फिर दुख कौन है; शिकवा कौन कर रहा है?

मेरा अपना ख़याल है कि ज़माना जो भी हो हमारा या आपका, उसमें जज़्बे का नैसर्गिक फुटाव ही अहसास दिलाता था या है कि आपके साथ कुछ अनहोनी घटी है। जिस तरह अंगूर शराब और किशमिश में बदल एक नई ख़ासियत में ढलता है, उसी तरह अहसास को भी समय चाहिए और इसी कारण स्नेह, प्रेम, मुहब्बत, इश्क़ और उन्स की कैफ़ियतें अलग-अलग होती हैं। पहले लोगों को इश्क़ होता था। वह एक दायमी कैफ़ियत थी जो जुनून बनकर चढ़ती थी। उसी हाल में आपको रखती थी मगर अब इश्क़ बहुत कम होता है। चाहतें अपना चोला बदल लेती हैं इसलिए जवान आज सिर्फ़ प्यार और मुहब्बत करते हैं। उसमें रिश्तों का स्नेह गहरा हो या नहीं मगर प्रेम का उबाल ज़रूर होता है, तभी अभिव्यक्ति के

नित-नये अन्दाज़ फ़िल्मों में और मुहब्बत करने के अन्दाज़ लेखों द्वारा जवानों को सिखाए और पढ़ाए जाते हैं, जो अक्सर क्या, पेश्तर हालतों में फेल हो जाते हैं। फिर कुछ नुस्खे हक़ीम लुक़मान की तरह 'टूटे दिलों को कैसे सँभालें' उन्हें मिल जाते हैं और वे अपने को जानने और समझने की जगह दूसरों के अनुभवों और बताए उपायों में फँसते चले जाते हैं और कभी भी असली शहद की तरह सच्ची मुहब्बत को चख नहीं पाते। और इश्क़ का मज़ा जो धीमे-धीमे सुलगने में, इन्तज़ार के दर्द में, क़ुर्बानी और धैर्य में है, उसे समझ नहीं पाते हैं; बल्कि गोली, तेज़ाब और चाक़ू का प्रयोग कर बैठते हैं।

हमारे दौर में इनसानी रिश्तों के बीच जिस भाव ने सबसे ज़्यादा जगह बना ली है, वह है बनावट : बनावटी मुहब्बत, बनावटी चेहरा, बनावटी बातें, बनावटी क़समें, जो हर उस आदमी का नशा उतार रही हैं जो ज़ख़्म खाता है। मगर जो इस हुनर में माहिर है, वह धन, प्यार, शोहरत और आराम तो पा रहा है मगर इज़्ज़त और सुकून नहीं। नींद भी उसे गोली की मदद से आती है और मुहब्बत भी उसे ख़रीदी हुई जीनी पड़ती है। इस स्थिति में आज के इनसान को लाने वाली ख़ुद उसकी उपलब्धि है। आख़िर बाज़ार की चमक-दमक तो उसी ने बनाई है जहाँ पहुँचकर इनसान फीका लगता है और अब औरत-मर्द को एक-दूसरे के चेहरे और चरित्र आकर्षित नहीं करते हैं बल्कि उत्पादन का कोई नया मॉडल, नया मेक उन्हें अपनी ओर बरबस खींचता है। यही पाठ हमारी नई पीढ़ी को रोज़ विज्ञापनों द्वारा सिखाया जा रहा है कि इनसान से ज़्यादा महत्त्व उत्पादन का और अहसास से ज़्यादा महत्त्व धन का है। किसी के दिल में रहो या न रहो, मगर कमाते जाओ।

अब ऐसे में इश्क़ का अनुभव कौन करना चाहेगा जिसमें दर्द, कसक, टीसन, विरह और सोज व गुदाज़ हैं?

हमने किया है फर्ते जुनूँ में भी ज़ब्ते इश्क़,
ये क़ैस से हुआ न तो फ़रहाद से हुआ।

—जामिन अली

['दैनिक भास्कर' : 2010]

छोटी ख़बरों की लम्बी कहानी

चन्द साल पहले एक ख़बर 'टाइम्स ऑफ़ इंडिया' में छपी थी कि महरौली में कीकर से ढका एक खँडहर है जिसमें दो भाई-बहन रहते हैं। उस घर का बुरा हाल था, खिड़कियों की जगह मोखे थे। भाई कभी-कभी कुत्ते के लिए रातिब और घर की दूसरी चीज़ों की ख़रीदारी के लिए बाहर बाज़ार की तरफ़ निकलते देखा गया। कोई अगर लम्बे पैदल रास्ते के दरवाज़े पर नज़र आता है तो उसे गोली मारने की धमकी दी जाती है। यह बाग़ और हवेली या फिर यह ज़मीन इनकी माँ को दी गई थी जो अब बहयात नहीं है। उनका नाम और उनका कुछ अहम् तारीख़ी लोगों से रिश्ता भी बताया गया था जो अब ज़हन में नहीं रह गया मगर लम्बी रिपोर्ट पढ़कर मैंने दिल-ही-दिल में तय कर लिया कि मैं इनसे मिलने ज़रूर जाऊँगी।

वह खँडहर और अधेड़ उम्र की तरफ़ बढ़ते बहन-भाई मेरे ज़हन में रात-दिन चक्कर लगाने लगे। हालात में ऐसी उलझी कि उस पतले रास्ते में चाहने के बाद भी दाख़िल न हो सकी। लेकिन अरसे तक कार से गुज़रते हुए जब भी कोई रास्ता नज़र आता तो मुझे वह बहन-भाई ज़रूर याद आ जाते कि वह अपने बनाए क़ैदख़ाने में सबसे अलग-थलग क्यों रह रहे हैं, ज़रूर कोई गहरी वजह होगी जो किसी ऐतिहासिक बदलाव की तरफ़ इशारा करके किसी ख़ानदान की बदहाली की तरफ़ इशारा करेगी और पीछे सवाल छोड़ देगी कि ऐसे लोगों को ज़माने ने ऊँचाई से नीचे गिराया जो समय का सच है। मगर क्या साथ रहने वाले मोहल्ले-टोले वालों को भी उन्हें तन्हा छोड़ देना चाहिए कि उनका ताल्लुक़ कभी शाहों या सामन्तों से था?

ढेरों ख़बरें ज़हन के तहख़ाने को खोलकर सामने आन खड़ी होती हैं जहाँ पर बहू, बेटी, पत्नी को कभी मर्द ने तो कभी औरत ने रिश्ते के गुरूर और अधिकार के चलते मर्द को बन्दी बनाकर सालहासाल तक रखा। आख़िर क्यों? ऐसे लोग क्या मानसिक रोग से ग्रस्त नहीं हैं? एक इनसान की ज़िन्दगी के बेहतरीन साल यूँ

ख़राब करने का अधिकार उन्हें केवल रिश्तों के नाम पर देना और इनसानियत की सारी हदें तोड़ देना क्या उन्हें पशुओं की श्रेणी में ले जाकर नहीं खड़ा करता? ऐसी दर्दनाक ख़बरें जब मिलती हैं तो आदमी हक्का-बक्का रह जाता है। क्रोध आता है, नुक़सान भी दूसरे को पहुँचाता है और जब ग़ुस्सा उतर जाता है तो पछतावा भी होता है। यह सारा खेल सेकेंड का होता है मगर आक्रोश का वर्षों तक चलना और किसी को इस तरह प्रताड़ित करना मानसिक रोग की निशानी है।

आज 2011 में जाने कितने संगठन, जाने कितने संस्थान, जाने कितनी एंजियोज़ सोशल वर्क के चलते तरह-तरह की समस्याओं को हल करने में लगे हैं। इसके बावजूद कोई ऐसी घटना हमको पूरी तरह हिलाकर चली जाती है कि इस सबके बावजूद चूक कहाँ हुई? अभी नोएडा की एक घटना ने सभी पर प्रश्नचिह्न लगा दिया है कि पड़ोसी और दोस्त, रिश्तेदार और जानने वाले कहाँ सोए पड़े रहे कि एक आर्मी ऑफ़िसर के आँख बन्द करते ही उसकी दोनों सुशिक्षित लड़कियाँ इस तरह मौत को गले लगा लें? वे उस वर्ग से नहीं थीं जिनको ज़िन्दगी ने सुविधा और अवसर न दिये हों तो फिर...?

कंकाल की तरह उनके शरीर और घर में कोई व्यवस्था नहीं सिवाय पानी और नमक के। जो खुलासा पुलिस और मनोरोग विशेषज्ञ ने किया, वह यह कि पिता, माँ और कुत्ते की मौत का दुख जो कुछ समय के अन्तराल पर इन पर टूटा, उसको यह झेल नहीं पाईं और अवसाद में चली गईं। भाई भी इनसे शादी के बाद अलग रहने लगा था। नौकरानी को भी यह कहकर कि हमारे पास पैसे ख़त्म हो गए हैं, कल से मत आना, छुट्टी दे दी। ये सारी सूचनाएँ अपनी जगह मगर बात तो ज़िन्दगी के उस उतार-चढ़ाव की है जो उन्हें इस हालत तक पहुँचा गया। वे कारण क्या थे? सिर्फ़ तन्हाई और ग़म?

इस छोटी-सी व्याख्या में क्या उनके जीवन का फैलाव सिमट सकता है? उनके पल-पल का हिसाब मिल सकता है जिसने उन्हें तिल-तिल कर मारा हो?

इस तरह के हादसे मन-मस्तिष्क में एक दुख भरी लय का संचार करते हैं और सवाल करते हैं कि वे मोहल्ले कहाँ गए—जहाँ एक साथ छोटे, बड़े, अमीर, ग़रीब इनसान रहते थे, सबको सबकी ख़बर होती थी, वक़्त पड़ने पर सब एक साथ खड़े हो जाते थे, मौत और शादी में पुराने मनमुटाव मिट जाते थे? मगर अब हम प्राइवेसी चाहते हैं। रिश्तेदारों से दूर रहते हैं। माँ-बाप को बोझ समझते हैं। नाता उसी से रखना चाहते हैं जिससे काम हो। ऐसी बिल्डिंगों में रहना चाहते हैं जहाँ

ग़रीबों की झोंपड़ी न हो, लिफ़्ट हो, चौकीदार हो और कार पार्क करने की अपनी तयशुदा जगह हो। इस बनावटी ज़िन्दगी का अंजाम क्या यही होना है कि पड़ोस में कुछ भी घटे, हमसे मतलब नहीं?

यह स्थिति उन लड़कियों के लिए और भी डरावनी हो जाती है जो स्वावलम्बी हैं, सुरक्षित जगह पर रहती हैं और क़ानून का उन्हें ज्ञान है मगर जैसे ही ये सारी आदर्श स्थितियाँ ठहरीं या बदलीं, फ़ौरन दुर्घटना घट जाती है—चाहे वह घात में लगे घर के आदमियों के द्वारा हो या फिर ताक में लगे अपराधियों के ज़रिये। बलात्कार के बाद हत्या। ये सारी दिल को हिला देने वाली घटनाएँ बताती हैं कि हम किस औरत के विकास और तरक़्क़ी की बात कर रहे हैं जो बड़ी अफ़सर होने के बावजूद अपनी इज़्ज़त की हिफ़ाज़त नहीं कर पाती। यह दोष औरत का है या मर्द का? यह ग़लती व्यवस्था की है या न्यायालय की है, जो अपराधियों को कड़ी सज़ाएँ देने की जगह उन्हें छोड़ देता है? तभी तो एक लड़की अपने भाई के ससुर से धोखा खा जब मदद माँगती है तो उस पर दया करने की जगह सुनने वालों का हिंसक पुरुष जाग जाता है। यह कैसी विडम्बना है और क्यों है?

यह बहुत गम्भीर प्रश्न है और इस पर काम होना चाहिए कि आख़िर मर्द इस तरह की वहशियाना हरक़त क्यों करता है जिसमें ख़ुद उसकी इज़्ज़त के परखच्चे उड़ जाते हैं और अब तो सज़ा भी कड़ी हो गई है। लगता है कि बचपन से जिस तरह माँ-बाप बेटे-बेटियों में भेदभाव करते हैं, दादा, नाना बेटों को दुलार में उकसाते हैं और उनकी छोटी-बड़ी ग़लतियों को बच्चा कहकर नज़रअन्दाज़ कर देते हैं या फिर उन्हें बुढ़ापे की लाठी समझकर सिर पर बिठाते हैं, यही वह नुक़्ता है जिससे वह अपने बेटे को बर्बादी के गर्त में गिरने के लिए तैयार करते हैं। नौकरानियों, मज़दूरिनों और ग़रीब तबके की लड़कियों से इस तरह की दस्तदराज़ी की उनकी आदतें बड़े और बूढ़े होने पर भी नहीं जाती हैं।

शहर के रहने वालों से ज़्यादा इस तरह की घटनाओं में आसपास के क़स्बों और गाँव के मनचलों की तादाद ज़्यादा दिख रही है जिनके पास वक़्त गुज़ारने और धन ख़र्च करने का कोई उचित विकल्प नहीं रह गया है। अध्यापकों की भी रुचि कम होती जा रही है। ग़लती किसी एक इनसान की नहीं रह गई है अब, बल्कि नैतिक रूप से परिवार का चरमराया ढाँचा और सामाजिक स्तर पर अनुशासन में कमी के साथ सरकारी व्यवस्था की ढिलाई इसका कारण है। जहाँ की पुलिस ही सारे धन्धों में लिप्त हो, वहाँ 'जागते रहो' कहकर चौकीदार किसे सावधान कर रहा है? नई

पीढ़ी के कई रंग हैं। उनमें एक रंग लापरवाही वाला भी है जो उन्हें आत्मकेन्द्रित बना रहा है और यही उनको आगे चलकर तबाह करता है। उन्हें समझना पड़ेगा कि आधुनिक होने का क्या अर्थ होता है। आधुनिकता दूसरों की नक़ल नहीं हो सकती है और न ऊपरी आवरण के बदलने से कोई ज़माने के साथ चलने लगता है। आज ज़रूरत है जड़ता और उच्छृंखलता के फ़र्क़ को समझने की।

हम रोज़ समाचार देखते और पढ़ते हैं। सूचना एक पंक्ति की होती है मगर उसके पीछे पूरी एक दास्ताँ छुपी होती है। दंगा और जंग की जगहों पर जाकर इनसान का असली चेहरा देखें। बतौर मिसाल, क्या इतना कहना ही सच है कि कश्मीर में आतंकवाद है, मगर लोगों से सुनें जाकर कि हिन्दू और मुसलमान कश्मीरियों ने किस-किस स्तर पर क्या-क्या नहीं झेला? मिज़ोरम में जाकर पूछें तो वहाँ समाचार-पत्र में छपी ख़बरों के इतर आपको वह ख़बरें सुनने को मिलेंगी जो आप सोच नहीं सकते हैं। भले ही हम इरोम शर्मिला की भूख हड़ताल से कुछ न बदल पाए थे मगर यह स्वीकार करने की जुर्रत नहीं कर पाते हैं कि हमारी औरतों की इस्मतदारी कौन करता है। अपने ही देशवासी? इन दुख भरी दुर्घटनाओं से आज तक दलित औरत नहीं बच पाई है, ज़ुल्म का सिलसिला है जो उन पर सोची-समझी साज़िशों के तहत चलता चला आ रहा है। ऐसी ख़बरों के पीछे जो आर्थिक, धार्मिक, वर्गों की असमानता की रणनीति की गहरी दास्तानें छुपी हैं, वे सबको नहीं पता हैं और पाठक उन चन्द सतरों को पढ़ अपने अनुभव और दृष्टिकोण से एक राय क़ायम कर लेता है—ठीक उसी तरह, जैसे कुछ दिनों पहले दिल्ली की सड़कों पर खोई-खोई-सी नीम पागल मॉडल को फिरते देखा गया। मीडिया वाले कैमरा लेकर इधर-उधर भागते रहे मगर उसकी समस्या को हल नहीं कर पाए क्योंकि हर आदमी अपने में इतना उलझा, परेशान और व्यस्त है कि वह दूसरों की गुत्थियाँ सुलझाने का समय तो दूर, उनके बारे में सोचने तक के लिए तैयार नहीं। सनसनी ख़बरें, अधूरी मालूमात, सबसे पहले ख़बर देने की दौड़ में यह सच किसी को परेशान ही नहीं करता है कि इन सारी बेजा ख़बरों का असर देखने-पढ़ने वालों पर क्या पड़ रहा है? उनकी ड्यूटी उनके कर्तव्य की ओर उनका ध्यान नहीं ले जाती क्योंकि आज के दौर में इस तरह की सोच सुस्त रफ़्तारी की ओर इंगित कर बताती है कि फिर तो आपको विकास की दौड़ में बैक बेंच पर बैठना होगा।

आज भारतीय समाज में, जीवन के हर कार्यक्षेत्र में विकास तेज़ी से हो रहा है जिससे इनसान को भौतिक सहूलियतें दरकार हो रही हैं, वहीं पर उसके मानवीय

रिश्ते धीरे-धीरे कर मशीनी होते जा रहे हैं और वह अकेला पड़ता जा रहा है। इसी तन्हाई को विदेश में बूढ़े पैसे देकर मिटाते हैं ताकि कुछ घंटे वे किसी के साथ बैठ बातचीत कर दिल बहला लें। कुछ वही तर्ज़ यहाँ के बड़े शहरों में पनप रहा है जिनके जवान बेटा-बेटी विदेश में बस गए हैं। यह बात पहले भी थी। जब बच्चे बुज़ुर्गों को गाँव छोड़कर शहर आते थे तब गाँव में वह भी तन्हा रह जाते थे मगर तब शहर और गाँव का रिश्ता बरक़रार था। छुट्टियों में बेटे परिवार के साथ छुट्टियाँ गुज़ारने आते थे। रिश्तेदार तीज-त्योहार में पहुँचते थे। जहाँ यह नहीं होता था, वहाँ गाँव वाले ऐसे बुज़ुर्गों को चाची, काकी, दादी कहते हुए बड़े प्रेम और सम्मान से उनकी देखभाल करते थे।

यहाँ पर मैं सामाजिक एवं पारिवारिक नई संरचना की मजबूरी समझ सकती हूँ कि हर इनसान दबाव और तनाव में है, मगर कुछ समस्याओं को ख़ुद न्योता दिया गया है, जैसे प्राइवेसी, मानव अधिकार, आरामदेह ज़िन्दगी के लालच में केवल बेटे नहीं बल्कि बहुएँ भी बड़ी नकारात्मक भूमिका निभाती हैं। संवेदनशील महिलाओं को इस नुक्ते को नज़रअन्दाज़ नहीं करना चाहिए क्योंकि उनमें इनसानी रिश्तों की समझ मर्दों से ज़्यादा होती है। वे छोटी ख़बरों के पीछे की लम्बी पेचीदा कहानियों को औरत होने के कारण जल्द ही समझ लेती हैं, इसलिए वे समाज में पनपते इस ज़ख़्म को लाइलाज होने से बचा सकती हैं।

बन्द दरवाज़े पर दस्तक

भारतवर्ष के मुसलमानों की व्यावहारिक समस्या है कि उनकी मातृभाषा कुछ और है और धर्म की भाषा उससे बिलकुल अलग जिसको न पढ़ पाते हैं, न ही समझ पाते हैं। बहुसंख्यक मुसलमान इसी कोटि में आते हैं। वे क़ुरान पढ़ लेते हैं मगर शब्द समझ नहीं पाते हैं। उसके लिए वे मौलवी साहब पर निर्भर रहते हैं कि वह जो बताएँगे, वही मानना है। दुआएँ और आयतें रट जाती हैं। जो पढ़े-लिखे हैं, वे लिपि जानने के चलते उसका उच्चारण सही तरीक़े से करते और क़ुरान का अर्थ भी उर्दू भाषा में अच्छे अनुवादकों द्वारा किया गया पढ़कर, धर्म की पूरी व्याख्या अन्य आलियों की लिखी पुस्तकों द्वारा हासिल कर लेते हैं।

इस्लाम धर्म प्राचीन धर्मों को देखते हुए एक आधुनिक दौर का धर्म है जो केवल चौदह सौ साल पुराना है। उसका शरीयत लॉ और क़ानूनी बातों पर अनेक पुस्तकें विवेचना से भरी धार्मिक ज्ञानी लिख चुके हैं लेकिन जो प्रश्न हमारे सामने हैं, वह इस्लाम धर्म में लचीलेपन का है। वह जहाँ फैला, उस परिवेश में रच-बस गया। उसमें स्थानीय रंग भी झलका। दूसरे, इस्लाम धर्म के दर्शन, विचार, एवं भाषा की जो अभिव्यक्ति हैं, उसके अर्थ को गहराई से नहीं समझा गया तो उसका ग़लत अर्थ भी लगाया जा सकता है, जैसे शब्द 'जेहाद' है। जो किसी नेक और अच्छे उद्देश्य से उठाया गया क़दम हो, वह संघर्ष जेहाद हुआ। मगर आज ज़ुल्म या फिर अपने लाभ के लिए जो भी विश्व स्तर पर हो रहा है, वह ख़ूनी आतंकवाद है। यहाँ पर समझ की बात आ जाती है। इस्लाम में शिया मत वालों में दो तरह का अभ्यास बहुत पुराना है, पहला 'इजतिहाद' जिसमें अपनी अक़्ल और समझ से किसी फ़ैसले पर पहुँचना और दूसरा, 'मुताह' है जो कुछ समय के तयशुदा शर्तों के साथ बाक़ायदा निकाह और तलाक़ के साथ किया जाता है और औरतें जो विवाहित हैं और कुँआरी हैं, उनसे मुताह नहीं कर सकते, न वे मुताह कर सकती हैं। इसकी पूरी एक

थेसिस है जिसे संक्षेप में हम कह सकते हैं कि यदि लम्बे समय के लिए मर्द बाहर रहे तो ग़ैर-सामाजिक हरकतों से दूर रहकर वह किसी ज़रूरतमन्द औरत के साथ 'समय निर्धारित विवाह' कर सकता है। यदि औरत गर्भवती होती है तो उसके बच्चे को बाप का नाम देना होगा। इस्लाम ने हुज्ज़त को भी स्थान दिया है कि किसी समस्या पर बातचीत कर उसका हल ढूँढ़ा जा सकता है। इस खुलेपन और इनसानी कमज़ोरियों को समझने की जो कोशिशें इस्लाम ने की हैं, उसे जानना, पढ़ना, समझना बहुत ज़रूरी है वरना चार शादियों की आज़ादी को हासिल कर मर्द समाज उसकी शर्तों को नज़रअन्दाज़ कर देता है कि ये शादियाँ किस हालात में करनी चाहिए। यहाँ तक कि दूसरे विवाह के लिए अन्य धर्मवालों ने इस्लाम धर्म स्वीकार कर, निकाह कर दूसरी शादी की।

कहने का मतलब सिर्फ़ इतना है कि इस्लाम धर्म क्या कहता है और जो रिवाज धर्म के नाम पर चल पड़ा है, वह इस्लाम के नाम पर मनमानी चला रहा है।

कुछ वर्षों पहले इमराना और गुड़िया का केस मीडिया में ख़ूब उछला। मज़हब जाननेवालों की नज़रें शर्म से झुकीं और जो मुल्ला अपने ज्ञान के सीमित हो जाने के कारण फ़ैसला दे बैठते हैं, वे उनके पेट का पोषण भी कर सकें। सच तो यह है कि औरत न तो मुल्ला की मुट्ठी गर्म करने की स्थिति में होती है और न ही उसे शरीयत क़ानून का कुछ पता होता है। समाज और धर्म के हाथों खिलौना बनी मर्दों को मनमानी करते देखती रहती है। गुड़िया का शौहर सात साल बाद लौटता है और पहली शादी का दावा कर दूसरे विवाह को रद्द करता है जबकि गुड़िया अपने दूसरे पति से गर्भवती होती है। इस्लाम में शौहर के अचानक लापता होने का समय सात वर्ष दिया गया है कि पत्नी या पति दूसरा ब्याह करने को स्वतंत्र हैं परन्तु उस बात को नज़रअन्दाज़ करके कई सवाल उठाए गए। शोर हुआ। एक ग़ैरइनसानी फ़ैसले का नतीजा यह हुआ कि गुड़िया की मौत हो गई। धर्म इतना ग़ैरइनसानी कैसे हो सकता है जबकि उसने कुछ चीज़ें बहुत साफ़ कही हैं? दूसरे केस में बलात्कारी ससुर को सज़ा देने की जगह फ़तवा दिया गया कि वह बेटे पर हराम है पर अब वह ससुर की पत्नी है। इन फ़ैसलों पर सिर्फ़ माथा पीटा जा सकता है कि मर्द-सत्ता का किस तरह समर्थन हो रहा है जबकि बेटे के नाम पर शौहर कहे जानेवाले मर्द की भी दुनिया वीरान कर दी गई।

एक दौर था जब तीन बार कही तलाक़ों का भी फ़ैशन चल पड़ा था। निम्नवर्ग की औरतें हाय करके रह जाती थीं। इसके अलावा भी ढेरों ज़्यादती औरतों पर

मौलवियों ने अपने कम ज्ञान के चलते अंजाम दी या फिर इस मुहावरे पर उनका विश्वास था कि औरतें और ढोलक कसी न जाएँ तो वे बेसुरी आवाज़ें निकालने लगती हैं। मेरे लिए ये ख़बरें होश सँभालने के बाद इसलिए हैरत में डाल जाती थीं कि मेरे परिवार में दूर-दूर तक ऐसी घटनाओं को होते मैंने नहीं देखा था। वहीं दूसरे दुखड़े थे। मियाँ का घर छोड़ जाना या फिर पत्नी को मायके में पड़े रहने देना का जब शाहबानो का क़िस्सा वजूद में आया तो हम भी जगह-जगह जाते और शाहबानो के बहाने औरत के अधिकारों के हनन के विरुद्ध आवाज़ उठाते। पिछड़े मोहल्लों में हमारी बातें सुनी तो गईं मगर चली केवल धर्म-नेताओं की। उस समय मुझे लगा कि इस मामले में गम्भीरता से शरीयत लॉ को पढ़ना चाहिए। मेरा कहानी-संग्रह 'ख़ुदा की वापसी' नाम से आया जिसमें मुस्लिम समाज में औरतों की दर्दनाक स्थितियों को लेकर वास्तव में जो अधिकार उन्हें मिले हैं, उसको कहानी में गूँथकर पेश किया। क्योंकि मुझे इससे पहले पता नहीं था कि किस हद तक इस्लाम धर्म अपने समय के देखते स्त्री समर्थक था, जिसका पता न हमको है और न उसकी कोशिश हमने कभी की। समय के दरवाज़े पर शाहबानो ने ऐसी ज़ोर से साँकल बजाई कि सभी के कान खड़े हो गए। सच को जानने को उत्सुक हो उठी प्यारी मुस्लिम औरतों ने धर्म का अध्ययन करना शुरू किया और अपने अधिकार की लड़ाई तर्क और तथ्य के साथ लड़नी शुरू कर दी। मैंने भी शरीयत लॉ का अध्ययन किया और उस पर 'ख़ुदा की वापसी' कहानी-संग्रह तरतीब दे डाला।

इस बीच शिक्षा बढ़ी, स्त्रियाँ अपने अधिकारों के प्रति सचेत हुईं, उनकी, क़ानून के प्रति रुचियाँ बढ़ीं और विश्व स्तर पर एक आवाज़ होकर उन्होंने स्त्रियों के अधिकारों के लिए अपनी-अपनी तरह से लड़ना शुरू किया ताकि उनका शोषण बन्द हो और मर्द अपनी सुविधा अनुसार क़ानून बना इस्लाम की ढाल को आगे कर मनमर्ज़ी क़दम न उठा सकें मगर बरसों से चली आई रीत को ताली बजाकर उड़नछू नहीं किया जा सकता है। यह एक बहुत बड़ा सच है कि भारत में धार्मिक एवं राजनीतिक जकड़न से अधिक सामाजिक जकड़न है जो लोगों के रक्त में इस तरह प्रवाहित हो चुकी है कि उससे मुक्त हो जाने की इच्छा रखते हुए भी वह अपने को मुक्त नहीं कर पाती हैं। परिवार में चल रही परिपाटी भी कुछ इस तरह की है कि स्वयं स्त्रियाँ, स्त्रियों पर अपनी सत्ता जमाने के लिए बेजा रिवाजों को प्रोत्साहन देती हैं। भारत के विभिन्न प्रान्तों में रहनेवाले मुसलमान अपने स्थानीय परिवेश, भौगोलिक परिस्थितियों एवं अपने वर्ग विशेष के रहन-सहन, खान-पान, भाषा के कारण एक-दूसरे से

अलग हैं जो चीज़ उन्हें बाँधती है, वह है क़ुरान, नमाज़ जिसमें कोई परिवर्तन नहीं लाया जा सकता है। आप ख़ुद सोचें कि जब मुसलमान एक-दूसरे से जुदा हैं तो उनके बारे में कोई एक राय बनाना उचित नहीं है, और उनकी ज़िहालत को इस्लाम धर्म की तंगनज़री न समझा जाए। इस्लाम धर्म में हर क़ानून, हर कही बात को अतीत, वर्तमान, भविष्य की कसौटी पर रखकर उसकी व्याख्या की गई है। किसे फ़ुर्सत है उसे पढ़ने और समझने की, जब न आपका ईमान, धर्म पर पुख़्ता है, न ख़ुदा का ख़ौफ़। साइंस के आविष्कारों ने और रोज़ नई उपलब्धियों के चलते मानव मस्तिष्क की सोच बदली है। भौतिकवाद ने मानव को उसका महत्त्व बताया है कि इस दुनिया को पेड़-पौधे, पहाड़, मैदान, पानी के बाद सजाने-सँवारनेवाला तो ख़ुद इनसान है वरना यह धरती कितनी फीकी और बेरौनक थी!

इधर यह सवाल उठाया जा रहा है कि मुसलमानों के लिए देश का क़ानून लागू किया जाए। शायद कथा यक़ीनन इस तरह कहनेवालों को यह पता नहीं है कि मुसलमानों के लिए शरीयत बुनियादी ज़रूरत है जिसके उसूलों पर चलना बेहद ज़रूरी है। उसमें देश के किसी भी क़ानून की उपेक्षा नहीं है बल्कि उनके जीवन जीने का एक तरीक़ा धर्म द्वारा बताया गया है कि वे क्या करें और क्या न करें? बात इस पर होनी चाहिए कि शरीयत लॉ की सही प्रैक्टिस की जाए ताकि औरत को राहत मिले। उन सारी पुस्तकों की स्वयं मुस्लिम पर्सनल लॉ जाननेवाले आलिमों द्वारा छानबीन कराई जाए जो इस्लाम से हटकर अपनी सत्ता बनाए रखने को लिए लोगों में भय व्याप्त कर उन पर या उनकी मानसिकता पर क़ाबिज़ हो जाते हैं। एक ग़लत रिवायत की नींव डल जाती है। इस्लाम की नज़र से यह बहुत बड़ा गुनाह है कि आप ऊपर से नाज़िल धार्मिक पुस्तक क़ुरान में कही बातों को अपने लाभ की दृष्टि से देखें। इस्लाम में औरत को विशेष सम्मान और बराबरी का दर्जा दिया गया है। माँ के पैरों के नीचे जन्नत की बात कही गई। जैसाकि मैं पहले इंगित कर चुकी हूँ कि इस्लाम धर्म की यह बहुत बड़ी ख़ूबी है कि वह स्थानीय ज़रूरतों एवं परिवेश के अनुसार ढल जाता है। मध्यपूर्वी एवं अन्य मुस्लिम देशों में आधुनिक जीवन-शैली अपनाने के बावजूद वहाँ की व्यवस्था, न्यायपालिका इस्लामिक शरीयत क़ानून पर रखी गई है, मगर जहाँ कई धर्मों की मिली-जुली जनसंख्या है, उन देशों के लोग एक-दूसरे से प्रभावित होते हैं, उनकी सोच ज़मीनी है। बतौर मिसाल, इस्लामिक देशों में जवान विधवा का दूसरा विवाह सामाजिक दृष्टि से अनिवार्य है ताकि उस औरत के प्रति लोगों की नज़रें गन्दी न पड़ें और न

ही वह अपनी जवान ज़रूरत से वंचित रहें। परन्तु भारत के मुसलमानों में यह बहुत कम होता है कि जवान विधवा का दूसरा विवाह होना ज़रूरी है। कुछ वर्षों पहले तक की बात है कि स्वयं लड़की दूसरा विवाह करने की हौसला नहीं रखती थी, न ही परिवार ही ऐसा क़दम उठाने की हिम्मत कर पाते थे। उसका कारण हिन्दू धर्म था जहाँ विधवा विवाह वर्जित था। इस तरह के विचारों, रिवाजों एवं संस्कृति का आदान-प्रदान होना एक सहज प्रक्रिया बन जाती है।

इस्लाम धर्म की जितनी निन्दा उसे बिना पढ़े और समझे की जाती है, उसका कारण धर्म की ग़लत प्रैक्टिस है। शाहबानो केस में डैनियल लतीफ़ी एडवोकेट ने जिस तरह क़ुरान की आयतों को अर्थ के साथ कोट करना शुरू किया था। उससे जड़ सोच वालों को यह परेशानी शुरू हो गई कि इस तरह तो हमारा महत्त्व कम हो जाएगा तो उन्होंने कहना शुरू कर दिया कि हमारे मामलों में दूसरे धर्म वाले टाँग न अड़ाएँ। हम अपनी समस्या सुलझाने में सक्षम हैं। इस मामले में औरतों ने भी बड़े विचित्र वक्तव्य दिये, जैसे कि जिसने पति होकर धोखा दिया हो, उससे गुज़ारा-भत्ता क्या लेना! उन्हें नहीं पता कि जब मर्द तलाक़ देता है, उस पर वाजिब है कि वह पत्नी को इतने तोहफ़े दे कि उसका बाक़ी जीवन आराम से गुज़र सके, निकाह के समय बँधे मेहर (हिदायत है, कम बँधे) को उसी समय अदा हो, मगर मर्द पहली रात को पत्नी से प्यार का वास्ता देकर मेहर माफ़ करा लेता है और औरत मजबूर हो गर्दन हिला देती है। ये बहुत छोटी-छोटी बातें हैं मगर ये एतबार की कसौटी होती हैं लेकिन मर्द तोता-चश्मी को अपनी मर्दानगी समझता है और चकमा देना अपनी समझदारी समझ बैठता है। यह सारी ग़लत रिवाजों की जड़ें इतनी गहरी हो चुकी हैं कि औरतें उस पर ईमान ले आई हैं। इस सिलसिले से औरत भी उतनी ही ख़तावार है, जितने मर्द। मध्यवर्गीय पढ़े-लिखे मुसलमानों में भी पीढ़ियों से यह सोच चली आ रही है और उसी को सच्चा इस्लाम समझ लिया जाता है और आलोचना की सलीब पर धर्म को टाँग दिया जाता है। यह धाँधली मध्यपूर्वी देशों में नहीं हो पाती है क्योंकि वहाँ धर्म के क़ानूनों का ही पालन होता है गोकि कुछ ख़राबियाँ वहाँ भी हैं क्योंकि वहाँ क़बीलाई बद्दू सोच का भी प्रभाव है क्योंकि इस्लाम से पहले उनके पूर्वजों के अपने रीति-रिवाज और विश्वास थे। अफ़गानिस्तान उसका बेहतरीन नमूना है जहाँ क़बीलाई सोच का असर काफ़ी है। पाकिस्तान में निज़ामे मुस्तफ़ा के बावजूद ग़ैर-इनसानी घटनाएँ वहाँ पिछड़ी सोचवालों के बीच रायज हैं।

मुस्लमानों का वह वर्ग जो ख़ुशहाल व पढ़ा-लिखा है, वहाँ पर रिश्तों का खिंचाव, मन-मुटाव, चतुरता, धोखा हो सकता है मगर शरीयत लॉ से पूरी तरह परिचित होने के कारण धर्म में उलट-फेर नहीं करते हैं, न ही उनमें तीन तलाक़ खड़े-खड़े या तार व एस.एम.एस. या फ़ोन पर दिये जा सकते हैं। औरतों को तलाक़ लेने की इजाज़त है जिसे 'खुला' कहते हैं। वह औरत जो विधवा है, तलाक़शुदा है, उसे भी मुताह की इजाज़त है यदि वह पूरे जीवन का विवाहित बन्धन नहीं चाहती, मगर अफ़सोस की बात है, वह क़ानून युद्ध के बाद मर्दों की संख्या अचानक कम हो जाने के कारण वजूद में आया। उसका ग़लत प्रयोग भारत में हो रहा है। लोग बिना किसी धार्मिक मनाही के कुँआरी लड़कियों से मुताह कर रहे हैं जो बेहद शर्मनाक और नैतिकता के विरुद्ध है। लड़कियों के इस तरह के फ़रेब को समझने के लिए कोर्स की किताबों की तरह देश-क़ानून और पर्सनल लॉ को भी ध्यान से पढ़ना चाहिए ताकि वे शोषण से बच सकें।

अपने अधिकारों के प्रति सजग रहना केवल एक नागरिक का कर्तव्य नहीं बल्कि ख़ुद को और परिवार वालों को किसी मुसीबत में न डालना भी एक जागरूक, सुशिक्षित इनसान का कर्तव्य है। प्रेम में अन्धे होकर जलते अलाव में कूदना कोई समझदारी नहीं कहलाती क्योंकि बाद में उसकी क़ीमत आपको अदा करनी पड़ती है और सगे-सम्बन्धियों को भी, जिससे समाज में रहना कठिन हो जाता है। केवल प्रेम ही नहीं बल्कि जीवन के फ़ैसले की घड़ी में वह रास्ता चुनें जो भले ही शॉर्टकट एवं लाभकारी न हो, मगर आपको अपराध, बदनामी से दूर रखता हो। मर्दों से ज़्यादा औरतों को सचेत रहना पड़ेगा क्योंकि वे इनसान को जन्म देती हैं, उसे अपने ख़ून से परवरिश देती हैं। इनसान को इनसान बनाने में औरत की अहम् भूमिका है। आज जो विश्व की स्थिति राजनीति ने कर रखी है, उसे वही सँभाल रही हैं। उसका दुष्परिणाम वही झेल रही हैं।

विश्व स्तर पर हर जगह औरतें कष्ट उठा रही हैं परन्तु वे भी इनसान हैं। उनमें भी अच्छाई और बुराई की मात्रा इनसान होने के नाते मौजूद है। जहाँ वे सुशिक्षित हुईं, बड़ी-बड़ी पदवी पर आसीन हुई हैं, देश की उन्नति एवं क़ानूनी योजनाओं में बराबर की सहयोगी बनीं, घर-बाहर को सुचारु रूप से चलाकर अपनी क्षमता का परिचय दिया, अन्तरिक्ष में उड़ान भरीं, ख़तरों से खेलकर इस तरह साबित कर दिया कि यदि उन्हें सारी सहूलियतें प्राप्त कराई जाएँ तो वे किसी मामले में मर्दों से कम नहीं हैं। उनकी सकारात्मक छवि विश्व-मानचित्र पर उभरी, उसी तरह उनकी

नकारात्मक भूमिका भी खुलकर सामने आई जो बहुत कम मात्रा में दुनिया की नज़रों से ओझल घर-परिवार तक सीमित रह जाती थी, अब खुलकर सामने आने लगी। उनके पैर के नीचे ठोस ज़मीन आ गई है। उनका अपना वेतन है, अपनी कार, अपना बैंक बैलेंस, अपनी योजनाएँ और सपने हैं, फिर वे क्यों किसी से दबें, क्यों पिटें, क्यों धोखा सहें, क्यों किसी की गाली सुनें? यह मामला अपनी मेहनत से कमाया विश्वास है लेकिन यही विश्वास कभी-कभी उनकी दमित शूर इच्छाओं, लालच, दूसरों का शोषण, धोखा और सत्ता एवं स्वतंत्रता का ग़लत प्रयोग की ओर उन्हें अनजाने ही ले जाता है। उन्हें उकसाता है कि यही सब तो मर्द भी करते आए तो फिर वे क्यों नहीं कर सकती हैं। उन्हें अवसर मिला है दुनिया को उँगली पर नचाने और मर्द को पटखनी देने का।

अक्सर ऐसी महिलाओं से चोट खाए लोग दोष शिक्षा, औरतों को दी गई बेजा छूट को देने लगते हैं जो न्यायपूर्ण नहीं है। इनसानी कमज़ोरी का मसला परिवेश पर लादना उचित नहीं है बल्कि ऐसी मानव-प्रवृत्तियों और कुंठाओं, दमित रोष और इच्छाओं को समझना चाहिए। उनके मनोविकार के कारण कुछ और होते हैं। उनकी इन ग़लतियों को केवल उनकी आन्तरिक संरचना पर छोड़ना भी उचित नहीं है बल्कि इसमें समाज का भी योगदान होता है। किसी भी ग़लत काम के पीछे सामाजिक, आर्थिक और मनोवैज्ञानिक कारण भी होते हैं।

देश में औरतें शिक्षित हुईं। अपने अधिकारों के प्रति सजग हुई हैं। लेकिन माहौल और समाज की सोच उस तेज़ी से नहीं बदली है। भारतवर्ष एक विराट देश है। अनेक वर्षों में बँटा कोई भी समाज अपनी-अपनी तरह से संघर्षरत है। सरकारी योजनाएँ भी हैं, सुविधाएँ भी हैं मगर फिर भी भारत की मुट्ठी भर औरतें ही उनसे पूरी तरह लाभ उठा पाती हैं। पिछड़े ग़रीब इलाके अछूते पड़े हैं। वहाँ तक विकास की योजनाओं को पहुँचाना और उनकी शक्ल बदलनी अभी बाक़ी है, जहाँ औरत-मर्द अपनी-अपनी तरह शोषित और पीड़ित हैं।

['हिन्दुस्तानी अकादमी']

औरत की बिसात पर सियासत की शतरंज

हादसा कोई भी हो, औरत को ज़्यादा भुगतना पड़ता है। बिना स्त्री-विमर्श के भी यह बात बरसों से संवेदनशील औरत-मर्द के दिल व दिमाग़ का काँटा बनी हुई है जो चुभती है और निरन्तर रिसती भी है। बड़े-से-बड़े विचारक, समाजवादी, बुद्धिजीवी वर्ग अपनी-अपनी तरह से यह मसला हल करना चाहते हैं—ख़ासकर वर्तमान समय में, जब स्त्री समस्या पर बातचीत करना एक बेहद अहम् मुद्दा बन चुका है। जो हालात फ़िलहाल ऊपरी तौर से नज़र आते हैं, उसमें समस्या का सिरा ढूँढ़ना बेजा शोरगुल में कुछ इस तरह खो जाता है कि उस पर गम्भीरता से बात की तह तक पहुँचना बहुत मुश्किल नज़र आता है। एक साथ सब बोल रहे होते हैं और चीख़ रहे होते हैं। यह एक बिलकुल नई तकनीक है इलेक्ट्रॉनिकल मीडिया की जिसमें बौद्धिक वार्तालाप, तर्कपूर्ण प्रश्न, समझदारी भरे जवाब स्थिति को सुलझाने की जगह और उलझा रहे हैं।

प्रश्न के घेरे में 'तीन तलाक़' है जो ग़ुस्से में, ताबड़तोड़ तरीक़े से देकर मर्द अपना सारा तेवर चन्द सेकेंड में ख़र्च कर देता है और वह मर्दानगी जिसमें धैर्य, सावधानी, ज्ञान, इनसानियत का समावेश होता है, उसे छू नहीं पाती बल्कि यूँ कहा जाए कि मर्द की ऐसी परिभाषा तो ख़ुद मर्द नहीं जानता। वह पौरुष का अर्थ खुरदरे व अक्खड़पन तक सीमित रखता है। ये सभी मर्दों के गुण नहीं हैं मगर जिनके हैं उन्होंने औरतों की ज़िन्दगी में ज़हर-सा घोल दिया है। वे तीन तलाक़ को ख़ुदा का फ़रमान समझकर सब्र कर लेती हैं क्योंकि उन्हें पता ही नहीं है कि इस तरह की मनमानी और दबदबे से तलाक़ गाली की तरह अदा कर देना व समझ लेना कि तलाक़ हो गया, अधूरी मालूमात तक सीमित है। यह अधूरा और बेतुका तरीक़ा रिवाज पकड़ता चला गया जबकि औरत को भी तलाक़ देने का हक़ है जिसे 'खुला' कहते हैं। तलाक़ का ख़याल चाहे मर्द के ज़ेहन में आए, चाहे औरत के—पहली

सुनवाई उनके माँ-बाप के सामने होती है जहाँ स्थिति का जायज़ा लिया जाता है। कोशिश की जाती है कि यह शिकायत दूर हो और वह एक-दूसरे की कठिनाई को समझे। यहाँ आपसी ग़लतफ़हमी, एक-दूसरे को न समझ पाने की बुनियाद कमियाँ हो सकती हैं मगर कभी-कभी हालात बहुत गम्भीर कारणों को लेकर आगे बढ़ते हैं, उसमें वापस लौटने की कोई उम्मीद बाक़ी नहीं बचती है। तब घरवालों व धार्मिक रहनुमा जो बीच में पड़े हैं, उन्हें लगता है, इनका साथ रहना मुमकिन नहीं है, और जब तलाक़ ही इनको इस झंझट से मुक्ति दे नई ज़िन्दगी की प्रेरणा दे सकता है, तब तलाक़ होना चाहिए। एक लम्बी कोशिश, सबूत, गुफ़्तगू और लगभग तीन माह के लम्बे अरसे के बाद फ़ैसला लिया जाता है। इस सही और मुनासिब तलाक़ के तरीके को शॉर्ट-कट में बदल दिया गया, और लम्बे अरसे तक इसी को सच मानकर बिना किसी शर्त, ख़र्च, तर्क और हदिया दिये हुए मर्द चुटकी बजाते ही इस शादी से आज़ाद हो जाते हैं जिसके लिए ढेरों रस्म-रिवाज, दावतों, तोहफ़ों और रात-दिन सुहाग गीत गाने और रूमानी माहौल को जीने के बाद अचानक पहाड़ से खड्ड में गिरने जैसा सदमा औरत को लगता है। शिक्षा के साथ औरतों में जागरूकता बढ़ी और शाहबानो केस के बाद कुछ औरतों ने तलाक़ की गुत्थी ख़ुद खोलने की ठानी और क़ुरान शरीफ जिसको बिना समझे कंठस्थ किया था बचपन में, अब उसको अर्थ के साथ जवानी में पढ़ना शुरू किया तो पता चला कि ख़ुदा यह कहीं नहीं फ़रमाता कि तलाक़ के बाद औरत को बेसहारा छोड़ दिया जाए। बेशक ख़ुदा तलाक़ को पसन्द नहीं करता मगर मरने-मारने जैसा माहौल, घुटन भरे रात-दिन औरत-मर्द को साथ रहने नहीं दे पा रहे हैं तो बेहतर है कि वे तलाक़ के सही तरीक़ों पर चलकर तलाक़ दे दें, और अपनी या घरवालों की मर्ज़ी से दूसरा घर बसाकर सुख-चैन से रहें। इमराना और गुड़िया, शाहबानो के बाद के दो बड़े चर्चित केस रहे जिसमें जड़ सोच वाले मर्द धार्मिक नेताओं ने बिना शरीयत का, असली स्रोत जाने बीच में ग़लत रिवाज डाल मर्द के हक़ में फ़ैसला देकर गुड़िया की जान ले ली। यह कहाँ का इंसाफ़ है कि मर्द लापता हो—एक-दो दिन नहीं, न तीन-चार साल—पूरे सात साल बाद आकर अपनी पत्नी पर हक़ का दावा ठोंकता है जबकि सात वर्ष इन्तज़ार करने के बाद औरत आज़ाद है दूसरे निकाह के लिए। इस पूरे क़िस्से में वह बच्चा सगे बाप का घर छोड़ प्रताड़ित होने के लिए सौतेले बाप के घर में पहुँचा दिया जाता है। गुड़िया की स्थिति का अहसास करें कि वह कहाँ-कहाँ अपमानित व आहत नहीं हुई। धर्म इज़्ज़त से जीने की एक

राह बताता है, न कि मर्द की मर्दानगी का बेजा प्रदर्शन। सच पूछा जाए तो यह न धर्म है, न मानवता और न ही समझदारी। यह केवल एक नाबदाननुमा औरत की ज़िन्दगी है जो बदबू व गन्दगी से बजबजाती है। इसको इस्लामिक दर्शन, शरीयत और समझदारी कहना बहुत बड़ा गुनाह है।

औरतों, पढ़े-लिखे मुल्लाओं और सरकार को नई तरह का निकाहनामा या नया जाल बुनने देने की जगह वे लोग जो इस मैदान में महारत रखते हैं, उनके द्वारा वह क़दम उठाएँ जो क़ुरान के अनुसार है। इतिहास इस बात का गवाह है कि बहुत-से धार्मिक गुरु ऐसे भी गुज़रे हैं जो आलिम थे मगर अपनी शरीयत और इमामों की दलीलों से बढ़कर ख़ुद को समझने लगे और उसमें ऐसे बदलाव लाए जो इनसानों के फ़ायदे में नहीं जाते थे। ख़ुद मुसलमानों को अक़्ल से काम लेना चाहिए कि औरतों को दबाने के चक्कर में वे अपनी बेटियों पर ज़ुल्म न करें क्योंकि अपनी पत्नी को तलाक़ बिना बुनियादी कारण बताए देना जितना सरल है, बेटी का मायके लौटना, तलाक़ के ज़बानी जुमलों के साथ, बाप के लिए उतना ही कठिन है।

भारतवर्ष धर्मप्रधान देश है। धर्म को अपने लाभ में भुनाना, यह बहस का मुद्दा हो सकता है परन्तु बिना डिग्री, बिना शरीयत लॉ के बारे में जाने उन धर्म गुरुओं को या अन्य लोगों को बोलने, उलझाव पैदा कर समय नष्ट करने की इजाज़त न सरकार को देनी चाहिए, और न ही इलेक्ट्रॉनिक माध्यम वालों को न शिगूफ़ाबाज़ी कर औरतों के दुख का तमाशा बनाना चाहिए। यह न नैतिकता है न मानवता, न दूरंदेशी। आज से तीन दहाई पहले यदि मुसलमान शाहबानो को लेकर दो फाँक न हुए होते तो आज 2017 में मुसलमान औरतों का तेवर कुछ और होता।

आज जिस जंग में सरकार भी शामिल है तब ज़रूरी होता है कि तीन तलाक़ या सिर्फ़ तलाक़ क़ानून को लेकर टीवी पर बाक़ायदा, धर्मगुरु, आलिम औरतों और इस्लाम व क़ुरान के ज्ञानियों को बिठाकर खुला मंच रखें जैसाकि विदेशों में पेचीदा मुक़दमों की पूरी कार्यवाही को सरेआम लोग समझते और यहाँ उससे लाभ उठाते हैं। विदेशों के वह मुल्ला भी देखें कि उन देशों से डिग्री लेकर आए आलिम यहाँ धर्म की सियासत कर रहे हैं या सही ज्ञान दे रहे हैं?

साहित्य समय का इतिहास है

लेखक हर उस बन्धन का, जिससे इनसान घुट रहा हो, वह उसके विरोध में क़लम उठाता है। सत्ता जैसी भी हो, यदि वह मानव अधिकार-हनन में अपना पैर फैला रही हो तो इसे कोई भी सहन नहीं कर सकता है—चाहे वह बेज़बान जानवर ही क्यों न हो। स्त्रियों ने बहुत सहा, सहते-सहते शताब्दियाँ गुज़र गईं। अंकुश के कड़े-से-कड़े पहरे,और ज़ुल्म की अँधेरी रातों को सहते हुए उन्होंने बेटी, बहन, पत्नी और माँ की भूमिका ख़ूब निभाई। अपनी कुंठा कभी अपनी औलादों पर नहीं उड़ेली। क्रोध में आकर उन्होंने कभी किसी की जान नहीं ली। सब कुछ सहते हुए उन्होंने मानवीय मूल्यों की रक्षा की। अपवाद की बात अलग है।

समय बदला, समाज में चेतना आई और स्वयं स्त्री मुखर हुई। शिक्षा बढ़ी, पुरानी जड़ता टूटी, सरकारी योजनाएँ बनीं नारी के उत्थान को लेकर और व्यक्तिगत संस्थाएँ भी आगे बढ़ीं, जिसका नतीजा आज हमारे सामने आया है और जागृति की एक लहर पूरे भारतवर्ष में दौड़ गई। आर्थिक दबाव ने भी लड़कियों को काम करने की अनुमति दी और लड़कियों का हौसला बढ़ाया। वह औरत जो स्वतंत्र भारत में साँस लेती है, उसका जन्म 1947 के बाद होता है, वह कैसे-कैसे अपनी सारी ज़ंजीरें तोड़ती है और उड़ान भरती है? वह पढ़ी-लिखी है। कमाती है। घर-बाहर के जीवन में अपने को साधती है और एक नई औरत बन अपना प्रकाश फैलाती है।

ऐसी बौद्धिक, विचारशील और हमदर्दी से भरी औरत पर मैंने 1987 में क़लम उठाया। मेरे उपन्यास 'ठीकरे की मंगनी' की महरुख़ यह विचार स्थापित करती है कि औरत का एक घर और होता है जो उसके पिता और पति के घर से अलग ख़ुद अपनी पहचान का होता है। यह सच उस दौर का है, जब सैकड़ों की संख्या में औरतें मंत्रालयों, स्कूलों, अस्पतालों, दफ़्तरों और जीवन के दूसरे क्षेत्रों में मर्द से कन्धे-से-कन्धा मिलाकर अपनी भूमिका निभा रही थीं। आज उससे भी आगे वे

ज़मीन और आसमान की दूरियाँ नाप रही हैं। उन्होंने पिंजड़े की सारी तीलियाँ तोड़ अपने लिए नया आकाश चुना। महरुख़ के बाद 'शाल्मली' का वजूद उपन्यास में क़ैद हो जाता है जो अपने घर, अपनी तनख़्वाह, अपने मरतबे के साथ रहती है। उसने भी अपने जीवन के अनुभवों से एक इबारत लिखी अर्थात विवाहित जीवन में स्वामी व सेवक के रिश्ते की जगह इज़्ज़त और मुहब्बत का सम्बन्ध हो जिसमें एक-दूसरे के प्रति आदर और सम्मान हो। साथ ही शाल्मली को यह क़बूल नहीं कि वह बाहर के लिए घर क़ुर्बान कर दे और घर के लिए बाहर यानी उसे विवाहित जीवन को सुख के साथ बाहर, कामकाजी महिला के नाते, आर्थिक सुरक्षा भी चाहिए।

महरुख़ और शाल्मली गंगा और यमुना संस्कृति का प्रतीक भी हैं और विचारों में आबादी पर विश्वास रखती हैं जो नदियों की विशेषता होती है। उसके किनारे इनसानी बसावट बसने लगती है।

एक समय ऐसा आया जब पिता की पहचान लड़कियाँ बन गईं। और वही हाल पतियों का भी हुआ कि फलाँ अफ़सर के पति यह हैं। औरतों ने प्रोत्साहन का सही प्रयोग किया और बूढ़े माँ-बाप की देखरेख का ज़िम्मा भी लिया जिन्हें भाई और भाभी एक टूटे फ़र्नीचर की तरह कबाड़ख़ाने से फेंक देते हैं। अपवाद की बात दूसरी है। लड़कियाँ एक मोर्चे पर अपनी जीत दर्ज करने लगीं। माता-पिता की लगाई शादी से इनकार। दहेज के लालची शौहरों को जेल की हवा खिलाई और बलात्कार की दुनिया के आरोपियों की रिपोर्टें दर्ज कराईं।

साहित्य समाज का आईना होता है। वह इनसानों के अन्दर की पड़ताल करता है। उनकी सूक्ष्म संवेदनाओं को ओस की बूँद की तरह सँभाल उन्हें अक्षर का रूप देता है।

धर्म हमारे सोच की ऐसी बेड़ी है जिससे मुक्त होते हुए डरते हैं। न चाहने के बावजूद अपने और दूसरों पर ज़ुल्म करते हैं—बिना यह जाने हुए कि वास्तव में धर्म क्या कहता है और धार्मिक नेता क्या कहते हैं और जो रिवाज पड़ चुका है, क्या वास्तव में वह धर्म है या फिर धर्म को जाने बिना कुछ भी बता देना और बदले में जीवन-यापन के लिए आमदनी का ज़रिया तलाश कर लेना? आज किसे फ़ुर्सत है कि वह धर्म को पढ़े, समझे और इस बात को ग़ौर से देखे कि एक पुराने युग में जन्मे धर्म में बताई बातों का आज के प्रौद्योगिक एवं आधुनिक युग में कितनी ज़रूरत है और उसका पालन कैसे मुमकिन है? उन बातों को नज़रअन्दाज़ किया

जा सकता है। मगर उसे इश्यू बनाकर हम मार-काट का ज़बानी तौर-तरीक़ा अपना लेते हैं और एक पुरानी विज़डम को आदर के साथ रख देने की जगह ग़ैरज़रूरी शोर-शराबा करते हैं। धर्म की सख़्त पाब्दियों और ग़ैरज़रूरी जड़ता जो समय के साथ नहीं चल सकती है, उसे सूखे पत्ते की तरह झड़ जाने देना ही अक़्लमन्दी है। इन चहारदीवारियों से घुटने की जगह औरतों ने उसे ढाहना शुरू कर दिया है और अपना अधिकार पाया है क्योंकि उन्होंने पढ़-लिखकर उस सत्य को जाना जो मर्द-समाज उनसे छुपाए हुआ था। इसका उदाहरण मुम्बई और दूसरे शहरों में मन्दिर-मस्जिद में प्रवेश को लेकर कुछ अरसे पहले ही हमारे सामने आया है।

कोई भी सामाजिक लड़ाई केवल जज़्बात से नहीं लड़ी जा सकती है। उसमें तर्क, तथ्य और ज्ञान का होना ज़रूरी है। शाहबानो के केस में मुझे यह बात समझ में आ गई तब मैंने शरीयत लॉ का अध्ययन किया और बहुत बड़ा ख़तरा मोल लेकर मैंने उस पर कहानियाँ लिखीं। लेख एवं रिपोर्ताज़ भी लिखे जाते रहे हैं। मगर दिल पर अक्सर कहानियों के चरित्र अधिक असर करते हैं क्योंकि वे सीधे-सीधे अपनी दुख-भरी कहानी आपसे कहते हैं। आपकी आँखें भर आती हैं, और दिल दुखने लगता है। इस बात को नज़र में रख मैंने पहली कहानी मेहर पर 'ख़ुदा की वापसी' के नाम से लिखी। धर्म ने क्या कहा, वह बताते हुए मैंने कहानी के महिला चरित्र से यह कहलाया कि जब मजाज़ी ख़ुदा [दुनियावी ख़ुदा] अर्थात पति परमेश्वर इनसान बनकर नहीं लौटते, तब तक मैं मायके में ही रहूँगी।

ख़ुशी है मुझे कि मेरी सारी कहानियाँ सही परिप्रेक्ष्य में ली गईं और उन्हें जमकर पढ़ा गया। आज का दौर धर्म से परहेज़ करने का नहीं बल्कि आधुनिक समय में उसकी आध्यात्मिक ज़रूरत क्या है और कितनी है, उसका बीच का रास्ता तो निकालना होगा। उसके लिए धर्म को रटना या आँख बन्द कर मानना नहीं बल्कि स्वयं उसे पढ़ना और समझाना पड़ेगा। वैसे तो सैकड़ों लोगों का काम बिना धर्म के भी चल रहा है। वे अपने ज़माने में बने नियमों का पालन करते हैं और दिल चाहा तो ऊपर वाले को याद भी करते हैं।

हर क़ानून और नियम में लचक का होना ज़रूरी है, वरना आज की भागती-दौड़ती दुनिया में जीना मुहाल हो जाएगा। हमारे समय में हुई ईरानी क्रान्ति ने केवल वहाँ के लोगों को प्रभावित नहीं किया बल्कि सारी दुनिया किसी-न-किसी रूप में प्रभावित हुई है। भले ही आज ईरान का वातावरण काफ़ी बदल चुका है मगर हर क्रान्ति की तरह वहाँ भी एक बौखलाहट थी। युद्ध कई धरातलों पर चल रहा था। वैचारिक

कशमकश धर्म और साम्यवाद विचार को लेकर, आधुनिकता जो शाह के दौर में थी और ईरानियत जो वहाँ के लोग चाहते थे, उसमें टकराहटें थीं। गर्म दल और नर्म दल मुल्लाओं में आपस में धार्मिक व्याख्याएँ कर आपस में भिड़ रहे थे। औरतों पर विशेष अंकुश था कि वे अब ढक-छुपकर रहें। इसके कई मनोवैज्ञानिक, सामाजिक व धार्मिक कारण थे। शाह के जाने के बाद भी असली लड़ाई उनकी अमेरिका से ईरानियों की जारी है और वह अमेरिका के प्रभाव से मुक्त होने या कराने के लिए यह सख़्ती ज़रूरी समझते थे। यह एक सोच थी जो जनता तक पहुँचकर उनकी अपनी सोच में ढल गई। जो पढ़े-लिखे नहीं थे, उनके तौर-तरीक़े अत्याचार की हद तक नज़र आते थे। कोई किसी को पूरी तरह पहचान नहीं रहा था। जेल भरे थे। जो वर्तमान सत्ता के विरुद्ध बोलता—तर्कपूर्ण या तथ्यपूर्ण, वह क्रान्ति-शत्रु समझा जाता और उसे देश-निकाला या जेल या मौत की सज़ा सुनाई जाती।

उसी दौर पर लिखा मेरा उपन्यास 'सात नदियाँ : एक समन्दर' है। वह वास्तव में इंक़लाब के प्रारम्भिक समय का इतिहास है। इतिहास समय के साथ करवटें बदलता है। वह ख़ून-ख़राबा अब ईरान में नहीं है, काफ़ी उन्नति हुई है औरतों पर अंकुश कम हुआ है। बोलने-लिखने की थोड़ी-बहुत आज़ादी मिली है। शायद इस सख़्ती के कारण आज ईरान अमेरिका के सामने वैचारिक स्तर पर झुका नहीं, जबकि आर्थिक नाकाबन्दी अमेरिका की आज भी ईरान पर है। ईरान पर अब कैसा है, लौटकर लोग तारीफ़ करते हैं मगर वह दौर मेरे उपन्यास में क़ैद है और वह उस दौर का सच है—जब वैचारिक टकराहटें अपने चरम पर थीं। सात लड़कियों की कहानी कहता वह उपन्यास क्रान्ति के पूरे परिदृश्य को उजागर करता है।

साहित्य समय का सच है। उसमें इनसानी जज़्बात की बातें होती हैं जबकि इतिहास सत्ता और तारीख़ों की एक-सन्द होती है जिसमें इनसान गौण और समय अपनी कहानी कहता चलता है।

यहाँ पर सिक्के का एक ही रूप मैंने उठाया है। दूसरा रूप अभी शुरू हुआ है। जो अक्सर लोग नज़रअन्दाज़ कर रहे हैं, वह है औरत-सत्ता का परिणाम कि जब वे सत्ता में जाती हैं, तो वे कितना न्याय या अन्याय करती हैं। दिये गए महिला समर्थक क़ानूनों का बेजा इस्तेमाल किस हद तक करती हैं। नकारात्मक क़िस्से सुनने में आ रहे हैं जिस पर नज़र रखना और उस पर विशेष रूप से ध्यान देना ज़रूरी है। पुराना बदला चुकाना, या समाज के मर्द का रूप भर वही हरकतें करना

समाज के सन्तुलन के लिए सही नहीं है। बड़ी मुश्किलों के बाद औरतों को मर्द की दुनिया में न्याय और अधिकार मिला जिसका फ़ायदा पूरी आधी दुनिया नहीं उठा पा रही है। धीरे-धीरे पिछड़े गाँव, जड़ सोच में बदलाव आ रहा है। केवल बड़े शहरों में स्थिति में बदला परिवर्तन का यह अर्थ हरगिज़ नहीं लगाया जा सकता है कि पूरे भारत की आधी दुनिया को न्याय मिल गया है। यह बात अभी तय करनी है। इसके प्रति विशेष रूप से औरत को ध्यान देना है।

रेडियो, टीवी के अधिकतर सीरियल सनसनीख़ेज़ हैं। पुरानी कहानियों के चरित्रों पर नये प्रश्न रखते हैं जबकि ज़मीनी हक़ीक़तों तक न उनका कैमरा पहुँचता है और न वह वर्तमान की सच्चाइयों से कहानी उठाते हैं। मेकअप, ज़ेवर, शानदार घर और मोटरों के बीच बेहद बनावटी कहानी उभारी जाती है जो न सच है और न ही साहित्य। दूसरी जो अहम् बात है, वह पाठकों की ख़ामोशी। लेखक इनसानों के दुख-दर्द को वर्षों की मेहनत के बाद अपने उपन्यास में लिखते हैं जिनको पाठक पढ़कर चुप रह जाते हैं या उसकी प्रशंसा या आलोचना करते हैं। मगर वे अपने परिवेश को बदलने के लिए कोई क़दम उठाते हैं या नहीं? अपने विभाग, अपने मंत्रालय, अपने कॉलेजों और आपसी सम्बन्धों के विकास और ख़ुशहाली के लिए उनके अपने क्या प्रयास होते हैं? कभी कुछ पढ़कर वे किसी नेता को पत्र डाल स्थिति से अवगत कराते हुए न्याय की माँग करते हैं?

पुस्तक के बिकने, छपने की चर्चा होती है। प्रकाशक और लेखक के आपसी खट्टे-मीठे सम्बन्धों का ज़िक्र होता है मगर कभी यह सवाल नहीं उठता कि जो चार पैसे ख़र्च कर पुस्तक ख़रीदता व पढ़वाता है, वह अपना फ़र्ज़ पूरा क्यों नहीं करता है? आज की दुनिया दो ख़ानों में बँट चुकी है : एक युद्धरत, दूसरी सुख-सुविधा से भरी हुई। यह युद्ध 'भूखे पेट', 'नंगे शरीर' का है। यह युद्ध अधिक धन बटोरने का है। यह युद्ध धर्म के नाम पर अत्याचार का है। यह युद्ध खनिज पदार्थों के बहाने कमज़ोर देशों पर क़ब्ज़ा करने का है। ग़ैरज़रूरी युद्धों द्वारा हथियार ख़रीदने का है। इन सारी बातों से हर भाषा का साहित्य भरा पड़ा है क्योंकि कोई भी इनसान किसी दूसरे के अनुभव से कुछ सीखता नहीं है जब तक ख़ुद ठोकर नहीं खाता है। आँखें तब खुलती हैं जब उसका दमख़म समय को बदलने का ख़त्म हो जाता है।

आज की विभिन्न सत्ताओं से पिसता इनसान सुख खो चुका है। मर्द लड़ता है, औरत बच्चे और घर सँभालती दूसरी तरह के युद्ध में धँसी रहती है। मुट्ठी भर

आदमी अगर सुख, शान्ति और सुरक्षा से रहते हैं तो इसका यह मतलब हरगिज़ नहीं है कि सब ख़ुशहाल हैं।

राजनीतिक सत्ता के द्वन्द्व से गुज़रता, बँटवारे के बाद भारत पर लिखा मेरा उपन्यास 'ज़िन्दा मुहावरे', इराक में मल्टीनेशनल आर्मी व आर्थिक नाकाबन्दी के दौरे पर लिखा आम इनसानों के दुखों को उकेरता मेरा लघु उपन्यास 'अजनबी ज़ज़ीरा इब्ने मरियम', कहानी-संग्रह 'संगसार' इत्यादि विश्व में फैले विभिन्न इनसानी दुखों के बयान हैं। मानव अधिकार को गोहार है जो अभी जारी है। जो अजीब क़यामत बन बूढ़ों और बच्चों पर टूट रही है। समस्या हल होती नहीं मगर गोष्ठियाँ, सेमिनार होते हैं। ऐसी घटनाओं को सियासत अपनी तरह से, धर्म अपनी तरह से, सूचना माध्यम अपनी तरह से अपने लाभ को देखते हुए देते हैं। यदि साहित्य कुछ सत्य, कुछ कड़वा, कुछ अन्याय को लिखता भी है तो उसका प्रभाव भी क्या और कहाँ तक जाता है? सिर्फ़ साहित्य-प्रेमी पढ़ते हैं, आपस में बहस और नारे लगा दूसरी पुस्तक की तैयारी में लग जाते हैं और कुछ देश ऐसे भी हैं जिसमें कलाकारों को सत्ताधारी मौत की सज़ा सुना देते हैं।

एक नये दौर की सत्ता-तकनीकी है जो जवानों के साथ पुरानी पीढ़ी के अनपढ़ वर्ग को काफ़ी हद तक अपने असर में ले चुकी है। कुछ का कहना है कि काग़ज़ ग़ायब हो रहा है, अब सब कुछ हेतु परिणाम डिजिटल पर सिमटता जा रहा है। हर तरह की सूचना के लिए आपकी गूगल मदद कर रहा है। ज़िन्दगी को बहुत हद तक आसान बना दिया है उसने। छोटे-बड़े हर प्रश्न का जवाब इंटरनेट पर है। वाट्सएप के द्वारा आपकी जेब में पल-पल की ख़बर मौजूद है। बटन दबाएँ जवाब हाज़िर। जहाँ इतनी ख़ूबियाँ हैं, वहीं पर साइबर क्राइम भी मौजूद है जिसकी पकड़-धकड़ इतनी आसान नहीं है। अगर है तो केस बड़ा हो या तकनीक पर आपकी महारत हो! मेरा नया लघु उपन्यास 'शब्द पखेरू' इसी साइबर क्राइम पर है। दूसरों की मासूमियत से फ़ायदा उठाकर अपना काम करवाना और दूसरे को क्राइम करने के जुर्म में पकड़वाकर ख़ुद साफ़ निकल जाना। तकनीकी विकास की यह बेहद आधुनिक राह है। जो जितनी सोशल है, उतना ही ख़तरनाक भी। इसी तरह आई.वी.एफ. द्वारा गर्भ धारण ने या मेडिसिन क्रान्ति ने औरत-मर्द को बाँझपन की लानत से मुक्ति तो दिलाई है लेकिन उससे जुड़े दुष्प्रभाव व अनेक प्रश्न भी हैं। जो आपको ये सहूलियतें लेने से बाज़ रखते हैं। मेरा दूसरा लघु उपन्यास डिजिटल में 'दूसरी जन्नत' के नाम से आ रहा है। ये

दोनों उपन्यास आधुनिक समस्याओं को अपने में समेटे हैं। परम्पराएँ कैसे जड़ता और सत्ता में बदल जाती हैं जब औरत किसी भी ज़रिये बच्चा पैदा करना चाहती है ताकि बाँझपन के तानों से बच सके।

इसमें कोई शक नहीं है कि इनसानों द्वारा बनाई वह सत्ता, जिसमें वह ख़ुद कराह रहा है, उसकी ये आहें साहित्य के पन्नों पर दर्ज होती हैं। एक-दूसरे से कहकर ग़म ग़लत होता है, सो दुखी लोग दूसरे का ग़म पढ़कर अपने ग़म की पीड़ा भूल जाएँगे।

[2017]

देश-स्वतंत्रता के बाद आधुनिक स्त्री का चित्रण

मेरा उपन्यास 'ठीकरे की मंगनी' जब पाठकों तक पहुँचा, उससे पहले मेरा दूसरा लिखा उपन्यास 'शाल्मली' छप चुका था। दोनों उपन्यास समाज की बीच धारा में खड़ी उस औरत की बात करता है जो 1948 में स्वतंत्र भारतवर्ष में जन्मी, जहाँ कई तरह की कठिनाइयों से देश गुज़र रहा था। देश के प्रति निष्ठा भरा वातावरण था जिसमें देश के विकास और उन्नत की योजनाएँ तेज़ी से देश को ख़ुशहाली की तरफ़ ले जाने के लिए अहम् भूमिकाएँ निभा रही थीं। उसी सन्दर्भ में शिक्षा भी एक महत्त्वपूर्ण मुद्दा था। सभी माँ-बाप लड़के एवं लड़कियों को प्रोत्साहन देते ताकि वे देश का बोझ बाँटने के लिए अपने को सक्षम बनाएँ!

शिक्षा का प्रचार एवं प्रसारण कई तरीक़ों से हो रहा था जिससे विशेष रूप से बालिका को सुशिक्षित कराने एवं नारी उत्थान की योजनाओं पर ज़ोर था जिसके लिए सरकारी तौर से अनेक प्रकार की सहूलियतें दी जा रही थीं। सामाजिक कल्याण की ग़ैरसरकारी संस्थाओं का भी पूरा ज़ोर इसी मुद्दे पर था कि महिलाओं बल्कि प्रौढ़ महिलाओं के उत्थान एवं मानसिक रूप से उन्हें सबल बनाने के लिए यह बहुत ज़रूरी प्रक्रिया है। जगह-जगह प्रौढ़ शिक्षा केन्द्र भी पाठशालाओं, विद्यालयों और यूनिवर्सिटियों की तरह खुलने लगे।

उस माहौल में शाल्मली और महरुख़ बड़ी होती है। उनमें—प्रखरता, जागरूकता और अपने परिवार एवं समाज के प्रति विशेष तरह की संवेदना उपजी जो उन्हें केवल अपने प्रति ही नहीं, बल्कि अपने परिवेश के प्रति ज़िम्मेदार और प्रतिबद्ध बनाया।

आज की तरह तीन दशक पहले इतनी सुख-सुविधा नहीं थी परन्तु लड़कियों की खेप-की-खेप एकाएक जीवन के हर कार्य-क्षेत्र में महत्त्वपूर्ण पदवी पर आसीन होने लगीं। महरुख़ ने पी-एच.डी. के बाद गाँव जाकर शिक्षक बनने का अपना

सपना पूरा किया और शाल्मली ने आई.ए.एस. कर देश की नीतियों एवं व्यवस्था में पूरी ईमानदारी के साथ काम करते हुए अपने पिता का सपना पूरा किया।

महरुख़ ने अपनी मंगनी तोड़कर गाँववालों से गहरा लगाव पैदा कर लिया। सभी हैरान थे कि महरुख़ ने यह रिश्ता क्यों तोड़ा? उसका कहना था कि वह अपने मंगेतर की भौतिकवाद के प्रति जो सोच है, वह उसको रास नहीं आ पाएगी और वह पूरी ज़िन्दगी दुखी रहेगी। यह तो उपन्यास पूरा पढ़कर ही समझा जा सकता है कि उनके विचारों की आपसी टकराहट क्या थी। आज वही टकराहटें हमको समाज में हर वर्ग के लोगों के बीच नज़र आती है क्योंकि लड़कियों की चेतना उन्हें अपने प्रति सचेत कर रही है और उनकी ज़िम्मेदारी परिवार, समाज, देश और अपने कार्य-क्षेत्र के प्रति साफ़ होती जा रही है। वे बेकार की लड़ाइयों, घरेलू उठा-पटक, अकारण अत्याचार सहते हुए अपना जीवन बर्बाद नहीं करना चाहती हैं। वे अपनी पहचान बनाना चाहती हैं। गाँव के पिछड़े लोगों को शिक्षित करते हुए वे सुख अनुभव करती हैं। महरुख़ का सपना एक लेखक का सपना नहीं था बल्कि उन दिनों विदेशों से डिग्री लेकर लौटे जवानों का था जो किसी बड़ी नौकरी की इच्छा नहीं प्रकट की, और गाँव जाकर वहाँ के लोगों के साथ काम करने की ठानी। इनके अलावा भी जो लड़कियाँ बी.एड. कर चुकी थीं और नौकरी करना चाहती थीं वह भी सरकारी, तो उनकी नियुक्ति गाँव के पाठशालाओं और विद्यालयों में होती।

वही माहौल 'ठीकरे की मंगनी' का परिवेश है। आज भी ढेरों लड़के-लड़कियाँ घरों से दूर नौकरियाँ कर रहे हैं। जब मैंने क़रीब से यह सब देखा तो मुझे लगा कि ज़माना बदल चुका है। अब लड़की का घर केवल पिता और पति का नहीं रह जाता है बल्कि एक घर उसकी अपनी मेहनत और पहचान का होता है। यह सोच मेरे उपन्यास में उभरी है। जब मकान बँटता है और महरुख़ रिटायर हो जाती है तो सारे भाई यही सोचते हैं कि उनकी बहन अविवाहित है, कहाँ जाएगी? हमारे साथ रहेगी मगर महरुख़ इनकार कर देती है।

अपने समय से पहले आई यह सोच, जब ऐसा वातावरण बन रहा था, उस समय हिन्दी के बहुत-से सम्पादकों, आलोचकों को एक झटका लगा था। वे इस सोच को पकड़ नहीं पा रहे थे जो समाज में अपनी जड़ें तेज़ी से जमा रही थी। आज तीन दशक बाद यह एक ऐसा सच है कि उसे समाज और परिवार को स्वीकार करना पड़ा। अक्सर महिलाओं के मिले सरकारी घरों में उनके पति उनके साथ रहते हैं और अनेक तरह की सुख-सुविधाओं का लाभ उठाते हैं। समय

की कसौटी पर रखकर कुछ पाठकों ने मुस्लिम घर से निकली ऐसी लड़की के चरित्र को स्वीकार करने से इनकार कर दिया। मुस्लिम समाज की अनेक परतें हैं। यह ज़रूरी नहीं है कि जिस माहौल में रहनेवाले मुसलमानों को आपने देखा हो, वह सच सारे मुस्लिम समाज का भी हो।

समय के गुज़रने के साथ 'ठीकरे की मंगनी' अपनी सच्चाई के कारण पाठकों में लोकप्रिय होने लगी। कुछ वर्षों बाद उसका नया संस्करण छपता जो आज भी जारी है क्योंकि महरुख़ आज की औरत का सबसे बड़ा सच है। औरत का घरेलू जीवन अपनी जगह और उसकी नौकरी अपनी जगह है। दो जगह बँटकर उसको काम ज़्यादा करना पड़ता है। दोनों कर्तव्यों को वह सुचारु रूप से चलाने की कोशिश में रहती है। उसने स्वतंत्रता का मज़ा चख लिया है जिसको वह किसी क़ीमत पर छोड़ना नहीं चाहती है। महरुख़ की तरह लड़कियाँ उन मर्दों से शादी करने से इनकार कर रही हैं जो रिश्तों का महत्त्व समझने से ज़्यादा दहेज का लालच रखते हों।

शाल्मली के पास उसकी पहचान का घर है। उसका पति अपनी अफ़सर पत्नी से अपेक्षा करता है कि वह उसकी माँ की तरह पति परमेश्वर की बातें सुने और घर में क़ैद रहे। शाल्मली पति में अपना साथी, अपना मित्र, तलाश करती है और बहुत-सी औरतों की तरह वह प्रश्न करती है। आख़िर उसके साथ उसके पति का व्यवहार इतना तिरस्कारपूर्ण क्यों है? अक्सर पत्नी से वह ग़लत काम करवा अपने दोस्तों पर धाक जमाना चाहता है जो शाल्मली को स्वीकार नहीं है। उसकी दोस्त कहती है कि तुम तलाक़ ले लो। शाल्मली जवाब देती है कि पति-पत्नी में बराबरी, दोस्ती, सम्मान, प्यार का होना ज़रूरी है, न कि दूसरा या तीसरा विवाह करके उन चीज़ों को पाने की खोज में साथी बदलते जाना। उससे नारी को उसका अधिकार नहीं मिलेगा बल्कि उसकी निराशा बढ़ेगी क्योंकि मर्द घर में और घर के बाहर एक ही स्वभाव के होते हैं। उन्हें अपने को बदलना होगा। आज की कामकाजी औरत के जीवन में परम्परागत जड़ सोचवाले पति के लिए कोई जगह नहीं है। इस उपन्यास में चेतना से भरी नारी का ऐसा चित्रण है जो आज की कामकाजी स्त्रियों का सच है। जो विवाहित हैं और उनके सामने उनका उज्ज्वल भविष्य है। वे आधुनिक समय में रहकर सौ वर्ष पहले की जड़ सोच के साथ नहीं रह सकती हैं और तब इस घुटन का अंजाम तलाक़ है। तलाक़ की संख्या हर वर्ष बढ़ रही है। तलाक़ का एक यही कारण नहीं बल्कि वे लड़कियाँ या औरतें अपनी ज़िम्मेदारी एवं रिश्तों का महत्त्व नहीं जानतीं। उनके पति उनके व्यवहार से परेशान हैं।

शाल्मली रिश्तों को समझती है। सास व ससुराल एवं पति के दोस्तों के प्रति वह सम्मान का व्यवहार करती है। उसे अपने पति से प्रेम भी है। वह प्रेम, आदर, और मित्रता की अपनी ज़रूरतें पूरी करने के लिए दर-दर भटकना नहीं चाहती है और न वह आधुनिक नारी की यह सोच सही समझती है कि तू न सही, और सही। उसके सामने बेसिक प्रश्न है, वह उसके जवाब पति से चाहती है। नोरा की तरह वह घर छोड़ इंक़लाब का अधूरा झंडा नहीं लहरा सकती है, जो गए समय का हंगामाख़ेज़ क़दम समझा जाता रहा था, जिसका चलन आज भी है। वह अपने पति नरेश में बदलाव चाहती है। उसका ध्यान कुछ बुनियादी सवालों, जिस पर विवाहित जीवन की ख़ुशहाली निर्भर करती है, उस तरफ़ खींचना चाहती है ताकि जीवन व गृहस्थी के दोनों पहिए बराबरी एवं सुगमता से चलें—न कि सेवक व स्वामी का रिश्ता पति-पत्नी के बीच केवल समझौता बनकर दोनों को दिखावटीपन की ख़ुशी भरी मुस्कान के लिए मजबूर करे।

शाल्मली के चरित्र के बहाने मैंने विवाहित जीवन की नीरसता, कठिनाइयों और कुढ़न को सामने रखा था ताकि इस पर खुलकर चर्चा हो। उपन्यास में इतने प्रश्न हैं स्त्रियों के मन की गाँठों को खोलने वाले, उसकी ओर से अपनी बात कहनेवाले हैं। वह उपन्यास मर्द-औरतों को अपना-अपना चेहरा दिखानेवाला है जो इस समाज का अस्सी प्रतिशत सच है।

यह सच वास्तव में लेखक पकड़ता कैसे है? अपनी इच्छा से कोई चरित्र खड़ा कर लेता है या कल्पनालोक से? समाज का यथार्थ वह पकड़ने के लिए अपने अनुभवों को निचोड़ता है या अवलोकन व अनुभूतियों का सार काग़ज़ पर उड़ेलता है? पैंतीस वर्ष पहले लिखा उपन्यास आज भी चर्चित क्यों है? उसके नये संस्करण हर दूसरे-तीसरे वर्ष क्यों हो रहे हैं? इस विषय पर लिखे ढेरों अच्छे उपन्यास हैं, फिर उनके बीच इसमें ऐसी कौन-सी चुभन है जो पाठकों द्वारा यह पढ़ी जाती है और पढ़ने वाले को हिला बैठती है?

वास्तव में शाल्मली का गद्य, समाज एवं विवाहित जीवन का वह मेरुदंड है जिसके कमज़ोर व मज़बूत होने पर इनसान का जीवन आबाद और बर्बाद होता है जिसके चपेट में उस घर में पलनेवाली नई पीढ़ी भी आ जाती है।

प्रश्न हमारे सामने है कि लेखक ने अपने विचार, अपने चरित्र द्वारा पाठकों तक पहुँचा दिया है। अब पाठक उन विचारों से अपने को आँकें या समाज को तौलें या फिर लेखक द्वारा दी गई सूचनाओं द्वारा उस पर आपस में बातें करें? उसका हल

ढूँढ़ें? आज महिलाएँ शिक्षित हो रही हैं उन इलाक़ों में भी, जो पिछड़े हैं। पढ़ने के बाद उनके वे सपने पूरे नहीं हो पा रहे हैं जो उन्होंने अपने कैरियर को लेकर देखे हैं। उसका कारण उनके क्षेत्र में नौकरी मिलने की सम्भावना न के बराबर होती है। इतना पढ़ने के बाद ये गृहस्थी की उसी परिपाटी में सीमित होकर रह जाती हैं जो जीवन उनकी अशिक्षित माँओं ने जी है। परिवार और पति के सहयोग मिलने के बावजूद हालात उनका साथ नहीं दे पाते हैं। यदि उन्हें नौकरी घर से दूर मिलती है और घरवाले अनुमति भी दे देते हैं तो उन्हें अपनी गृहस्थी का सुख छोड़ अपने परिवार से अलग रहना पड़ता है। ये प्यारे सवाल जीवन का यथार्थ हैं। ये तभी हल हो सकते हैं जब पति-पत्नी के बीच प्रेम, विश्वास और समझदारी हो। अकेला जीवन जीना भी मर्द-औरत के लिए दुखदायी होता है और बच्चों पर ज़ुल्म। चाहे वे माँ-बाप की लड़ाई में शामिल हों या नहीं, उन्हें उसका हिस्सा अनिच्छा से बनना ही पड़ता है। यही सारी सोच 'शाल्मली' उपन्यास में दर्ज है, जो 1948 के बाद की सुशिक्षित, जागरूक, संवेदनशील, स्वावलम्बी, चेतना से युक्त आधुनिक स्त्री की सही छवि को उसकी सजगता के साथ पेश करता है। सक्षेप में यह शाल्मली सरीखी सभी औरतों का मिला-जुला स्वर है जो क़लमबन्द किया गया है—एक उपन्यास के चरित्र द्वारा, जो भारतवर्ष की अनेक समस्याओं में से एक महत्त्वपूर्ण सामाजिक समस्या है।

[2016]

कहीं तो थमना होगा हमें

यह समय जागरूकता का है, न कि थके हुए वक्तव्यों के उलझाव का। मानवाधिकार की चेतना लेकर ही इनसान इस धरती पर आँखें खोलता है, मगर कुछ लोगों में यह चेतना समय के साथ घटते-घटते शून्य हो जाती है। ऐसा भी होता है कि जो अपने कठिन समय में समझौता करने पर मजबूर किये जाते हैं, उनके जीवन की दो सच्चाइयाँ होती हैं : या तो हर मोड़ पर समर्पण करना ही उनका जीवन-दर्शन बन जाता है या फिर उनके अन्दर आक्रोश की लपटें सुलगती रहती हैं और उनकी चेतना में यह वाक्य उन्हें हमेशा चौकन्ना रखता है कि आगे किसी की मजबूरी से कोई फ़ायदा न उठाए।

शोषण शारीरिक रूप से केवल औरत या मासूम बच्चियों का नहीं, बल्कि बच्चों और किशोरों का भी होता है, जो ख़बरों की सुर्ख़ियाँ नहीं बन पाता है। इसका कारण क्या है, यह तो पुरुषवर्ग ही बता सकता है। ख़ासकर पत्रकार और समाज आलोचक, कि इस लापरवाही की क्या वजह है?

इस संसार में औरत-मर्द का रिश्ता बहुत पेचीदा है कि कब किसका किसके साथ नज़दीकी रिश्ता बन जाता है। उसकी आलोचना भी होती है। चूँकि यह रिश्ता दोनों की मर्ज़ी से यदि पनपता है तो उसके गम्भीर परिणाम के ये दोनों ज़िम्मेदार हैं। उसमें उनके परिवार वालों के दुख भी शामिल होते हैं। माना कि बहुत कुछ बेहूदा और घृणा भरा इस मानव भूमि पर शुरू से चला आ रहा है। अजीबो-ग़रीब रीति-रिवाज, जड़ मान्यताएँ, संकीर्ण विचार आदि, मगर समय के साथ विवेक के बढ़ते आयाम के कारण इनमें परिवर्तन भी आते रहे हैं। उसी तरह यह दौर भी चेतना की जागरूकता का है। बदलाव का है। इस बात को दृढ़ता से समझने का है कि आप अपनी मर्ज़ी और इच्छाओं के चलते किसी दूसरे को हानि नहीं पहुँचा सकते हैं। आपको अपनी बेजा करतूतों पर प्रतिबंध लगाना होगा। आख़िर आप

जानवर नहीं हैं कि पेट (जिस्म) की भूख मिटाने के लिए किसी का भी शिकार कर लें। आपको किसने यह अधिकार दिया है कि बिना किसी की मर्ज़ी के आप उसका शीलभंग करें? मासूम बच्चियों की बेबसी से अपने अपराधी स्वभाव को ख़ुराक दें और सबूत मिटाने के लिए हिंसा पर उतर आएँ और जान से मार डालें? सामूहिक रूप से मानसिक रोगों से पीड़ित और अपराधी मानसिकता के इन व्यक्तियों के साथ क्या सुलूक किया जाए? सज़ा-ए-मौत, आजीवन कारावास या हमेशा की तरह कुछ दे-दिलाकर मामले को ठंडे बस्ते में डाल देना, उचित सबूत न मिलने पर उन्हें रिहा कर देना या फिर लड़की के आचार-व्यवहार पर तोहमत मढ़ देना?

यह सारी लीपापोती और स्त्री के शीलभंग के अपराध को हल्के में लेना दरअसल बलात्कारियों के हौसले बुलंद करता है कि बच जाने की पतली गली तो है। सच तो यह है कि बलात्कार का मामला अब सिर्फ़ औरत, मर्द या क्षणिक वासना-उन्माद तक सीमित नहीं रह गया है, बल्कि शहज़ोरी पर आ गया है, जिसका सबसे बड़ा कारण सामाजिक व्यवस्था है, जिसमें न सन्तुलन रह गया है, न अनुशासन और न ही उचित न्याय। जनता एक सन्देह भरे वातावरण में साँस लेने पर दिन-प्रतिदिन मजबूर होती जा रही है और यह सिलसिला स्वतंत्रता मिलने के कुछ वर्षों बाद से शुरू हो गया था। जो सबका दुश्मन था, उसे भारतीय एकता ने मिलकर बाहर निकाल दिया। मगर असंख्य लोगों के अन्दर का जोश और उबाल बाद में भी मौजें मारता रहा। यह लावा शान्त होने की जगह आपस में आरोप-प्रत्यारोप के ऐसे सिलसिले में ढल गया, जिसकी उम्र सत्तर साल पुरानी हो गई है। इस बोसीदा जर्जर पड़े बेतुके सिलसिले को मौत की नींद सुला देना ज़रूरी हो गया है।

पिछले कई वर्षों में कुछ चैनल, समाचार-पत्र, अनेक संस्थाएँ, अचानक उभरे असंख्य विचारक और ज्ञानी, वाट्सऐप, फेसबुक, ट्विटर अपनी समझ और क्षमता के अनुसार बोल और लिख रहे हैं। बात केवल आसाराम और राम रहीम तक सीमित नहीं रह गई है और न ही केवल कठुआ और उन्नाव में हुए बलात्कार और हिंसक घटनाओं तक। अगर हम अतीत में जाएँ तो स्वतंत्रता के बाद हुए दंगे-फ़साद में महिलाओं पर जो क़हर तोड़ा गया था (कुछ के वीडियो भी बने थे), उसका सिलसिला किसी न किसी रूप में एकल घटनाओं में उसी शिद्दत से नज़र आता है। हक़ीक़त यह है कि अब पानी सिर से ऊँचा जा चुका है। बात एक-दो घटनाओं या चंद नामों की नहीं, बल्कि लाखों अपराधियों, अपमानित औरतों और नाबालिग बच्चियों की है, जो अख़बारों की सुर्ख़ियाँ नहीं बन पाती हैं। अफ़सोस

तो यह है कि सबको अपनी आवाज़ और चेहरे से बेहद प्यार हो गया है, इसलिए टिप्पणियों की बारिश नज़र आती है। मगर इतने महत्त्वपूर्ण मुद्दे पर उचित और अनुशासित फ़ैसला क्यों नहीं लिया जा रहा है? आख़िर कुछ घटनाएँ ऐसी हैं जिन पर त्वरित कार्रवाई होनी चाहिए, न कि सोच-विचार, जल्दबाज़ी में ऐसा कोई क़ानून नहीं बनना चाहिए जिससे दूरगामी समाधान न होकर केवल वक्ती लीपापोती कर दी जाए। पर जहाँ चश्मदीद गवाह और पकड़-धकड़ के साथ सबूत भी हाथ लग जाते हैं, वहाँ न्याय मिलने में इतनी देर हो जाती है कि जनता दूसरी दर्दनाक घटनाओं से एक बार फिर अचंभित और ठगी-सी रह जाती है और इस बीच पुराने मामलों के आरोपी शक और सबूत के अभाव में छोड़ दिये जाते हैं। ज़्यादातर मामलों में औरत को ही क़सूरवार ठहराने की साजिश भी शामिल कर दी जाती है।

कुछ वक्तव्य भी बलात्कार पर ऐसे आए, जिनमें थकन, ऊब और हारने जैसी ध्वनि निकलती है, जैसे यह होता रहता है। अब इस होते रहने को बदलने और रोकने की सख़्त ज़रूरत है, क्योंकि इसमें हिंसा भी जुड़ चुकी है। हमारी हमदर्दी अपराधी की सज़ा की तरफ़ नहीं होनी चाहिए, क्योंकि यह हरकत किसी भी हत्या से बढ़कर है, किसी को जीते-जी मार डालना क्योंकि बाक़ी ज़िन्दगी यह इस कलंक से उबर नहीं पाएगी; परिवार, समाज, मित्र उसकी ऐसी नज़र से देखेंगे, जिसे सहना उसके लिए कठिन है। इसलिए बलात्कारियों को ऐसे दंड से गुज़ारना चाहिए, ताकि वे भी सारी ज़िन्दगी आत्मप्रताड़ना से गुज़रें और उन्हें अपनी हरकत पर आत्मग्लानि हो, और सारा जीवन आँखें झुकाकर रहना पड़े, ताकि दूसरों के लिए ऐसा उदाहरण बन जाए कि आसपास वाले मनचले जीवन की इस लम्बी प्रताड़ना को झेलने के भय से अपने तौर-तरीक़ों पर रोक लगा सकें।

जब से होश सँभाला है, बेटी पढ़ाओ, महिला सशक्तीकरण जैसे नारों से पाला पड़ता रहा है। सरकारी योजना और समर्थन, टूटता अन्धकार, बदलती मानसिकता, यह सब कुछ नज़र आ रहा है और औरत का बदला रूप भी लेकिन ऐसी सक्षम स्त्रियों और विश्वास से भरी लड़कियों के लिए क्या समाज ने यह जगह बनाई है जहाँ वे सुरक्षित रह सकें? उनको बलात्कार का भय न सताए? सरकारी दफ़्तरों और निजी क्षेत्रों में उनका शारीरिक शोषण न हो?

आख़िर यह होगा कैसे? ऐसी कौन-सी बुनियादी नब्ज़ है, जिसे हमको पकड़ना होगा? क्योंकि क़ानून का ख़ौफ़, मौत की सज़ाओं से एक दुर्घटना का समाधान तो हम कर सकते हैं, मगर इसको रोकें कैसे? हनुमान जैसे ब्रह्मचारी को पूजनेवाले देश

में यह हिंसक वासना क्यों बेकाबू हो रही है? इसका मनोविज्ञान क्या है? आख़िर राखी जैसे त्योहार, भाई-बहन के प्यार को सँजोने वाले समाज में ऐसा हिंसात्मक प्रदर्शन क्यों, जो दूसरे देश हमारी निंदा में कहें कि वह तो बलात्कारियों का देश है?

बलात्कार के अपराधियों पर काम करने की ज़रूरत है। उनका मनोविज्ञान समझना होगा। उनका सामाजिक और देश के स्तर पर खुला इंटरव्यू लेना चाहिए, जैसा कि दूसरे देशों में सियासी क़ैदियों, अपराधियों और आतंककारियों का लिया जाता है। या फिर ऐसी मानसिकता रखने वालों का इलाज भी ज़रूरी है। सरकार हार गई। औरतें लिखकर, विरोध करके हार गईं, मगर ऐसे कुंठित की मानसिकता नहीं बदल पाई, जिन्हें घर और बाहर छूट मिली है और कभी बदनामी, तो कभी रिश्तों को बचाने के लिए औरतें भी ज़बान पर ताला डाल लेने पर मजबूर हो जाती हैं। ऐसी स्थिति में मर्दों को अब मोर्चा सँभालना होगा कि वे अपने पुरुष समाज में ऐसे रोगियों का उपचार कैसे करें। उन्हें भी अपने शरीर की मर्यादा रखनी चाहिए और पुरुषों को उस मानसिकता से निकलना होगा कि हर प्रतिशोध की अभिव्यक्ति औरत का शरीर नहीं होती और न ही यह बहादुरी बल्कि कायरता है। मर्दों के व्यक्तित्व के इस विकास को पुरुष से अच्छा कौन समझ सकता है। जब दुनिया भर के हर मुद्दे पर सिर जोड़कर ये विकल्प तलाश लेते हैं, तो इस मुद्दे को भी राष्ट्र स्तर की समस्या मानकर विचार करें और बुनियादी शारीरिक, मानसिक डिसऑर्डर के कारण को दूर करने का संकल्प लें। आख़िर यह कब तक चलेगा? कहीं तो रुकना और रोकना होगा न!

['जनसत्ता' : 2 सितम्बर, 2018]

स्त्री विमर्श के चार अध्याय

विश्व में भारत ऐसा देश रहा है जहाँ हमेशा से ही बुद्धिजीवी महिलाओं की संख्या अधिक रही है परन्तु जो समय मैंने जिया है, उसको नज़र में रखते हुए औरत के बदलते स्वरूप के विभिन्न आयामों के बारे में अपनी बातें रखना चाहूँगी, जो कुछ इस तरह हैं :

स्वतंत्रता से पहले का वह दौर, जब समाज की जकड़न और परिवार की नापसन्दगी के बावजूद औरतों ने क़दम बाहर निकाला। स्वतंत्रता-संग्राम में भी उनकी महत्त्वपूर्ण भागीदारी रही है। इस रूप में भी कि वे घर के मर्दों के शहीद होने, जेल जाने में आड़े नहीं आईं, न अपना मनोबल कम किया, न उन्हें रोका। स्वतंत्रता मिलने के बाद ऐसी सशक्त महिलाओं की आकाशगंगा नज़र आने लगी, जिन्हें देश की पहली डॉक्टर, इंजीनियर, पायलट, राजनेता, वकील बनने का गर्व प्राप्त हुआ। बिना किसी समर्थन, विमर्श के उनकी स्वयं की प्रतिभा, जिजीविषा उन्हें इस मुक़ाम तक पहुँचाने में सहायक बनी।

उनके इस तेवर और त्याग ने बाद में आनेवाली स्त्रियों के लिए राह आसान बनाई। यह दौर ऐसी जागृति का था जिसमें शिक्षा फैल रही थी। औरतें विभिन्न कार्यक्षेत्रों में बड़ी संख्या में नज़र आने लगी थीं। यदि आज का मुहावरा उधार लूँ तो यह स्त्री विमर्श का पहला अध्याय था, जिस पर मोटे अक्षरों से दर्ज था : 'हमें घर की घुटन नहीं, बाहर की ताज़ा हवा चाहिए।' इस जुनूनी लगन में बड़े पैमाने पर महिलाएँ आजीवन कुँआरी रह गईं या फिर अरसे तक यही एक धुन बजती रही थी कि बरसों से हमारे अन्दर दबे-छुपे गुणों को बाहर आने दो।

स्वतंत्र भारत में जिस पीढ़ी ने जन्म लिया था, उसमें अधिकांश के माता-पिता शिक्षित एवं नौकरीपेशा थे। गाँव और शहर से उनका नाता पूरी तरह टूटा न था मगर संयुक्त परिवार, एकल परिवार में ज़रूर बदल रहे थे, जहाँ रिश्तों का विस्तार

सिकुड़ने की तरफ़ बढ़ रहा था। 'हम दो, हमारे दो' के नारे गूँज रहे थे। औरत के स्वास्थ्य और विकास पर सरकारी योजनाएँ बननी शुरू हो गई थीं। नई पीढ़ी में माँ-बाप जैसा नये और पुराने को लेकर चलनेवाला सन्तुलन नहीं बचा था। उनकी यादों से गाँव और दादा-दादी, नाना-नानी की यादें तेज़ी से धुँधली पड़ती जा रही थीं। जागरूक माँ-बाप घर में लड़कियों का पालन-पोषण लड़कों की तरह कर रहे थे। लड़कियों ने जब शिक्षित माँ से प्रेरित हो विवाहित जीवन में प्रवेश किया तो उनके मन-मस्तिष्क पर उनकी माँएँ हावी थीं। उन्हें लगा कि माँ की तरह वह सहेंगी नहीं। वह कमाने के बावजूद स्वामी और सेवक का जीवन नहीं जिएँगी। इसलिए मर्द को कन्धे से कन्धा मिलाकर उनके घर के कामों और बच्चों के लालन-पालन में हाथ बँटाना होगा। यह स्त्री विमर्श का दूसरा अध्याय था, जिस पर मोटे हर्फ़ों में लिखा था कि 'उन्हें घर और बाहर, दोनों की दुनिया चाहिए और पति-पत्नी के रिश्ते में मानवीय स्तर पर बराबरी।'

महिला चेतना का यह दौर विचित्र टकराहटों से गुज़र रहा था। औरत ने घर-बाहर की ख़ुशियाँ समेटने का प्रण ले लिया था। मेरा उपन्यास 'शाल्मली' अपनी मेहनत और पहचान का घर हासिल कर चुका था। 'ठीकरे की मंगनी' की महरुख़ की तरह स्त्री सुशिक्षित हो ख़ुद कमा रही थी। वह अपना सहारा ख़ुद बन चुकी थी। उसे अत्याचार सहने, ख़ामोश रहने और शोषित होने का कोई तर्क समझ में नहीं आ रहा था। उसने अपने संघर्ष और लगन से समाज में एक सम्मानित ओहदा पा लिया था। इसके बावजूद उसके अन्दर मर्द के प्रति आकर्षण कम नहीं हुआ था। मगर अपमानित होकर उसे मर्द का साथ मंज़ूर न था। यह आज के स्त्री विमर्श का तीसरा अध्याय था जिस पर साफ़ शब्दों में लिखा था : 'शादी के बंधन से ज़्यादा अब औरत के लिए अपनी आज़ादी का महत्त्व है।' इसलिए बिना विवाह के 'लिविंग टुगेदर' एक विशेष सोचवालों के बीच रिवाज बन गया।

यह वह दौर था जब बौद्धिक क्षमता एवं खुले विचारों का बोलबाला था। साहित्य, कला, ड्रामा, फ़िल्में एक सेहतमंद बदलाव की वकालत करती नज़र आ रही थीं। विदेश में 'वीमेन लिव' का ज्वार, भाटे में बदल चुका था जिसकी कोई सुनगुन भारतीय समाज में नहीं थी। सब कुछ सहज रूप से चल रहा था। औरत के पक्ष में जो संस्थाएँ वजूद में आई थीं, वे अपने अति के कारण घर तोड़ू मानी जाने लगीं और धीरे-धीरे बेदम होकर महिला आयोग में बदल गईं। कॉलेजों और विद्यालयों में 'वीमेन स्टडी' खुले और हिन्दी की दुनिया में अचानक आज

का महत्त्वपूर्ण मुहावरा स्त्री विमर्श वजूद में आ गया। उसकी गूँज साहित्य में कुछ इस तरह फैली, जैसे पीड़ित एवं शोषित वर्ग के लिए कभी न लेखकों ने कुछ लिखा और न कुछ सोचा। उत्कृष्ट कहानियों और उपन्यासों से हटकर एक अलग तरह की रचनात्मकता का बोलबाला हो गया और उसमें देह विमर्श केन्द्रीय भूमिका में आ गया। साथ ही पितृसत्तात्मकता की थीसिस वाले नये लेखकों की पीठ ठोंकी जाने लगी। मगर अफ़सोस, इन दशकों में दूसरा सआदत हसन मंटो पैदा न हो सका!

इन चार अध्यायों के दौर में समाज सुधार, समाज सेवा, जड़ मान्यताओं का विरोध, पीड़ित-शोषित वर्ग का उत्थान, स्त्रियों का विकास आदि विषयों पर जमकर काम हुए। थोड़ा-बहुत बिखराव भी आया, मगर जो मुखरता सीमित थी, वह 'हर मुँह में ज़बान है' जैसी कहावत में ढल गई। लेखकों का सैलाब आ गया, कला पीछे छूट गई और दुखड़े शुरू हो गए जिनका निशाना पुरुष रहा। इस दौर में अपवाद को छोड़कर पुरुष-विरोधी गद्य वजूद में आया। विश्व स्तर पर खनिजों के दोहन के चलते युद्ध जगह-जगह होते चले आ रहे हैं। उसमें एक नया रणक्षेत्र औरत-मर्द के आपसी जंग वजूद में आ गया, जो विश्व स्तर की लड़ाइयों से बिलकुल अलग धरातल पर लड़ा जा रहा था। इसमें क्लस्टर बमों का प्रयोग दूसरे मुल्कों पर करने की जगह कलम से अपने मर्द वर्ग के व्यक्तित्व पर चीरा लगाया जाने लगा। इन दोनों तरह की लड़ाइयों में एक बात साझा थी, वह थी अपने नज़रिये से दूसरे को देखना और अपनी इच्छाओं को दूसरों पर लादना—बिना अपने तौर-तरीक़ों को जाँचे-परखे हुए।

समय को जब मैं यूँ गुज़रते देखती हूँ तो सोच में पड़ जाती हूँ कि एक लेखक क्या बिना 'वाद' या 'विमर्श' के अपनी अभिव्यक्ति की शक्ति को कमतर आँकने लगा है या केवल यही सोच रहा है कि वह कैसे अपनी ओर लोगों का ध्यान आकर्षित करे? क्या वह खुली आँखों से समाज की उन सच्चाइयों को नहीं देख पा रहा है जहाँ औरत-मर्द, दोनों शोषित हैं? क्या अपने तक सीमित रहनेवालों को यह नज़र नहीं आ रहा है कि मर्दों ने कब और कहाँ औरतों का पक्ष लिया? हर मर्द बलात्कारी, तेज़ाब फेंकनेवाला अपराधी प्रेमी नहीं होता है। वह नाकाम और बेचारा भी होता है।

मेरे बचपन के मासूम दिल और दिमाग़ में राजा राममोहन राय का नाम अंकित हो गया था जब उन्होंने बहन को घर में नहीं पाया, जो सती हो चुकी थी। उस दर्द

को महसूस करके ही उन्होंने सती-प्रथा का कड़ा विरोध किया था। उसके बाद कोर्स में उर्दू के पहले उपन्यासकार नज़ीर अहमद के लिखे दो चरित्र 'अकबरी और असग़री' को पढ़ा और मर्द के नज़रिये को जाना कि वह औरत को किस हमदर्दी से देखता है और उसके विकास के प्रति कितना जागरूक है। इसी प्रकार समय-समय पर पुरुषों द्वारा किये गए अनगिनत बेहतरीन योगदान में सुलभ शौचालय वाले बिन्देश्वरी पाठक का नाम उभरता है। बिना सरकारी सहायता और प्रचार के अन्दर की ललक के चलते समस्त मेहतर वर्ग को मुक्त कराया। इसमें कोई शक नहीं कि हमारे क़िस्से-कहानियों में यह चरित्र अंकित हुए हैं। फ़िल्म 'पैडमैन' का ज़िक्र करना चाहूँगी। जिस पैड का प्रचार बाज़ार में नई-नई कम्पनियाँ करती हैं पैसा कमाने के लिए, उस पर फ़िल्म बनाकर उसकी गम्भीरता को दूर तक पहुँचाने का काम भी मर्दों द्वारा ही अंजाम पाया है। इसके तीन-चार संवाद औरतों के प्रति एक पुरुष के मुँह से सुनना बेहद महत्त्वपूर्ण 'सामाजिक विमर्श' है। इस फ़िल्म के अलावा कुछ वर्षों पहले एक लेख पढ़ा था, नाम याद नहीं, जिसमें ऐसे व्यक्ति का ज़िक्र था जो अपने पैसों से घर-घर पैड बाँटता था ताकि औरतें बीमारियों से बची रहें। यह 'जीवन विमर्श' वास्तव में मानवीय सरोकार है जो इनसानों की सोच को ख़ानों में बाँटकर उनके बीच अलगाव की दीवारें नहीं उठाता है।

औरत एक इनसान की तरह अपनी समझ के अनुसार अपने परिवेश को देखती-समझती और आँकती है। जीवन के प्रति उसका अपना नज़रिया और अनुभव होता है—ख़ासकर तब, जब वह सृजन से जुड़ी हो। उसकी संवेदना और चेतना कई गुना बढ़ जाती है। वह मर्द-औरत की बहस से उठकर मानवीय व्यथा एवं सरोकारों से जुड़ जाती है। इस सच्चाई के कारण ही राजेन्द्र सिंह बेदी के उपन्यास 'एक चादर मैली-सी' की रानो, मैक्सिम गोर्की के उपन्यास की 'माँ' और बोरिस पास्तरनाक के 'डॉक्टर जिवागो' की 'लारा' शताब्दियाँ गुज़र जाने के बाद भी ज़िन्दा हैं क्योंकि उसमें एक इनसान की व्यथा बोलती है। डॉक्टर जिवागो का चरित्र भी वही सच अपने में रखे है जो टैगोर की कहानी 'काबुली वाला' का पठान। पठान के साथ मिनी भी है और उसकी अदृश्य लड़की की जुदाई का दर्द भी है।

साहित्य एवं कला न विमर्शों की बैसाखियों से चलती है और न ही एकतरफ़ा दृष्टिकोण से। यदि विमर्श करना है तो साहित्य की जगह उन इलाक़ों में जाकर उन औरतों (मर्दों) के बन्धन काटने होंगे जो सामाजिक व्यवस्था और पारिवारिक जकड़न की क़ैदी हैं, जहाँ पितृसत्ता नहीं बल्कि मातृसत्ता भी उनका शोषण कर रही है। इससे

यह होगा कि कला व साहित्य में जीवन का असली चेहरा उभरेगा और विमर्शों की असली ज़मीन पर सार्थक काम होगा क्योंकि जिनकी कहानियाँ हम लिखते हैं, पढ़ते हैं, आपस में वाहवाही ले लेते हैं और स्त्री विमर्श का हमारा दायित्व पूरा हो जाता है। मेरे इस विचार से मेरे असंख्य लेखक साथी सहमत होंगे कि सृजनकर्ता समय की धड़कन पर उँगली ज़रूर रखें, मगर विमर्श के चौखटे पर उसे न कसें।

['आउटलुक' : 24 सितम्बर, 2018]

पुराने ख़ौफ़ के साये में नये तालिबान की वापसी

अफ़ग़ानिस्तान की दास्ताँ अलिफ़ लैला की हज़ार व एक दास्ताँ की तरह अभी ख़त्म नहीं हुई है। अफ़ग़ानिस्तान की सरज़मीन शतरंज की बिसात बन चुकी है। मुग़ल, अंग्रेज़, सोवियत लैंड और अमेरिका—सभी पिकनिक मनाकर वापस जा चुके हैं और कुछ अन्य देश अपनी मोहरें बिठाकर क़िस्मत आजमाने के लिए व्याकुल नज़र आ रहे हैं—बिना इस हक़ीक़त को जाने हुए कि यह पिकनिक उन्हें हर तरह से महँगी पड़ेगी और अन्त में उन्हें मुँह की खानी पड़ेगी। चाहे इस तफ़रीह की कोशिश के पीछे अफ़ग़ानिस्तान के वह खनिज पदार्थ हैं या फिर इस इलाक़े में दाख़िल होकर सियासी मोहरें अन्य देशों में बिठाने की बात है।

यह बदलाव अचानक नहीं हुआ है। इसकी भूमिका बन रही थी। ख़बरों की तानाशाही में हक़ीक़त से भरी ज़मीनी ख़बरें कहीं पीछे रह जाती हैं और हम वक़्ती शोरग़ुल को सही समझने लगते हैं, जैसे भूतपूर्व अमेरिका के राष्ट्रपति ने घोषणा की थी कि हमने तालिबान का पूरी तरह से सफ़ाया कर दिया है तो यह तालिबान किसी तूफ़ानी वेग से अफ़ग़ानिस्तान में दाख़िल कैसे हुए और इन दो दशकों में वे फल-फूल कहाँ रहे थे जो इस धूमधड़ाके के साथ बिना किसी वार्ता के रातोंरात अपने हथियारों की घनगर्जना के साथ दाख़िल हो गए?

ख़ौफ़ यूँ ही नहीं था तालिबान से या फिर सिर्फ़ तालिबान व मुजाहिदीनों ने वहाँ की जनता पर ज़ुल्म नहीं ढाया बल्कि परचम और ख़ल्क़ ने भी कुछ ज़्यादतियाँ नहीं की हैं। अपने देश में विकास योजनाओं के द्वारा बदलाव लाने के अरमान के चलते वे सब-के-सब अतिवादिता के शिकार हुए बिना अपने लोगों के मिज़ाज और ज़रूरतों को समझे बिना। इसमें कोई शक नहीं है कि सोवियत लैंड और अमेरिका ने अपने-अपने हिसाब से अफ़ग़ानिस्तान में आर्थिक व सामाजिक रूप से बदलाव लाने की कोशिशें कीं।

भारत ने भी अपनी तरह से अफ़ग़ानिस्तान को आगे बढ़ाने में फिर मदद की मगर सवाल तो यह भी है कि अमेरिका की विदेशी नीति एशियायी देशों के प्रति लिखित रूप से तय है। यह केवल नये राष्ट्रपति की कार्यप्रणाली और नज़रिये पर निर्भर है कि वह इन देशों के साथ कैसा सलूक करें। इस अफ़ग़ानिस्तान पर क्लस्टर बम भी गिराए गए और उसका मज़ाक़ भी उड़ाया गया कि वह 'मानव संग्रहालय' है मगर किसी ने हमदर्दी और इनसानियत से यह नहीं पूछा कि ख़ुद अफ़ग़ानी क्या चाहता है। भाषा को लेकर बँटे समाज की खाई ज़रूर गहरी हुई है। अहमदशाह मसूद ने ज़रूर विपक्ष की भूमिका निभाई मगर इस बीच उन्होंने या उनकी पार्टी ने अपना कैसा और कितना योगदान अपने देश में दिया? मगर अब उनके बेटे अहमद मसूद ने तालिबानों के ख़िलाफ़ मोर्चाबन्दी का ऐलान किया है। पूरी दुनिया तालिबान को लेकर सीना कूट रही है कि फिर वही सब यहाँ दोहराया जाएगा मगर किसी की गहरी दृष्टि इस सच को पकड़ने की कोशिश नहीं कर रही है कि इस बीच अफ़ग़ान क़ौम का सियासी व आर्थिक और मनोवैज्ञानिक स्तर पर कैसा बदलाव आया है। वह पहले की तरह सादा और बौखलाए हुए नहीं रह गए हैं। उन्होंने उस भाषा को भी सीखा जो इंटरनेशनल है और नई पीढ़ी ने भी अपने इतिहास और बुज़ुर्गों के अनुभव को जाना। यक़ीनन यह परिवर्तन बाक़ी अफ़ग़ानियों की तरह तालिबानों में भी आया होगा मगर वह उनके अफ़ग़ानी मिज़ाज और शौक़ को कितना बदल पाया है, यह समय बताएगा। या फिर यह तीसरे महायुद्ध की शुरुआत है या फिर महासंघर्ष की?

इस समय चीन, पाकिस्तान, रूस, दुबई, सऊदी अरब और ईरान भी कुछ खुलकर, कुछ झिझकते हुए अपनी सहमति तालिबानों की नई सरकार के प्रति प्रकट कर चुके हैं। भूतपूर्व अफ़ग़ान राष्ट्रपति ग़नी ने भी सरकार में साझेदारी की बात कही थी और उनके न मानने पर वह इसलिए देश छोड़ गए कि उनकी हठधर्मी अफ़ग़ानिस्तान की ज़मीन को ख़ून से भिगो देगी। जब भूतपूर्व अमेरिकन राष्ट्रपति ट्रम्प सब तय ही कर चुके थे और तालिबानों से अनुबन्ध भी बाँध एक नये समझौते पर हस्ताक्षर भी कर चुके थे तो हमारी उम्मीदें अमेरिका के नये राष्ट्रपति बाइडन से इस सिलसिले में करना कोई अर्थ नहीं रखता है मगर हाँ, बाइडन अपनी तरह से उसे ज़्यादा गम्भीर और सम्मानित रूप से दाख़िला करवाते ताकि आते ही वह तोड़फोड़ न करते। मुठभेड़ में अक्सर न चाहने पर भी कुछ दुर्घटनाएँ घट जाती हैं। अब हम उस विस्तार में न जाकर अपना फोकस इस मुद्दे पर करें कि तालिबान के आने और अपनी सरकार को तरतीब देने के बीच स्वयं उनका बर्ताव अपने

देशवासियों के साथ क्या होना चाहिए? क्या सिर्फ़ मारकाट या अंकुश या भयभीत कर वह अफ़ग़ानिस्तान पर शासन करना चाह रहे हैं? या फिर अपने को बदलने की कोशिश कर रहे हैं? लेकिन बिना क़दम जमाए और सरकार बनाए वह कोई भी काम सुचारु रूप से नहीं कर सकते हैं। यह भी ध्यान देने वाली बात है कि ब्रिटेन के प्रधानमंत्री मौजूदा हालात को देखकर राष्ट्रपति बाइडन से अनुरोध कर रहे हैं कि वह कुछ दिन और फ़ौजों को वहाँ रहने दें। उन्होंने 'जी-सेवन' की बैठक भी बुलाई और संयुक्त राष्ट्र के महासचिव ने भी विशेष रूप से अपनी चिन्ता जताई है कि इस पूरे सत्ता-परिवर्तन के बीच अलक़ायदा न दाख़िल हो जाए।

सभी को अचानक दक्षिण एवं मध्य एशिया की शान्ति व सुरक्षा की चिन्ता सताने लगी है। और राष्ट्रपति बाइडन भी जैसे नींद से जगे हों कि उन्होंने वहाँ की जनता, अफ़ग़ानी फ़ौज और तालिबान के बीच किसी भी तरह का विश्वास व समझदारी का ब्लू प्रिंट तैयार किये बिना किसी उचित ऐलान के रातोंरात बलग्राम जैसा आर्मी बेस ख़ाली कर दिया और बड़ी संख्या में वह ख़तरनाक हथियारों का अंबार छोड़ दिया जिससे आम अफ़ग़ान नागरिक आहत और असुरक्षित व भयभीत हुआ और एक बार उसे फिर महसूस हुआ कि उनके साथ अमेरिका जैसे देश ने छल किया जो लगातार अफ़ग़ानिस्तान की हर सरकार की जड़ें खोखली कर अफ़ग़ानिस्तान में दाख़िले के लिए बेचैन था। उसने जी भरकर सोवियत लैंड को वहाँ से उखाड़ने व बदनाम करने की कोई कसर नहीं छोड़ी थी, न अफीम की पैदावार कराके हर तरह की बुराइयों का सेहरा उस व्यवस्था के सर मढ़ा। सोवियत लैंड ने जिस तरह से अपनी ग़लती मानी और ये शब्द कहे थे कि भविष्य में हम ऐसी ग़लती कभी नहीं दोहराएँगे, क्या ऐसी जुर्रत व विवेक अमेरिका के राष्ट्रपतियों में रहा है या फिर उन्होंने कभी अफ़ग़ानिस्तान जैसे ग़रीब और पिछड़े देश को न गम्भीरता से लिया और न ही हमदर्दी भरा सलूक किया। शायद जिस नियत और योजना से वह अफ़ग़ानिस्तान गए थे, समय के साथ उन्हें समझते देर नहीं लगी कि हमें अफ़ग़ानिस्तान बहुत महँगा पड़ रहा है और ठहरना मुमकिन नहीं है। मगर जो उम्मीदें राष्ट्रपति ट्रम्प के बाद राष्ट्रपति बाइडन से लगाई गई थीं, उस पर वह पूरे नहीं उतरे। इस स्थिति को हमें नये तालिबानों की नज़र से भी देखना होगा।

दुनिया के किसी भी देश की सरकारें जब बदलती हैं तो नई सरकार हमेशा अपने पैर जमाने के लिए पुरानी सरकार का नामोनिशान मिटाने की कोशिश करती है, उसके अच्छे और अधूरे प्रोजेक्ट को ख़त्म कर अपना गुणगान करती है और

उसकी कमियों को इतना ढिंढोरा पीटती है कि जैसे उससे पहले अवाम जी नहीं रहे थे और देश आख़िरी साँसें ले रहा था। अफ़ग़ानिस्तान में भी सत्ता-परिवर्तन अवाम के द्वारा नहीं बल्कि सुपरपावर द्वारा हुई है। तालिबान को हम अलग तरह से क्यों देख रहे हैं जबकि उनको पूरी दुनिया पहले से जानती थी कि आते ही वह अपने अन्दाज़ से देश को चलाएँगे। दूसरों की शंका दूर करने के लिए उन्होंने प्रेस कॉन्फ्रेंस और पत्रकारों को इंटरव्यू देते हुए आश्वासन दिया कि वह पुरानी ग़लतियाँ नहीं दोहराएँगे। तालिबान प्रवक्ता ने कहा कि वह किसी भी देश से बदला नहीं लेंगे। दूतावासों की सुरक्षा करेंगे। जो देश अफ़ग़ानिस्तान से आर्थिक अनुबंध करेंगे, उन्हें काम करने की पूरी स्वतंत्रता है, मगर किसी अन्य देश के लिए षड्यंत्र या आक्रमण करने की इजाज़त नहीं होगी। वह अफ़ग़ानिस्तान की मर्यादा को ध्यान में रखते हुए सुरक्षित है। औरतें काम कर सकती हैं, उन्हें काम करने की मनाही नहीं होगी।

एक दूसरे साक्षात्कार में प्रवक्ता सुहेल साहिल ने पाकिस्तानी पत्रकार के सवालों के जवाब में इंडिया के प्रति अपनी नीति बताई कि भारत अपने पुराने प्रोजेक्ट उसी तरह चालू रख सकता है, उसके काम में किसी प्रकार से तालिबान विघ्न नहीं डालेंगे। यदि कोई देश अपने उद्‌देश्य के लिए अफ़ग़ानिस्तान की धरती का इस्तेमाल करेगा तो उसे मान्यता नहीं मिलेगी। ये सारी बातें सुनने में ठीक-ठाक रही हैं मगर कोई यक़ीन नहीं कर रहा है कि वास्तव में ऐसा करेंगे।

तालिबान ने अफ़ग़ानिस्तान का नया नाम 'इस्लामिक अमीरात ऑफ़ अफ़ग़ानिस्तान' कर दिया है और उसका झंडा भी बदल दिया है। काबुल की जगह उन्होंने कन्धार को अपनी राजधानी घोषित कर दिया है। अमेरिका को इकतीस अगस्त तक अफ़ग़ानिस्तान को ख़ाली करने का अल्टीमेटम दिया था। पंजशीर का इलाक़ा हमेशा से तालिबान-मुक्त रहा है और इस समय तालिबान की कोशिश है कि वह पंजशीर पर बाक़ी प्रान्तों की तरह क़ब्ज़ा जमा ले ताकि सम्पूर्ण अफ़ग़ानिस्तान पर शरीयत क़ानून लागू हो सके। पंजशीर के शेर कहलाने वाले अहमद शाह मसूद के बेटे ने इस बात के लिए कमर कस ली है कि वह तालिबान की ज़्यादती के आगे झुकेंगे नहीं। साथ ही उन्होंने भूतपूर्व राष्ट्रपति गनी की तरह इच्छा प्रकट की है कि यदि तालिबान चाहेंगे तो वह मिली-जुली सरकार बना सकते हैं।

आज एक बार फिर अफ़ग़ानिस्तान अपनी राह गुम कर चुका है। बकौल अफ़ग़ान नागरिक सरदार के मुताबिक़ कि हम तालिबान के डर से भारत वापस नहीं आए हैं, न ही तालिबान हमें कुछ कह रहे हैं उनसे हमारी बातचीत भी होती थी।

वह हमारा देश है। हम सिर्फ़ कुछ दिनों के लिए आए हैं क्योंकि इस समय हमारे देश में चालीस देशों के लोग मौजूद हैं। जंग है और पता नहीं इस समय कौन क्या कर दे। मगर औरतें और अल्पसंख्यक अपने पुराने भय से मुक्त नहीं हो पा रहे हैं।

जो लोग वहाँ से भागकर आ रहे हैं, उन्हें स्थिरता की तलाश है। पिछले पचास-साठ वर्ष की भटकन से वे ऊब चुके हैं और अब जंग और मारकाट की जगह सुरक्षा व शान्ति का जीवन जीना चाहते हैं। इस सारे बदलाव की प्रक्रिया में मनोविज्ञान अपनी भूमिका निभा रहा है। यह समय बहुत संवेदनशील है। अफ़ग़ानिस्तान की सियासत व राजनीति के लिए इसलिए पड़ोसी और विश्व के अन्य देश अफ़ग़ानिस्तान की मौजूदा गुत्थी को सुलझाने की कोशिश न करें कि अपनी महत्त्वाकांक्षाओं के चलते और अफ़ग़ानिस्तान की सामाजिक संरचना को बिना समझे 'बुजकाशी' का खेल समझ अफ़ग़ानिस्तान को मरी बकरी न समझें।

अभी अफ़ग़ानिस्तान को सँभलने में समय लगेगा।

मुजाहिदीन लीडर व भूतपूर्व प्रधानमंत्री गुलबुदीन हिकमतयार से टीआरटी वर्ल्ड चैनल पर इंटरव्यू के सवालों का जवाब देने के बीच जब एंकर ने पूछा कि आपने जो भी उस समय किया, उसका कोई पछतावा आपको है? तो उनका जवाब था—गुज़र गया है, उसे भूलना ही बेहतर है और हम सबको मिलकर एक नये अफ़ग़ानिस्तान की बुनियाद डालनी है और हम सब तालिबान के साथ हैं कि एक सुरक्षित, शान्तिमय और बिना ख़ून-ख़राबे के एक सरकार वजूद में आ सके।

इन बातों का निचोड़ जो कुछ देश व पुराने तालिबान और मुजाहिदीन के समर्थन में निकाला जा सकता है कि क्या वास्तव में तालिबान का साथ केवल इसलिए दे रहे हैं कि इन्हें आज़मा के देख लेने में कोई हर्ज नहीं है। जो भी हो मगर अभी से किसी भी नतीजे पर पहुँचना बहुत मुश्किल है क्योंकि अफ़ग़ानिस्तान में हर पल कुछ घट रहा है और हर चैनल अपनी तरह से अटकलें लगा कुछ फ़तवा और कुछ पीत-पत्रकारिता की प्रतियोगिता में शामिल हो चुका है।

अब सवाल यह है कि अलिफ़ लैला की कहानी कहने वाली 'शहरज़ाद' जिस तरह 'शहरयार' को अपनी कहानियों द्वारा बदल पाई, क्या उसी तरह गुज़रे हालात से अफ़ग़ानिस्तान के लोग अपने-आपको बदल पाएँगे और ख़ून-ख़राबे से हाथ खींच संवाद की भूमिका पर विश्वास ले आएँगे?

['दुनिया इन दिनों' : सितम्बर, 2021]

अँधेरे की क़ैद में उजाले

अफ़ग़ानिस्तान एक आधुनिक देश नहीं कहा जा सकता है क्योंकि वह क़बीलों में बँटा है जहाँ हर क़बीले के अपने नियम और रीति-रिवाज हैं। जो ग़रीबी और भौगोलिक रूप से पहाड़ों पर कुछ-कुछ दूरी पर आबादी रखता है और राजधानी काबुल व अन्य बड़े शहरों से कटा हुआ है। कुछ क़बीले बेहद दौलतमन्द व शक्तिशाली हैं जिन पर क़ाबुल सरकार के क़ानून और नियमों का कोई असर नहीं पड़ता है। उनकी औरतें अपने क़बीले के दस्तूर की तरह ज़िन्दगी गुज़ारती हैं। औरतें हुनरमन्द और मेहनती हैं। उनके हाथों से बुने नमदे व क़ालीन उनके शौहर बेचकर पैसा अपनी जेब में रखते हैं! अन्य मुस्लिम देशों की तरह यहाँ भी जहेज़ देने की कोई रस्म लड़कियों वालों पर नहीं बल्कि लड़का या उसके परिवार वाले शादी का ख़र्च उठाते हैं और लड़की को आराम से रखने की अपनी हैसियत भी बताते हैं। यह रस्म क़बीलों में जानवरों के रूप में लड़के के बाप को अदा करनी पड़ती या फिर नक़द रुपयों के रूप में यानी कि यहाँ लड़का नहीं ख़रीदा जाता बल्कि लड़की ख़रीदी जाती है या कहें, माँ-बाप को बेटी के पालन-पोषण का ख़र्चा अदा किया जाता है इसलिए वहाँ लड़कियाँ बोझ नहीं समझी जाती हैं।

दूसरी अहम् बात शादी के बाज़ार में जवान लड़कियों की जगह बड़ी उम्र की लड़कियों की क़ीमत ज़्यादा अदा करनी पड़ती है क्योंकि वे घरेलू काम में दक्ष होती हैं और हुनरमंद भी होती हैं। ये बातें आज के दौर में स्वीकार नहीं की जा सकती हैं मगर उनके अपने रहन-सहन का तरीक़ा यही है जिसमें अपने को सुरक्षित महसूस करते हैं। जहाँ इन क़बीलों का बसेरा है, वे इस तरह की पहाड़ियाँ हैं जहाँ आधुनिक एवं वैज्ञानिक सुविधाएँ नहीं पहुँचाई जा सकती हैं। जो एक-दो क़बीले हर दृष्टि से शक्तिशाली हैं, वे बेहतर स्थिति में हैं।

अब अगर हम समतल जगहों पर बसे शहरों की ज़िन्दगी देखते हैं तो महसूस होगा, उनको शिक्षा, नौकरी करने की सुविधाएँ परन्तु उनको अपने से बाहर जाकर शादी करने की इजाज़त नहीं है। जिसने अपने समाज और धर्म से बाहर निकलकर शादी की तो उसे फिर न परिवार ने, अफ़ग़ान समाज ने क़बूल किया। यदि किसी अफ़ग़ान ने अपने ही देश में अल्पसंख्यक से विवाह किया, जैसे—हज़ारा, ताजिक, उज़बेक तो उस लड़की को पत्नी के रूप में कभी भी वह दर्जा प्राप्त नहीं हो पाएगा जो अफ़ग़ान पत्नी को परिवार देता है। अफ़ग़ानिस्तान में जैसी सरकार आई और हुक्मरान के विचार कैसे हैं, उस हिसाब से औरतों को रहना पड़ता और परिवार वालों के तौर-तरीक़े जो हैं, उसे लड़की को अपनाना पड़ता है। इसी के साथ उसे शौहर से अलग अपनी राय या कोई भी क़दम नहीं रखना है। यह सब उसूल हैं या पाबन्दियाँ, यह स्त्री के मिज़ाज पर निर्भर करता है।

1964 में ज़ाहिरशाह का 'नई आज़ादी' वाला संविधान, जिसमें सरकार और बादशाहत को अलग करने के अलावा कई महत्त्वपूर्ण बदलाव रखे गए थे, वह लोकप्रिय नहीं हो पाया। रूढ़िवादी सदस्यों की भरमार के कारण प्रभावहीन होकर रह गया। 1959 में ज़ाहिरशाह की इच्छा के अनुसार उनकी मलिका ने 'पर्दे' के विरोध में प्रदर्शन किया और महिला अधिकार के ज़रिये उनमें जागृति लाने का प्रयास किया। उस दौर में औरतों व लड़कियों को आगे बढ़ने का प्रोत्साहन मिला। इससे पहले अमानउल्लाह ख़ान अफ़ग़ानिस्तान को आधुनिक और शक्तिशाली बनाने के अपने सपने को व्यावहारिक रूप दिया था। मगर क़बीलों के सरदारों और ज़मींदारों ने अपने अधिकारों को कम होने के भय से इस नये संविधान के नियमों को एक हद तक माना। 1924 में उनके ख़िलाफ़ बग़ावत हो गई। अमानउल्लाह और उनकी पत्नी स्त्री शिक्षा के पक्ष में थीं और कुछ लड़कियों को शिक्षा के लिए तुर्की भेजा मगर संकीर्ण सोच वालों ने उनकी इस सारी कोशिशों पर पानी फेर दिया कि यह सारे क़दम इस्लाम के ख़िलाफ़ हैं। 19 जनवरी, 1929 को अमानउल्लाह सत्ता से हटा दिये गए और बच्चा-ए-सक्का सत्ता में आ गए। बाहर पढ़ने भेजी लड़कियों को वापस बुला लिया गया। एक बार फिर अवाम, ख़ास तौर से लड़कियाँ पूरी चाँद रात की जगह अमावस्या भरे भविष्य की तरफ़ धकेल दी गईं।

अगर हम औरतों का शुमार करें जो इन बदलते परिदृश्य में भी अपने को शिक्षित कर पाईं और अपने सामाजिक क़ायदे-क़ानून में भी बड़े-बड़े ओहदे पर पहुँचीं, उनकी संख्या बहुत कम रही। साहित्य में, शायरी के क्षेत्र में उन्होंने अपनी

सृजनात्मकता से झंडे गाड़े जिसमें से कुछ नाम यहाँ दर्ज कर रही हूँ—राबिया बल्ख़ी, मेहरून्निसा, आयशा अफ़ग़ान, मस्तूरे गौरी, राबे आसीर, मख़फी बदख़्शी, महजूबा सफ़ोरा, मस्तूरह-ए-अफ़ग़ान, शरीफ़ा दानिश, लैला काविवान, लैला सराहत, हुमैरा नकहत, दस्तगीरज़ाद, हाजके वग़ैरह। नये और पुरानी शायराओं की ज़िन्दगी के बारे में जब मैंने पढ़ा तो एक दिलचस्प हक़ीक़त से टकराई कि इन सभी के पिताओं ने इन्हें पढ़ाने और प्रोत्साहन देने में कोई कमी नहीं की मगर इनको भाइयों और शौहरों ने ज़रूर इन पर अंकुश लगाए। राबिया बल्ख़ी जो फ़ारसी शायरी का एक बड़ा नाम है, जिनके पिता ने उन्हें अच्छी तालीम दी मगर उनके मरने के बाद बहन के आशिक़ाना शेरों को पढ़कर उसने राबिया को गर्म हमामख़ाने में उसकी कलाई की नब्ज़ काटकर बन्द करवा दिया जहाँ वह अपने ख़ून से दीवारों पर शेर लिखती रहीं :

इश्क़ का समन्दर, जिसका किनारा ओझल
कौन तैरेगा इसमें, ओ अक़्लमंद!

लेकिन समय के साथ ये सख़्तियाँ कम भी हुईं और कवियों ने शताब्दियों बाद औरत पर लगे अंकुश के ख़िलाफ़ आवाज़ उठाकर उनका साथ दिया। जैसे बारिक शफी की नज़्म 'बेपर्दा जलवाकुन', जिसका अर्थ है—'बिना अपने को छुपाए पर्दे के बिना सामने आओ' :

बेपर्दा नज़र आओ
मेरी अज़ीज़ बहन!
आर्यों की बेटी!
मैं खुल कर साफ़ साफ़ शब्दों में कहता हूँ
तुम फूल नहीं हो जिसे मैं अकेला सूँघूँ

ए राबिया की आँखों का तारा!
ए यमा की बेटी!
यह बड़ी दुनिया
चंद तंगनज़रों की तरह घुटी और सियाह नहीं है।
ज़िन्दगी का सहरा, तारों की तरह रौशन है
इस अंजुमन में जो तुम्हारी है
आओ और अपना मुक़ाम हासिल करो!

ए दुख़्तरे होशमंद!
बानों नेक नामी!
तुम एक क़ीमती मोती हो
आदमी की औलाद की शक्ल में।
मर्दों की तरह सर तानो इस बेहूदा जंग में
और नैतिकता का परचम लहराओ।
तुम्हारी अज़मत और अक़्लमंदी को मेरा सलाम!

औरतों का गद्य में आगमन देर में हुआ था। कहें, इस तरफ़ पुरुष लेखों का ध्यान भी बाद में आया। इस समय लेखिका निदा हाशमी, फ़ौजिया करीमी, हुमैरा क़ांदरी, फ़ौजिया कोफी, अतिया अवावई, फ़रीबा मवा, सायरा शाह का नाम लिया जा सकता है। पी.डी.पी. के आने के बाद किताबों का छपना शुरू हुआ मगर वह छपकर सोवियत लैंड (रूस) से आती थी, अफ़ग़ानिस्तान में कोई छापाख़ाना नहीं था। उपन्यास लिखा ही नहीं गया था। अफ़ग़ानिस्तान लम्बे अरसे तक मुजाहिदीनों और सोवियत फ़ौजों के बीच जंग में फँसा रहा। उनके जाने के बाद मुजाहिदीन फिर तालिबान के ज़ुल्म व सितम आपसी मुठभेड़ों में फँसा रहा। औरतों को काम करने पर मनाही लग गई और बदतरीन दौर से अफ़ग़ानिस्तान गुज़रा। बहुत बड़े पैमाने पर अफ़ग़ानी शरणार्थी बने। वैसे तो अफ़ग़ान पहाड़ों से उतरकर पूरा जाड़ा पाकिस्तान में गुज़ारते थे और अपनी दस्तकारी के सामान को बेचते और मज़दूरी करते थे। फिर गर्मी आते ही अफ़ग़ानिस्तान लौट जाते थे। भारतवर्ष में भी वे सूखे मेवे, हींग, काला जीरा इत्यादि बेचते थे और वापस चले जाते थे मगर सोवियत फ़ौजों के आने के बाद ये दहशत में भागे और पाकिस्तानी शरणार्थी कैम्पों में रहे। भारत आने वाले अधिकतर लोग मध्यवर्गीय और उच्च वर्ग से थे जो कनाडा और अमेरिका जाने की कोशिश में लगे रहे। मैंने पाकिस्तान के शरणार्थी कैम्प भी देखे और लाहौर और कराची में अफ़ग़ानों की दुर्दशा भी देखी जिससे स्वयं पाकिस्तान का आम इनसान परेशान था।

इस सूचना को यहाँ देना इसलिए ज़रूरी था कि किस तरह अफ़ग़ानों का अपना रहन-सहन बदला और औरतों पर इसका बहुत बुरा असर पड़ा। उनके जीने का अन्दाज़, रीति-रिवाज, विश्वास और मान्यताएँ स्थानीय लोगों के संग

रहने से बदलने लगीं। यही बच्चे जो साथ गए थे, बड़े हुए और तालिबान बने। कुछ मध्यवर्गीय लड़के-लड़कियों ने अपने समाज से हठ कर शादियाँ भी कीं और उन्हीं देशों में रच-बस गए। दिल्ली के निज़ामुद्दीन क़ब्रिस्तान में अफ़ग़ानों की तीन पीढ़ियाँ दफ़न हैं। लेकिन जो अफ़ग़ान पिछले दस-पन्द्रह वर्ष से यहाँ रह रहे हैं, उन्हें भारत सरकार ने वीजा अभी नहीं दिया। जिन्हें दिया है, उन्हें वर्षों बाद दिया। अफ़ग़ान क़ौम भटक और बिखर चुकी है। जिन्होंने बाहर रहकर भी आपस में शादी की है, उनके घर में अफ़ग़ान संस्कृति का ही बोलबाला है। खान-पान, रहन-सहन, भाषा-बोली इत्यादि। पर्दे में अफ़ग़ान औरतें पहले भी नज़र नहीं आती थीं, विदेश में भी वे उसी तरह रहती हैं मगर जब-जब जड़वादी लोगों का सत्ता में आना हुआ, औरतों की स्वतंत्रता पर पाबन्दी लगी।

पूरे बीस वर्ष अफ़ग़ानिस्तान में अमेरिकन फ़ौजें रहीं और इस बीच अफ़ग़ानिस्तान में स्थिरता आई और औरतों का सहयोग जीवन के हर क्षेत्र में बढ़ा। राजनीति में 27 महिलाओं का संसद सदस्य के रूप में रहना प्रशंसा की बात है। टीवी, रेडियो, विश्वविद्यालय व कॉलेज, संगीत, साहित्य और कला में भी औरतों ने अपने गुणों का प्रदर्शन किया। अफ़ग़ानिस्तान में स्थिरता आई। भारत व अन्य कई देशों ने अफ़ग़ानिस्तान के विकास में अपनी पूँजी लगाई और कई बेहतरीन योजनाएँ शुरू की थीं। शिक्षा के साथ अफ़ग़ान महिलाओं में विश्वास आया।

यह तो तय था कि एक दिन अमेरिकन फ़ौजों को वापस जाना है मगर किसी को यह इन्तज़ार नहीं था कि अचानक तालिबान अफ़ग़ानिस्तान में दाख़िल होकर कई शहरों पर क़ब्ज़ा कर लेंगे और अमेरिकन फ़ौजों को 31 अगस्त तक देश ख़ाली करने और पंजशीर घाटी पर क़ब्ज़ा करने के लिए गोला-बारूद का इस्तेमाल करेंगे। दाश और अलक़ायदा ने भी अपनी दख़लअन्दाज़ी शुरू कर दी है। काबुल हवाई अड्डे पर सात व अन्य स्थानों पर भी बम फोड़े गए जिसमें अमेरिकन फ़ौजी और अफ़ग़ान लोग आहत हुए और अच्छी संख्या में मरे। औरतों का हौसला टूट गया, ख़ासकर उनका, जो गनी सरकार में हर क्षेत्र में अपने पैर जमा चुकी थीं। उनको वहाँ से भागना पड़ा। कहने को तो तालिबान के प्रवक्ता यह बात कह रहे हैं कि हम न किसी से बदला लेंगे, न औरतों को काम करने से रोकेंगे मगर उन्होंने कामकाजी औरतों को घर जाने को ज़रूर कहा है। इसके दो अर्थ हैं कि वह अपने पैर जमाने के बाद औरतों को अपने हिसाब से काम करने की इजाज़त दें या दूसरा यह कि इस बीच किसी भी तरह की हिंसक मुठभेड़ों से औरतें सुरक्षित रहें। वह

देश छोड़ने पर रोक लगा रहे हैं, शायद इस ख़याल से कि हम आपका ध्यान रखेंगे, कुछ दिन धैर्य रखें। परन्तु उनके पहले अनुभव से आतंकित अफ़ग़ान उनकी बातों पर यक़ीन नहीं कर रहे हैं, औरतें तो बिलकुल नहीं क्योंकि समस्या ख़र्च चलाने की भी है। अफ़ग़ान फ़ौजों ने तालिबानों से भिड़ने से इनकार कर दिया है। राष्ट्रपति गनी ख़ून-ख़राबे से बचाने के लिए पहले ही अफ़ग़ानिस्तान छोड़ चुके हैं। ब्रिटेन के कहने पर अमेरिका ने अफ़ग़ानिस्तान में कुछ दिन और फ़ौजें रखने का इरादा किया और 'जी-7' की मीटिंग में तालिबानों की अन्तरराष्ट्रीय मुद्रा कोष पर रोक लगा दी है। इन सारी कोशिशों के बीच एक मोर्चा वजूद में आ रहा है और न चाहने पर भी अफ़ग़ानिस्तान एक बार फिर युद्ध में फँस सकता है। इन सारी बारीकियों का ध्यान राष्ट्रपति बाइडन को पहले से रखना चाहिए था कि बीस वर्ष एक व्यवस्था स्थापित करके अचानक वहाँ से उखड़ना उचित कैसे ठहराया जा सकता है जबकि तालिबानों को पहले एक बार आज़माया जा चुका है, और अन्य देशों के बेजा हस्तक्षेप भी स्थिति को बिगाड़ चुके हैं।

भारतवर्ष का अफ़ग़ानिस्तान से बहुत पुराना रिश्ता है जो ऐतिहासिक, साहित्यिक, आर्थिक रह चुका है। आज भी कन्धार के अनार कलकत्ता के मन्दिर के लिए जाता है और भारत के बाज़ार में उनके सूखे मेवे व फल बरसों से आते रहे हैं। देहरादून में लगाया बासमती चावल ज़ाहिरशाह की देन है। हमारे कई सांस्कृतिक अनुबन्ध उनके साथ हैं। हर वर्ष उनके रोगी यहाँ इलाज के लिए आते हैं, और विद्यार्थी पढ़ने के लिए। अफ़ग़ान भारत की धरती से प्यार करते हैं और उन्हें अपना चचाज़ाद भाई कहते हैं क्योंकि पांडव की माँ अफ़ग़ानिस्तान से थीं। इस समय विश्व के सभी देशों के लिए सुलह एवं संवाद से अफ़ग़ानिस्तान को किसी भी प्रकार के संकट से निकालना ज़रूरी है, ख़ासकर वहाँ की महिलाओं को, ताकि अमावस्या की रात लम्बी न हो जाए।

['दैनिक ट्रिब्यून' : 5 सितम्बर, 2021]